KB199395

시계의 시간

인간의 손끝이 우주를 새겨온 이야기

HANDS OF TIME: A Watchmaker's History of Time
Copyright © Rebecca Struthers 2023

This edition is published by arrangement with David Godwin Associates Ltd., c/o Peters, Fraser and Dunlop Ltd. through Shinwon Agency Co.

Translation copyright © 2025, by Sangsang Academy

이 책의 한국어판 저작권은 Shinwon Agency를 통해
David Godwin Associates Ltd., c/o Peters, Fraser and Dunlop Ltd.와
독점 계약한 ㈜상상아카데미가 소유합니다.
저작권법에 의하여 한국 내에서 보호를 받는 저작물이므로
무단 전재 및 복제를 금합니다.

시계의 시간

인간의 손끝이 우주를 새겨온 이야기

1판 1쇄 펴냄 2025년 4월 30일

지은이 레베카 스트러더스
옮긴이 김희정
발행인 김병준·고세규
발행처 생각의힘
편집 우상희·정혜지 디자인 이소연·백소연 마케팅 김유정·차현지·최은규

등록 2011. 10. 27. 제406-2011-000127호
주소 서울시 마포구 독막로6길 11, 2, 3층
전화 편집 02)6925-4184, 영업 02)6953-8396 팩스 02)6925-4182
전자우편 tpbook1@tpbook.co.kr 홈페이지 www.tpbook.co.kr

ISBN 979-11-93166-98-7 (03900)

시계의 시간

인간의 손끝이
우주를 새겨온
이야기

Hands of Time

생각의힘

레베카 스트러더스
김희정 옮김

일러두기

1. 이 책은 *Hands of Time: A Watchmaker's History of Time*(2023)을 우리말로 옮긴 것이다.
2. 단행본은 겹꺽쇠표(《 》)로, 영화와 잡지 등은 홑꺽쇠표(〈 〉)로 표기했다.
3. 본문 내 저자의 말은 (괄호)로, 옮긴이의 말은 [대괄호]로 표기했다.
4. 각주는 저자주와 옮긴이주를 구분했다.
5. 인명 등 외래어는 국립국어원의 표준어 규정 및 외래어표기법을 따랐으나, 일부는 관례와 원어 발음을 존중해 그대로 따랐다.
6. 국내에 소개된 작품명은 번역된 제목을 따랐고, 국내에 소개되지 않은 작품명은 원어 제목을 그대로 적거나 우리말로 옮겼다.
7. 브랜드와 제품명 등은 국내 통상적인 명칭으로 표기했다. 그렇지 않은 경우 영어 명칭을 독음대로 적거나 우리말로 적절히 옮겼다.

애덤 필립스와 인디 스트러더스를 기리며

차례

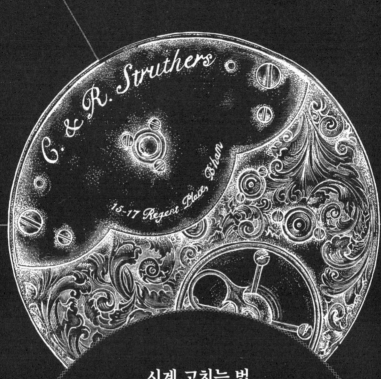

뒤를 향한 머리말*

제프, 71. 3. 10

열아홉 살에 처음으로 시계제작을 배우기 시작하면서 복원하는 시계에 절대 흔적을 남겨서는 안 된다고 배웠다. 하지만 이 차가운 무생물에 누군가가 남긴 흔적은 우리에게 온갖 종류의 이야기를 들려주곤 한다. 가령 지금 내 작업대 위에 놓인 빈티지 오메가 씨마스터는 1971년 3월 10일에 제프라는 사람이 수선했다. 내가 그 사실을 아는 것은 제프가 문자판 뒤에 자기 이름과 수선 날짜를 새겨둔 덕분이다. 아마도 같은 시계를 다시 수리하게 되었을 때 자신이 수선한 적이 있고 그게 언제였는지까지 알 수 있게끔 표시해 둔 듯하다.

지름이 몇 센티미터도 되지 않는 물체로 작업하는 우리 같은 시계제작자들의 세계는 엄지손톱 정도 크기이지만, 그 작은 세상이 내 온 마음과 영혼을 집어삼킨다. 어떨 때는 우표

● 　알렉산더 마샥의《문명으로 향한 길 The Roots of Civilization》에서.

만 한 작은 메커니즘에서 한 번도 눈을 떼지 않은 채 아침이 몽땅 지나갈 때도 있다. 문득 정신을 차려보면 옆에 놓인 커피가 차가워져 있고, 너무 집중한 나머지 깜빡거리는 것을 잊어버린 눈이 건조해져 있다. 동료 시계제작자인 남편 크레이그가 서로 마주 보는 구조로 놓인 작업대에서 일을 하지만 차 마시겠냐고 번갈아 묻는 것 말고는 종일 침묵이 흐르곤 한다. 새로운 시계를 제작하는 일은 부품을 재활용하든 완전히 새로 제작을 하든 6개월에서 6년까지도 시간이 걸린다. 우리 삶의 궤적을 그 시계들로 측정하며 살다가 작업을 끝내고 나면 둘 다 눈에 띄게 나이 든 모습을 발견할 때도 많다.

우리 작업실 건물은 오래전 버밍엄 구시가지에 형성된 주얼리 쿼터°에 18세기부터 자리 잡은 금세공 공장 건물이다. 다양한 기술을 가진 수많은 장인들이 모여 7대에 거쳐 물건을 만들어온 이 건물은 벽면까지도 역사가 흠뻑 스며들어 있는 느낌이 든다. 우리 작업실 아래 다른 방들에는 수백 년 된 압착기, 주형, 설계 도표들뿐만 아니라 여전히 그 장비들을 사용해서 장신구를 만드는 장인들도 있다. 건물 꼭대기 층에 자리한 우리의 작은 작업실은 천창과 아치형 창문이 있는 밝고 경쾌한 공간이다. 처음 입주해서 작업실을 꾸밀 때 들은 이야

° 영국 버밍엄의 역사적 지역이자 유럽 최대 규모의 보석 및 금속 공예 제조업 밀집지이다. 현재 영국 주얼리 생산의 40퍼센트 이상을 차지한다.

뒤를 향한 머리말

기에 따르면 제2차 세계 대전 당시 독일군의 폭격이 잦았는데 한번은 폭탄이 지붕을 뚫고 떨어졌지만 터지지는 않았다고 한다. 천창에 드리워져 있던 오래된 절연 차단막을 젖혔더니 그 폭격으로 그을린 자국이 난 서까래가 아직 있었다. 나는 그 서까래를 잘 닦은 다음 새로 칠하지 않고 모두가 볼 수 있게 그대로 뒀다. 서까래는 이제 선반 겸 원형 절삭기가 놓인 작업대를 굽어보고 있다. 역설적이게도 이 장비는 독일제다. 작업실 한쪽 벽 전체를 따라 놓인 긴 작업대 위에 각종 오래된 기계들과 함께 놓여 있는 그 선반 겸 절삭기를 우리는 헬가라고 부른다. 작업대 아래의 서랍에는 지난 몇 년 동안 우리가 어렵사리 모아온 시계 부품들이 뭉근한 빛을 발하며 가득 차 있다. 이 부품들은 시계를 완전히 분해해서 거기 든 금, 은의 무게로 거래를 하는 금은방 주인들이나 옛 시계제작자들의 작업실을 정리하는 가족들에게서 구입한 경우가 많다. 반대편에는 시계제작용 '깨끗한' 작업대가 놓여 있는데, 절삭기 등에서 튈 수 있는 금속 절삭 지스러기나 기름으로부터 가능한 한 멀리 떨어지게 배치했다.

작업실은 손목시계의 섬세한 내부 메커니즘에 먼지나 티끌 같은 이물질이 들어가지 않도록 깨끗이 유지한다. 스위스나 동아시아 국가의 첨단 시계 제조장들은 이중기밀식 출입구를 사용하고 신발에서 떨어질 수 있는 흙을 털어내는 끈적거리는 신발 닦개를 사용한다. 거기에 더해 시계제작자들은 의무적으로 실험용 가운을 입고 신발을 감싸는 싸개를 착용한다. 그보다는 느슨한 우리 작업실 한구석에서는 반려견 아치가 코를 골며 자곤 한다. 종일 새 시계 부품을 만들고 나면 실내는 선반 작업에 사용한 기름 냄새로 진동한다. 구리와 철 냄새가 약간 가미된 토마토 덩굴 냄새와 비슷하다. 선반과 드릴 주변 여기저기에 황동이나 철 지스러기 뭉치가 생기고, 작업대 가득 커피 컵 자국과 기름이 튄 부품 스케치가 널려 있다. 우리는 주기적으로 바닥을 샅샅이 살피면서 쓸고, 가끔은 둘이 함께 납작 엎드려 실수로 튀어 나간 부품 사냥을 한다. 아마 대부분의 시계제작 공방에서 마룻널 사이에 끼어 있거나 서랍장 밑으로 굴러간 부품만 모아도 손목시계 하나쯤은 너끈히 만들고도 남을 것이다. 우리 작업실 바닥에는 옅은 회색 리놀륨이 깔려 있다. 황동의 노란색이나 인조 루비˚의 밝은 빨강과 완벽한 대조를 이루는 색이다. 시계제작자가 갖춰야 할 주요 기술 중 하나가 바닥에 떨어진 작디작고 반짝이는 물건을 찾는 능력이라는 비밀을 말해주는 사람은 없을 것이다.˚˚

˚   많은 기계식 손목시계에 인조 루비나 커런덤(강옥)으로 만든 베어링이 사용된다. 표면이 매우 강하기 때문이다. 톱니바퀴를 지탱하는 강철 피벗과 맞물린 부분에 인조 루비를 사용하면 마찰로 인한 마모를 방지할 수 있다.

˚˚   우리는 살짝 혼란스러워하면서도 우리의 일거수일투족을 놓치지 않는 아치의 시선을 받으며 바닥을 훑곤 한다. 아치는 먹지도 못하는 것을 공들여 찾는다는 개념을 아직 받아들이지 못하고 있다.

우리가 입주하기 전 마지막으로 이 작업실을 사용한 사람들은 법랑 제작자들이었다. 이 건물에서는 전통 방식의 법랑 제작이 200년 동안 계속되었다고 한다. 적어도 우리 작업실만큼은 그때에 비해 별로 달라진 것이 없다. 비록 컴퓨터가 있긴 하지만, 우리가 사용하는 공구와 기계 대부분은 50년에서 150년쯤 되었다. 우리가 사용하는 기술도 지나간 시대의 것이다. 시계제작의 '황금기'라 부르던 17~18세기에는 영국이 세계 시계제작의 중심지였다. 이제 크레이그와 나 같은 시계제작자는 희귀종이라고 할 수 있다. 2012년 작업실을 열었을 때 우리는 모든 부품을 자체 제작해 기계식 시계를 만들 수 있고, 지난 500년 동안 만들어진 골동품 시계를 수리할 수 있는 기술을 가진 영국 내 몇 안 되는 회사 중 하나였다. 엎친 데 덮친 격으로 우리가 훈련 받은 과정은 더는 존재하지 않는다. 헤리티지 크래프트에서 발표하는 '사라질 위기의 공예 기술 레드 리스트'에서 (공예 부문의 멸종 위기 동물과 비슷한 개념이다) 영국 내 수공예 시계제작은 심각한 위기 상황으로 분류되어 있다.

수공예 시계제작이 사라져가는 부분적인 이유는 테크놀로지의 발달로 컴퓨터 수치 제어computer numerical control, CNC를 사용해 시계를 만들어낼 수 있기 때문이다. 컴퓨터로 디자인을 입력하고 소프트웨어로 기계를 제어해서 대부분의 제작 공정을 대신할 수 있는 마당에 왜 한물간 방식으로 구닥다리 장치를 만드는지를 궁금해하는 사람도 있을지 모르겠다. 우리의 대답은 "재미가 없잖아요?"로 요약하고 싶다. 우리는 손을 더럽혀 가며 무언가를 만들고 작은 부품을 만지작거려 그것들이 맞물려 작동하게 하는 일을 사랑한다. 손을 써서 일하면 그 과정에서 만들어지는 대상과 더 가까운 관계를 쌓게 된다. 선반 기계의 절삭 속도와 드릴이 돌아가는 속도가 최적으로 맞춰졌다는 사실은 소리로 확인할 수 있다. 손에 전해지는 감각으로 공구를 누르는 압력이 완벽한지 안다. 만드는 대상과 연결이 되고, 앞서 같은 일을 했던 몇 세대에 걸친 장인들과 유대감이 생기는 그 느낌이 좋다.

나는 늘 시간에 매료되어 있었지만 시계제작자가 될 생각은 없었다. 학교에 다닐 때는 병리학자가 되고 싶었다(TV 범죄 드라마 덕분에 병리학이 멋진 직업으로 등극하기 전부터 그랬다). 나는 모든 것의 작동 원리, 특히 몸의 작동 원리를 너무나도 신기해하면서 더 알고 싶어 하는 괴짜였고 사람들을 돕고 싶었지만 다른 사람과 대화를 나누는 것은 익숙하지 않았다. 그래서 죽은 사람을 상대로 일하면 환자들과 힘든 대화를 하지 않아도 될 것이라고 생각했다. 몸이 왜 기능을 멈췄는지를 알아내는 일도 재미있을 것 같았다. 그 과정에서 다른 사람을 돕고, 어쩌면 정의를 구현하는 일도 도울 수 있을지 모르고, 치명적인 질병을 더 깊이 이해할 수 있으리라 상상했다.

병리학자로서의 커리어는 이제 물 건너갔지만, 오래된 시계를 수리하는 일은 병리학적 과학 수사와 닮은 구석이 있다. 손목시계의 메커니즘에는 수십수백 개의, 어떨 때는 수천 개에 달하는 부품이 있고, 모두 고유의 기능을 담당하고 있다. 가장 기본적인 기능은 그저 시간을 알려주는 일이다. 하지만 복잡한 기능이 더해지면 섬세한 와이어를 사용해 매 시간 혹은 매분 종을 울리고, 100년이 넘도록 정확한 날짜를 표시하는가 하면 심지어 별의 움직임도 알 수 있다. 단순히 시간을 알려주는 기능을 넘어선 시계의 부가 기능을 영어로는 복잡하다는 의미의 '컴플리케이션complication'이라고 부른다. 이 부품 중 하나라도 고장이 나거나 청소 혹은 윤활유가 필요한 상태가 되면 메커니즘이 기능을 멈춘다. 복원전문가인 우리는 시계의 사인이 무엇인지 알아내기 위해 시계를 해부한다. 사람과 달리 시계는 죽은 후 다시 한번 생명을 불어넣을 기회를 얻는다. 기계식 시계를 재조립하는 마지막 단계에 도달해 균형차[밸런스]를 새로 끼우면 시계가 다시 째깍거리며 숨쉬기 시작한다. 몇 년, 심지어 몇백 년 동안 멈춰 있었던 물건이 다시 깨어나 돌아가는 소리를 듣는 것에 견줄만한 경험은 찾아보기 힘들다. 처음 이 시계를 만든 시계제작자가 들었던 소리와 똑같은 소리를 내가 듣고 있지 않은가! 균형차의 규칙적인 움직임은 심장이 뛰는 상태를 묘사하는 '비트beat'라고 하고, 균형차의 움직임을 제어하는 용수철을 호흡에 해당하는 '브레스breath'라고 부른다.

시간이 흐르면서 시계를 가지고 작업하는 일과 시계와 시계의 역사에 대해 생각하고 글을 쓰는 일 사이를 왔다 갔다 하는 것이 내게는 매우 자연스럽게 느껴졌다. 나는 영국에서는 최초로 시계제작을 현업으로 하면서 시계 역사학으로 박사 과정을 밟는 사람이 되었다. 따지고 보면 복원 전문가는 얼마간은 역사학자이기도 하다. 어떤 물건을 원래 만든 사람이 의도했던 대로 작동하게끔 복구하려면 그 물건이 어떻게 만들어졌고, 한때 어떻게 작동했는지 알아야 하기 때문에 실용적인 종류의 역사학적 지식을 갖춰야 한다. 그리고 이제는 그 반대의 경우도 사실이라는 것을 알게 되었다. 크레이그와 나는 시계를 직접 만들기 시작하면서 내가 해온 역사적 연구와 그에 관한 글들이 우리의 작업에 영향을 준다는 사실을 깨달았다. 시계의 교차수정이라고 부를 수도 있겠다. 시계에 관한 연구를 하면서 내가 살던 시계제작자의 작고도 작은 세상이 확장되었다. 시계제작자는 쌀 한 톨보다 더 작은 영역에 초점을 맞출 때가 많지만, 시계학의 영감은 우주 전체에서 온다. 나는 이 초소형과 초대형 세상의 대조가 좋다. 18세기에 만들어진 시계의 기원과 소유주들에게 얽힌 이야기를 생각하며 골똘히 들여다보다가 문득 역사가 그 시계에 영향을 주었을 뿐 아니라 그 시계도 우리에게 영향을 주었다는 사실을 의식하게 된다.

기계식 시계의 발명이 인류 문화 발전에 있어 인쇄기의 발명에 필적할 영향을 끼쳤다 해도 과언이 아닐 것이다. 해의 위치만 보고 기차 시간에 맞춰 역으로 가야 하는 상황을 생각해 보자. 혹은 온 세상에 퍼져 있는 200여 명의 사람들이 줌 회의에 참석하기 위해 마을의 시계탑에서 울리는 종소리를 들으려고 저마다 창문 밖으로 귀를 쫑긋 내미는 광경을 상상해 보자. 환자의 심박수를 정확히 잴 방법 없이 생체 기관 이식이나 종양 제거 수술을 해야 하는 절체절명의 상황은 또 어떤가. 업무를 보고, 하루를 계획하고, 과학과 의학의 발전을 활용해 생명을 구하는 일은 모두 정확한 시간을 알 수 있다는 사실에 의존하고 있다. 아니, 정확한 시간을 알 수 있기 때문에 그 모든 일이 가능해졌다고 할 수도 있다.

처음부터 시계는 인간과 시간 사이의 관계를 반영했고, 그 관계를 발전시키는 역할을 했다. 시계는 시간을 만들어내는 것이 아니라 시간에 대한 우리의 문화적 인식을 측정한다. 뼈를 깎아 만든 고대 유물이든, 지금 내 작업대에서 복원하고 있는 손목시계든, 시간을 측정하는 모든 장치는 우리를 둘러싼 세상을 세고, 측정하고, 분석하는 방식의 하나다. 최초의 시간 측정은 자연에서 벌어지는 현상과 태양계의 움직임을 추적하며 시작되었다. 현대의 '애플워치'와 같은 최첨단 장치도 태양을 중심으로 돌며 질주하는 지구의 움직임을 추적하도록 만들어져 있다. 천체의 움직임과 그 안에서 우리가 차지하는 자리를 이해하기 위해 만들어진 이런 체계는 우리를 둘러싼 우주를 알고 대처하며, 삶을 향상시키는 데 우주의 논리를 적용하는 나름의 방식이다.

손목에 찰 수 있는 조그마한 시계는 공학적 기적의 산물이다. 기계식 시계는 역사적으로 발명된 모든 기계 가운데 가장 효율적인 물건 중 하나다. 1980년대에 태어나 고장 한 번 없이 잘 돌아가다가 이제 처음으로 멈춰선 시계를 수선한 일도 여러 번 있다. 단 한 번의 정비도 없이 밤낮으로 쉬지 않고 거의 40년을 문제없이 작동하는 장치가 손목시계 말고 또 어떤 것이 있는지 쉬이 떠오르지 않는다. 2020년 현재, 세상에서 부가 기능이 가장 많은 기종으로 알려진 시계는 거의 3,000개의 부품으로 이루어진 제품으로, 그레고리력·유대력·천체력·음력을 표시할 수 있고, 시간과 분에 따라 종을 울리는 것 말고도 50여 가지의 기능이 있다. 그런데 이 모든 기능이 손바닥 안에 들어오는 작은 장치에 들어 있는 것이다. 역사상 가장 작은 시계 무브먼트는 1920년대에 처음 만들어졌고, 98개의 부품이 0.2입방센티미터 밖에 안되는 공간에 모두 들어가 있다. 최초의 크로노미터Chronometer®는 전기 모터가

⑩   천문, 항해 등에 사용하는 정밀한 휴대용 태엽 시계 – 옮긴이.

발명되기 60년 년, 최초의 전등이 만들어지기 100년 이상 전에 만들어졌지만 정확도가 워낙 뛰어나서 바다를 항해하는 선원들이 이 시계를 사용해 경도를 계산했다. 그 후 시계는 인간과 함께 에베레스트산 정상과 마리아나 해구, 북극과 남극을 여행했고, 심지어 달까지도 정복했다.

시간에 대한 개념은 문화와 뗄 수 없는 관계에 있다. 사실, 시간을 의미하는 단어 타임time은 영어권에서 가장 흔히 사용되는 명사다.[1] 서구 자본주의 문화에서 시간은 우리가 가졌거나, 가지지 않았거나, 아끼거나, 잃는 대상이며, 유구히 흐르고, 질질 끌고, 멈춰 서고, 쏜살처럼 빨리 지나가는 무엇이다. 시간은 우리가 하는 모든 일의 기저에서 존재감을 과시한다. 극도로 기계화된 세상에서 시간은 우리 존재의 배경이며 맥락이고, 우리가 차지한 위치이기도 하다.

수만 년이 흐르는 동안 인간과 시간 사이의 권력 균형이 서서히 변화해 왔다. 주변에서 벌어지는 자연 현상에 따라 살기 위해 만들어낸 개념으로 시작했던 시간이 우리가 제어하기 위해 애쓰는 개념이 되었다. 이제는 오히려 시간이 우리를 제어하는 느낌이 들 때가 많다. 나아가 처음에 믿었던 것처럼 '고정'된 무언가가 아니라는 사실도 깨닫게 되었다. 시간은 아무도 기다려주지 않고 끊임없이 움직이는 보편적인 무엇이 아닐지도 모른다. 상대적이고, 사적이며, 심지어 언젠가는 거슬러 올라가는 게 가능한 무엇일 수도 있다. 적어도 의학적으로는 말이다.

✦━━━━━◆◆◆━━━━━✦

나는 시계 공부를 시작한 지 얼마 안 되어서부터 대형 시계보다는 휴대가 가능한 작은 시계를 만드는 사람이 되고 싶었다. 지난 수백 년 동안 우리는 이런 작은 시계를 몸에 지니거나 휴대하고 다니면서 일상을 공유했다. 시계와 사람 사이의 친밀감은 늘 나를 매혹했다. 시계는 인간의 심장 고동을 따라 하듯이 똑딱거리는 소리를 내면서 인간과 가장 가까운 관계를 맺은 기계로 수백 년 동안 존재해 왔다. 물론 그것도 휴대전화가 나오기 전까지의 이야기이지만 말이다. 여러 면에서 시계는 우리의 확장이고, 정체성과 성격, 포부뿐 아니라 사회 경제적 위상의 표현이기도 하다. 시계는 개인의 시간을 지켜줄 뿐 아니라, 일종의 기록이기도 하다. 쉴 틈 없이 움직이는 시곗바늘에는 그 시계를 착용한 동안의 한 시간 한 시간, 하루하루, 한 해 한 해의 기록이 담긴다. 무생물이지만 삶 그 자체가 담긴 매우 인간적인 저장소이기도 하다.

　이 책 또한 시계의 역사와 시간 자체의 역사를 담았지만, 이는 21세기를 사는 시계제작자라는 나의 매우 독특한 눈을 통해 본 역사다. 우리는 인간이 만든 최초의 시계들부터 살펴볼 것이다. 뼈를 다듬어 만들어낸, 그림자를 측정하고 물과 모래를 흘려보내고 불을 태워서 시간을 가늠한 시계들이었다. 다음에는 후세대의 발명가들이 어떻게 자연의 동력원을 인공적 공학과 조합했는지를 돌아보자. 우리가 대형 시계라고 간주하는 장치들은 호기심, 실험 정신, 그리고 극도로 세련된 과학 기술의 첨예한 조합의 산물이었다. 너무 커서 거대한 교회 탑에나 설치할 수 있었던 메커니즘은 내가 날마다 작업대에서 마주하는 초소형 시계의 전신이다.

거기까지 살펴본 다음 시계의 경이로움으로 눈을 돌려보자. 각 장마다 500여 년 전 시계가 처음 탄생했을 때부터 현재까지 시계 역사의 중요한 순간을 다룰 것이다. 이 기계가 들고 다닐 수 있을 정도로 작아지고 세상을 정복할 정도로 정확해지기까지 일어난 경이로운 기술적 진보를 단계적으로 해부해 볼 예정이다. 이 작은 장치가 어떻게 노동과 종교적 숭배와 전쟁을 조직화했는지, 어떻게 유럽 열강이 원거리 항해에 나서 세계 지도를 그리고, 국제 무역과 식민지 확장을 가능하게 했는지 살펴보자. 전투에 지친 병사들과 탐험가는 어떻게 시계에 의지해 생존했고, 이 장치로 인해 어떻게 역사의 결정적 사건들이 가능했었는지를 알아보자. 그리고 소수 엘리트만을 위한 신분의 상징에서 보편적 도구로, 그리고 다시 신분의 상징으로 변신한 변천사도 따라가 보자. 시계는 역사를 앞으로 나아가게 하는 추동력이자, 여전히 시간과 생산력에 집착하는 현시대를 통제하고 있는 서구 문명의 메트로놈이다.

또한 시계는 나의 사적인 역사이기도 하다. 자판 뒤의 세계는 내 개인적 관심의 대상이며 내게는 늘 은근한 빛을 발하는 곳이다. 이 책에 소개한 시계 가운데 많은 수는 내가 직접 만나본 적이 있고, 일부는 수선 작업까지 한 것들로 그 시계들 하나하나에 깃든 이야기가 모여 이 책의 서사를 이루고 있다. 한번은 어느 집안 자녀의 결혼 선물이 될 시계의 정비를 의뢰받은 적이 있다. 18세기부터 가보로 내려온 시계였다. 그 시계를 손에 쥐어보고, 작업하고, 과거와 미래를 생각하면서 나는 나 자신이 과거, 현재, 미래를 연결하는 다리가 되는 느낌을 받았다. 골동품 시계를 놓고 정밀한 작업을 하고 있자면 그 시계를 만들고 착용했던 사람들과 거의 손에 닿을듯한 연결감을 느낀다. 사람들의 미세한 흔적이 마치 그들이 남긴 서명처럼 내게 다가온다. 제프가 새긴 것과 같은 이름이나 이니셜이 부품 사이에 숨어 있기도 하고, 회중시계의 문자판 아래 청록색 유리에 실수로 새겨진 어느 법랑 기술자의 250년 된 지문을 발견하기도 한다. 내가 태어나기도 전에 만들어졌고, 잘 돌보면 내가 사라진 후에도 몇백 년은 더 존재할 물건의 역사에서 나 또한 하나의 장이라는 생각을 하면서 앞서간 선배들이 남긴 삶의 흔적들을 주워 모은다.

시계제작자는 이 물건들을 보호하고, 그들의 역사를 흡수하는 동시에 앞으로 만들어질 새로운 인연을 위해 준비하는 관리인이다. 간혹 몇 년 전에 작업했던 시계와 정비나 수리를 위해 다시 만날 때면 옛 친구를 오랜만에 만나는 느낌이 든다. 그 시계에 남겨진 흔적과 특별한 개성들에 대한 기억이 앞다투어 돌아오고, 때에 따라 새로운 기억이 만들어지기도 한다. 최근에는 어떤 시계를 물에 빠뜨려 고장이 난 상태로 다시 만났다. 성인이 되는 열여덟 살 생일선물로 채워진 지 얼마 안 되어, 마요르카에 놀러 가서 기분 좋게 술에 취한 새 주인과 함께 수영장에 들어갔다 나온 것이다. 내부 메커니즘은 원상복구 되었지만 자판의 3시 부분에 생긴 조그만 얼룩은 테킬라 샷과 수영장 물, 그리고 빈티지 정밀기계가 얼마나 위험한 조합인지를 영원히 상기시켜 주는 기념물이 되었다.

매일 아침 작업대에 앉아서 일을 시작할 때마다 내 앞에 놓인 시계는 새로운 시작이다. 시계마다 각자의 역사를 가지고 있다. 공학적 완벽함은 물론이고, 긁힌 자국과 부딪힌 흠 하나하나, 이전에 수리를 한 사람들이 남긴 흔적 하나하나, 심지어 시계의 디자인과 제조 기술까지 내 앞에 놓인 작은 물건을 훌쩍 뛰어넘는 이야기를 엿볼 수 있는 단서들이다.

1

태양을 마주하기

나는 뒤로 돌아 과거에 시선을 고정한 채
미래를 향해 뒷걸음으로 걸어간다.

■

마오리족 격언

자연은 늘 나를 매료시켜 왔다. 어린 시절 정원에서 진흙 범벅이 된 채 민달팽이를 모으는 일보다 재미있는 놀이가 없었다. 모든 것이 어떻게 작동하는지를 배우는 일은 다른 무엇보다 제일 좋았다. 내 머릿속에 남아 있는 최초의 기억 중 하나는 아빠가 현미경을 보여주신 날이다. 나는 내 세상 안에 비밀스럽게 존재하고 있었지만 육안으로는 볼 수 없었던 또 다른 세상을 발견하고 현기증이 날 정도로 황홀했다. 내가 현미경을 너무 좋아하자 엄마 아빠는 어린이를 위한 휴대용 현미경을 크리스마스 선물로 주셨다. 나는 그 현미경을 정원에 가지고 나가 몇 시간이고 연못물을 관찰하며 지냈다. 그리고는 현미경 슬라이드 위를 이리저리 뛰어 다니고 기어 다니는 기묘하고도 신기한 생물체들을 그림으로 그려보곤 했다.

나는 버밍엄 교외의 '페리 바'라고 하는 지역에서 자랐다. A34 국도와 구불구불한 고가도로와 지하도로 인해 두 동강이 난, 벽돌·콘크리트·아스팔트 범벅의 인구 밀집 지역이었다. 풍경이래야 사람들이 마구잡이로 쓰레기를 갖다 버리는 황무지 같은 들판뿐이었다. 언니와 나는 글자 그대로 우리 집 뒤에 있던 땅 뙈기였던 그곳을 '우리 뒷마당'이라고 부르며 몰래 가서 놀곤 했다.

페리 바의 계절에 대해서는 별로 기억나는 게 없다. 겨울에 가끔 눈발이 날렸고, '우리 뒷마당'에 뾰족뾰족 자라던 억센 풀들은 사시사철 불그레한 갈색이었다. 가을이면 인도에 미끈거리는 젖은 낙엽이 뭉쳐 있었고, 엄마 아빠는 난방을 켜기에 너무 이르지 않은지를 두고 논쟁을 벌였다. 밤에는 가로등이 밤하늘을 뿌연 주황색으로 물들여서 별을 거의 볼 수가 없었다.

나는 뼛속까지 버밍엄의 딸이고, 영원히 그럴 것이다. 그러나 30대 초반에 크레이그와 나는 그곳을 떠날 수밖에 없었다. 프리랜서인 우리가 버는 수입에 맞춰 더 싼 집을 찾다 보니 도시로 들어가는 것이 아니라 반대로 떠나야 하는 경제 이주민이 된 것이다. 우리는 스태퍼드셔 북쪽 끝 피크 디스트

릭트와 맞닿은 곳에 자리한 소도시에서 옛 방직공의 오두막을 구입했다. 작업실 반경 80킬로미터에서 가장 싼 집이었다.

그런 시골에서 살아본 적이 없었던 우리는 이사 후 몇 달 동안 아치를 산책시키면서 근처의 들판과 숲, 황무지를 탐험하며 지냈다. 아치가 좋아하는 길을 따라가다가 발견한 계곡은 나중에 알고 보니 '리틀 스위스'라고 부르는 곳이었다. 두 명의 시계장인과 그들의 경비견에게 안성맞춤인 곳이었다. 산업화 초기의 흔적에 늘 끌리는 우리는 한때 처넷강을 따라 디밍스데일숲을 가로질러 체셔와 유톡스터를 잇던 버려진 철길을 걸으며 산책을 했다. 아치의 코는 오소리, 사슴, 족제비, 올빼미, 들쥐 등 낯선 자연의 냄새를 맡느라 쉴 틈이 없었다.

계절이 바뀌면서 산책로 풍경도 달라졌다. 겨울에는 낮게 뜬 태양이 벌거벗은 떡갈나무와 서리맞은 생울타리 사이로 햇살을 보냈다. 봄에는 숲속 나무 아래 그늘진 곳이 블루벨로 가득했다. 가을이면 함께 찾아온 짙은 안개로 어떨 때는 불과 몇 미터 앞도 보이질 않았다. 나는 동물들도 돌아가며 들판에 나와 먹이를 먹는다는 사실을 깨달았다. 어느 계절에 소가 나와 있고, 양들이 새끼를 치는 계절이 언제인지도 알아차리기 시작했다. 늦겨울과 봄은 밭에 두엄을 뿌리는 계절이고 그때는 아치가 뛰어들지 못하게 막아야 하는 장소들이 있다는 사실도 아픈 경험을 통해 배웠다.

새 집에서 처음 맞은 가을, 나는 크리스마스까지 마쳐야 하는 중요한 시계제작 프로젝트를 진행하고 있었다. 특별히 복잡하고 야심 찬 프로젝트였는데 날짜는 척척 지나갔지만 일은 그렇게 척척 진행되지 않았다. 나는 끊임없이 스스로에 게 '아직 연말이 되지 않았잖아, 시간이 남았어'하고 일렀다. 그러나 시간을 알려주는 기계보다 시간을 되돌리는 기계에 에너지를 쏟고 싶다는 생각이 점점 더 강하게 들었다.

어느 늦가을 오후, 문득 고개를 들어보니 시끄럽기 짝이 없는 캐나다기러기 한 무리가 V자를 그리며 하늘을 가로질러 날아가고 있었다. 시간이 흐르면서 수가 점점 더 많아지더니 어느 날은 숲속을 걷고 있는데 하늘 전체가 캐나다기러기 떼의 날갯짓 소리와 꽥꽥거리는 소리로 가득 찼다. 아치는 호기심 가득한 표정으로 고개를 갸우뚱했다. "저게 뭐지?" 혹은 "맛있어 보이는데 쫓아가 볼까?"라고 말하고 싶은 것 같았다. 그때 갑자기 '우리 뒷마당'에 서서 비슷한 기러기 떼의 비행을 바라보던 어릴 적 기억이 떠올랐다. 잠깐의 달콤 쌉쌀한 순간, 과거와 현재가 충돌했다.

북반구에서 기러기 떼의 이동은 연말을 알리는 꽤 믿을 만한 징표로 받아들여진다.[◉] 점점 다가오는 마감일을 생각하

[◉] 나는 언제나 기러기 떼가 철새처럼 이동한다고 생각했다. 하지만 알고 보니 캐나다기러기들은 일반적으로 영국에서 텃새로 서식하는데, 가을이 되면 그냥 떼를 짓는 습성이 있다고 한다.

캐나다기러기 떼를 바라보고 있는 아치

태양을 마주하기

며 나는 기러기들이 그냥 멈춰줬으면 좋겠다고 간절히 바랐다. 마치 **내** 시간이 끝나가고 있다고 말해주는 것처럼 느껴졌다. 어떤 의미에서는 기러기들이나 나나 시간을 재고 있었다.

아는 눈으로 들여다보면 대자연에도 시간을 알려주는 단서가 가득하다. 자연은 우리의 첫 시계였고, 그 사실을 알아차리는 사람에게는 우리를 둘러싸고 끊임없이 째깍거리며 돌아가는 자연이 보인다. 인류가 최초로 시간을 측정하는 장치를 개발하게 된 것도 자연과 함께 자연으로 가득 찬 삶을 살아서 가능한 일이었다. 시계가 사적인 시간 측정을 위한 존재라면, 우리가 최초로 사용한 시계는 내적 시계였다. 시간에 대한 내적인 감각과 주변 세상에서 관찰되는 시간을 일치시키려는 노력에서 시계가 탄생했다고도 할 수 있다.

현재 고고학계에서 최초로 시간을 측정한 장치라고 추측하는 가장 유력한 물건은 4만 4,000년 전에 만들어졌다. 1940년대에 남아공 레봄보 산맥에서 박쥐 구아노를 채취하던 사람이 관목과 덤불들 사이에서 동굴을 하나 발견했다. 동굴에는 매우 오래전에 죽은 사람들의 뼈가 가득했고, 그중에는 9만 년 된 뼈도 있었다. 이제는 '국경 동굴Border Cave'로 이름 붙여진 이곳은 인류 역사상 가장 중요한 장소 가운데 하나로 꼽힌다.

국경 동굴에서는 12만 년 동안 줄곧 인간이 거주했고, 그 안에서는 산 사람이나 죽은 사람 모두 보호를 받았다. 산의 높은 곳에 위치하고 있어서 오늘날 에스와티니 왕국이 된 평원이 내려다보이는 이 동굴은 사나운 맹수와 다른 인간들의 공격을 쉽게 피할 수 있는 좋은 장소였다. 고고학자들은 동굴 안에서 6만 9,000개가 넘는 유물을 발견했다. 그중 많은 수가 자연에 대한 깊은 이해, 그리고 자연과 어떻게 관계 맺고 살았는지를 보여주는 물건들이었다. 탄수화물이 풍부한 구근을 캐는데 쓴 막대, 가죽 가공에 쓰인 날카롭게 만든 뼛조각, 타조알과 조개껍질로 만든 장신구들뿐 아니라 진드기 같은 무는 벌레들을 퇴치하기 위해 재와 장뇌덤불 위에 짚을 켜켜이 쌓아 올려 만든 잠자리도 발견되었다.[2]

하지만 나에게 가장 흥미로웠던 유물은 검지 길이 정도 되는 비비의 종아리뼈에 29개의 홈을 새겨 놓은 것이다. 오랜 시간 주인의 손에 닳고 닳아 매끄러워진 이 물건은 우리 선조들이 계산을 했다는 증거로 남아 있는 가장 오래된 유물이다. '레봄보 뼈Lebombo Bone'는 농업 혹은 계절의 변화에 대비하고자 준비하는 문화가 형성되기 훨씬 전에 사용되었다. 심지어 날마다 주기적인 일을 하는 개념보다도 더 오래된 물건이다. 측정을 위한 이 유물은 측정할 대상이 거의 없던 시대에 사용된 것이다.

선조들은 무엇을 계산하려고 했을까? 확실히 알 길은

없지만 몇 가지 이론은 나와 있다. 조상들은 밤과 낮의 변화 다음으로는 달의 변화로 시간을 구분하려 했을 확률이 높다. 뼈에는 29개의 홈과 30개의 칸이 만들어져 있다. 음력 한 달은 평균 29.5일이다. 그 뼈의 주인이 홈과 칸을 번갈아 사용해서 날짜를 세었다면 평균 29.5일이 되니 정확하게 음력 한 달의 길이를 계산한 셈이다.[3] 고고학계에는 생식 주기 혹은 임신 주기를 계산하기 위해서 이 뼈를 사용했을 수도 있다는 추측도 있다. 나는 우리 할머니의 할머니의 할머니의 할머니… 를 수백 번 거슬러 올라간 할머니가 아기를 낳을 때까지 날짜를 세어 나가는 모습을 상상하곤 한다.

많은 고대 문화에서 달의 주기와 여성의 생리 주기가 연결되어 있다고 믿었다. 사실 지금까지도 그렇게 믿는 사람들이 많다. 최근 연구에서는 그 둘 사이에 명확한 관계를 발견하지 못했지만 현대인의 생활 습관, 특히 인공조명에 많이 노출된 환경 때문에 두 주기 사이의 연결이 약해진 것 아닌가 하는 가설도 함께 나왔다.[4] 사실 자연의 리듬과 일치하는 내적 시계를 가진 생물이 인간만은 아니다. 전혀 아니다.

내 친구 짐*은 스코틀랜드 서쪽 지역에 사는 농부이자 위스키 블렌딩 장인이다. 짐의 아내 재닛은 4대째 양치기 일

---

* 짐과는 위스키와 공예품에 대한 애정으로 만났다. 평범하지 않고 독특한 일을 오래 하다 보면 평범하지 않고 독특한 친구들을 많이 만나게 된다.

을 하고 있는데, 11월에 날이 급속도로 짧아지면 암컷 양들이 배란을 한다고 들려준 적이 있다. 놀라울 정도로 예측 가능하게, 양 떼의 모든 암컷 양들이 며칠 차이 없이 거의 같은 주기를 따른다고 한다. 두 번 생리 주기가 반복되는 사이에 대부분의 암컷 양, 때로는 모든 암컷 양이 임신을 한다. 21주 후, 그러니까 4월 첫째 주와 둘째 주에 새끼 양들이 태어난다. 엄동설한이 끝나고 봄이 찾아와 우후죽순 풀이 자라는 시기와 완벽하게 일치하는 것이다. 짐은 이 놀라운 협응을 "풀을 뜯어 먹을 입을 준비하는" 일이라 묘사했다.

새끼 양들이 태어날 무렵, 4월 17일에서 이쪽저쪽으로 이틀 정도 사이에 남아프리카의 여름 더위를 피해 거의 1만 킬로미터를 날아온 제비들이 도착한다. 새로 태어난 가축들과 새로 둥지를 트는 제비들 덕분에 농장의 봄은 짐에 따르면 "생명의 대폭발 현장"이 된다. 9월이 되면 제비들이 이제는 떠날 시간이 된 것을 아는 듯 전깃줄과 나뭇가지에 줄지어 앉아 작별을 고한다.

모든 살아 있는 생명은 내적 시계를 지니고 있다. 반려견과 살면서 규칙적인 출퇴근 시간을 지키는 사람이라면 퇴근 시간을 섬뜩할 정도로 정확하게 예측하는 반려견의 능력에 놀란 적이 있을 것이다. 우리가 문을 나서면서 남긴 냄새 타이머가 있고, 반려견들은 그 냄새가 어느 수준까지 사라지면 집사가 집에 돌아올 시간이라는 것을 학습하기 때문이라고 추측하고 있다. 전 세계적으로 동틀 무렵 자명종 노릇을 하는 수탉도 평균 23.8시간을 주기로 돌아가는 생체 시계를 따르는 덕분에 해가 뜨기 직전에 울 수 있는 것이다. 심지어 플랑크톤처럼 작은 생물들까지도 해가 뜨고 질 무렵에 바다 밑과 수면 사이를 이동할 줄 안다. 자외선의 강도가 변화하는 것을 감지해서 햇빛이 비치는 낮인지 그렇지 않은 밤인지를 구별한다는 이론이 매우 유력한 정설로 인정받고 있다. 플랑크톤들은 강한 햇빛에 손상을 입는 것을 피하기 위해 조금 더 깊은 곳으로 가라앉는다. 어두운 수족관에서 진행한 대조 실험에서 플랑크톤은 빛이 전혀 없는 곳에서도 며칠 내내 상하이동을 계속하는 것이 관찰되었다. 다시 말하면 그들도 24시간을 주기로 작동하는 생체 시계를 가지고 있다는 뜻이다.[5]

군이 따지자면 인간은 다른 대부분의 동물들에 비해 내적 시계를 감지하는 능력이 떨어진다. 감정에 따라 시간의 흐름을 느끼는 것이 달라지기 때문이다. 행복하거나 새로운 경험을 할 때는 시간이 빨리 흐르는 것 같고 지루하거나 무서울 때는 그 반대의 느낌이 들지 않는가.[6] 생체 시계가 존재한다는 사실은 부인할 수 없다. 하지만 육감 같은 개념과 마찬가지로 모두에게 보편적으로 이해되거나 일치하지는 않는다(내가 느끼는 한 시간과 옆 사람이 느끼는 한 시간은 다를 수 있다). 시간을 재는 장치는 우리가 직관적으로 감지하는 시간에 대한 감각을 공유하고, 정량화하며, 외적으로 표현하고자 하는 욕구의 상징

"어머나, 시간이 벌써 이렇게 되었어?"
수면을 향해 이동하는 플랑크톤.

이다. 레봄보 뼈는 그런 노력을 인류가 4만 년 전부터 하고 있었다는 것을 보여준다.[7]

고대에 사용했던 측정 장치는 거의 모든 대륙에서 발견되었다. 서로 전혀 교류가 없었던 여러 고대 문화권들에서 독립적으로 발견되는 유물들의 패턴을 살펴보면 각각 다른 목적으로 만들어진 듯하다. 유럽 대륙에 처음 정착했던 인류인 오리냐크인들은 원시적인 달력처럼 보이는 유물을 남겼다. 독일 서남부의 바덴뷔르템베르크에서 발견된 독수리 날개뼈로 만들어진 작은 명판은 세계에서 가장 오래된 별자리표로 알려져 있다.[●] 콩고민주공화국에서는 2만 5,000년 된 뼈로 만든 손잡이가 발견되었다. '이상고 뼈Ishango Bone'라는 이름이 붙여진 이 유물에는 더하기, 빼기, 두 배수 곱하기, 소수 등의 수학적 계산을 나타내는 듯한 홈들이 파여 있다.[8]

이 같은 휴대용 장치의 등장은 인류라는 생물 종이 매우 중요한 개념적 도약을 이룬 이정표라 할 수 있다. 철학자 윌리엄 어윈 톰슨William Irwin Thompson은 "인류는 더는 자연을 무작정 헤매는 존재가 아니었다. 우주를 축소한 모델을 음력 기록 막대라는 형태로 손안에 들고 다녔다"고 말했다.[9] 그러나 나는 그 이상의 의미가 있다고 생각한다. 손목에 차거나 한 손

●   86개의 홈은 오리온자리의 가장 빛나는 별인 베텔게우스를 육안으로 볼 수 있는 일수를 의미할 가능성이 있다.

으로 들 수 있는 장치 안에 우주의 현상을 포착함으로써 (아마도 착각이겠지만) 우리는 제어할 수 없는 것을 제어할 수 있다고 스스로를 안심시키려 한다. 그런 느낌은 우리가 시간 속에 그저 존재하기보다는 우리에게 유리한 쪽으로 **이용하고 있다**는 생각을 갖게 한다.

✦ ——— ✦

고대 인류가 느낀 시간은 어땠을까? 우리 조상들은 수많은 자기계발서 추종자들이 꿈꾸는 '그 순간에 충실'한 상태로 살았을까? 아마도 그들은 '생존 모드'로 살았을 것이다. 식량, 온기, 안전이 확보되지 않고 위협을 받는 상황에 처해본 사람이라면 누구나 '지금, 여기'에 완전히 초점을 맞출 수밖에 없는 감각을 알 것이다. 그러나 초기 인류가 시간 속에 존재한다는 느낌을 이해했다는 증거를 남기지 않았다고 해서, 그런 이해가 없었으리라 추측하는 것은 '진보' 신화가 낳은 일종의 오류다. 이르게는 4만 5,000년 전부터 발달하기 시작해서 3만 5,000년 전부터 점점 더 보편적으로 퍼진 동굴벽화는 먼 과거와 먼 미래의 개념을 표현한 예술이다. 이미 벽화가 그려진 동굴에 드나들던 사람이라면, 자연히 앞서 그곳에 살면서 그 벽화를 그린 조상에 대해 생각하게 되고, 그 옆에 새로운 그림을 덧붙여 그리면서는 자신이 세상을 뜬 후에 그 그림을 보게 될 다음 세대에 대해 생각했을 것이다. 그러나 우리가 최초로 시간을 공유하기 시작한 때가 언제였는지는 알 길이 없다. 훨씬 후인 1만 3,000~1만 5,000년 전의 무덤 유물들은 인간이 현생 이후의 시간에 대한 믿음을 가지고 있었음을 확인하게 해주는 증거들이다. 사랑하는 사람이 좋아했던 칼, 장신구, 장난감 등 그들이 살아 있을 때 아꼈던 물건들을 함께 묻었다는 사실은 망자가 사후에도 그 물건들을 필요로 할 것이라는 믿음을 보여준다.[10]

몇 년 전 고고학자들이 이스라엘 갈릴리해의 비옥한 해변에서 2만 3,000년 된 인간 주거지를 발견했다. 그곳에서는 에머밀*, 보리, 귀리 등을 비롯한 다양한 식물종이 발견되었는데, 그중에서도 큰 의미를 지닌 종은 바로 엄청나게 많은 잡초들이었다.** 잡초는 흙을 뒤엎거나 경작한 곳에서 잘 자라는데, 바로 그런 특성 때문에 정원을 가꿀 때 그토록 우리를 성가시게 하는 것이다. 이 발굴지는 기본적인 농업 활동의 가장 오래된 증거가 되어 농업이 시작된 시기를 이전의 유추보다 적어도 1만 1,000년이나 앞당겼다.

이 개척자 농부들은 아마 해의 위치와 달의 변화, 동물들의 이동을 관찰했을 것이다. 무엇보다도 그들은 미래에 대

●   가축 사료용으로 재배되는 곡물 - 옮긴이.
●●   더불어 맷돌과 낫의 날이 발견된 것으로 봐서 조직적으로 곡물을 길러서 수확하고 가공했음을 짐작할 수 있다.

한 개념을 가지고 있었다. 오늘 무엇인가를 심으면 몇 달 후 수확할 수 있다는 사실을 이해하고 있었다는 것이 명백하기 때문이다.

물론 분침이 시계 자판을 한 바퀴 돌면 한 시간이라 규정하는 현대적 시간 경험과는 여전히 거리가 있다. 우리 조상들에게 시간은 추상적인 숫자로 나눠지지 않았고 자연에서 벌어지는 **사건** 단위로 흘러갔다. 계절과 계절에 따른 날씨의 변화 같은 것 말이다. 케냐에서 태어난 철학자이자 목사인 존 S. 음비티John S. Mbiti 박사가 아프리카의 전통적인 수렵 채집 공동체의 시간 개념을 설명한 지점도 바로 이런 맥락에서였다.[11] "더운 달, 첫 비가 오는 달, 잡초 뽑는 달, 콩이 나는 달, 사냥하는 달 등등이 있다. 사냥하는 달이 25일인지 35일인지는 중요하지 않다. 사냥이라는 사건이 수학적인 길이보다 훨씬 큰 의미를 지니기 때문이다." 일 년과 같은 더 긴 기간의 순환은 반복되는 농업의 순환으로 측정했다. 우기 두 번, 건기 두 번으로 이루어진 네 계절이 지나면 일 년이 흐른 것이다. 일 년에 정확히 며칠이 들어 있는지는 중요하지 않다. "한 해는 지나가는 날짜의 수가 아니라 사건을 기준으로 이해되기 때문이다. 따라서 어떤 해는 360일, 어떤 해는 390일이 될 수도 있다. 날짜 수로만 따지면 한 해의 길이가 달라질 수도 있고, 그렇게 될 때가 자주 있어도 계절과 주기적 사건을 기준으로 하면 달라진 것이 아니다." 이 방법은 예측 불가능한 자연의 패턴을 인간의 의지에 억지로 끼워 맞추려 하는 것보다 여러 측면에서 훨씬 타당하다. 숫자로 계산한 인간의 달력에 따라 특정 날짜 혹은 특정 시간에 원하는 자연 현상이 벌어지리라는 희망은 처음부터 실현 가능성이 희박하다.

사건에 기반을 둔 시간 기록 체계에서는 스토리텔링 또한 중요한 역할을 했다. 참고할 숫자 달력이 없으니 조상들의 이야기, 그리고 그들이 겪은 풍작과 흉작, 홍수, 가뭄, 일식, 월식의 경험은 너무나 소중한 자료였고, 그런 이야기들을 통해 역사가 모습을 갖추었으며 우리는 과거를 통해 현재를 이해하고, 미래를 예측할 수 있었다. 오스트레일리아의 해변 지역에 형성된 선주민 공동체에 전해 내려오는 이야기 중 일부는 1만 년 전 마지막 빙하시대가 끝나고 해수면이 상승하던 시기까지 거슬러 올라간다.[12] 마오리 문화 또한 계보와 가계 혈통, 다시 말해 지나간 모든 것에 큰 의미를 두고, 이를 묘사할 때 '화카파파whakapapa'라는 멋진 단어를 사용한다. 마오리 족은 과거에 대한 지식 없이는 의미 있는 미래를 상상하는 것이 불가능하다고 생각한다.[13]

모든 것이 점점 더 디지털화가 되어가는 지금도 자연은 우리가 시간과 맺는 관계에 영향을 끼친다. '일광절약시간제'에 따라 영국에서는 6개월에 한 번씩 시계를 앞으로 한 시간, 혹은 뒤로 한 시간 돌려서 동절기에 해가 지기 전 활동하는 시간을 조금이라도 더 확보하려 노력한다. 아침에 눈을 떠 잠에서 깨는 행동이 숫자로 나타내는 시간보다 햇빛에 더 영향을 받는다고 보여주는 사례다. 우리는 여전히 임신 기간을 음력 한 달을 기준으로 계산하고(음력으로 열 달은 40주다), 조수 상황에 따라 해변에서 노는 것을 멈추곤 한다. 달력의 날짜를 확인하지 않고도 나뭇잎의 색이 변하고 갑자기 공기가 선선해졌음을 느끼면 본능적으로 여름이 끝났음을 감지한다.

거기에 더해 우리는 **여전히** 사건과 이야기에 근거해서 시간을 측정할 때가 많다. "그건 네가 태어나기 직전이었어" "내가 중학교 졸업시험을 본 해 여름이었지" "우리가 결혼식을 올린 다음 달이었어" 등등 우리 인생의 중요한 순간을 이정표 삼아 무엇을 기억하곤 한다. 우리 세대는 오랫동안 팬데믹 이전과 이후로 시간을 기억할 것이다. 세상의 거의 모든 이에게 영향을 준 팬데믹으로 록다운이 시행되어 꼼짝없이 집에 갇혔을 때는 흐르는 시간에 대한 감각을 잃고 말았지만 말이다. 결혼식, 휴가, 파티, 시험, 심지어 크리스마스 등 이정표가 되는 행사들이 모두 취소되면서 일상은 이상하게 삐걱거리며 잘 돌아가지 않는 느낌이 되었다.

***

눈을 감고 시계를 하나 떠올려 보자.

여러분은 아마도 열두 시간이 표시된 아날로그식 시계

의 문자판을 떠올리지 않았을까?[°] 그 장치는 시침과 분침이 '시계 방향'으로 돌아간다. 그리고 손목에 찰 수 있는 시곗줄에 부착되어 있다.

이 모든 요소가 고대에 확립되었다. 그리고 모두 자연과의 대화를 통해 얻은 지혜였다. 현재 우리가 알고 있는 한 메소포타미아 지역(지금의 이라크와 시리아 지역)에서 최초로 문명을 이루고 살았던 수메르인들이 숫자를 사용해 시간을 측정하는 체계를 최초로 만들어냈다고 밝혀져 있다.[14] 메소포타미아 문명에서 60이라는 숫자에 기초한 숫자 체계를 만들어내고 그것을 최초로 기록한 이래, 우리는 지금까지도 시간, 분의 단위나 각도, 지리 좌표 등에 60을 한 단위로 사용한다. 60은 복잡한 분수나 소수점 없이 쉽게 나누어진다. 무엇보다 3으로 나누어지는데, 구구단 3단이 대부분의 인간에게 태생적으로 장착되어 있다는 점에서 유용하다. 우리 손가락은 모두 세 개의 관절로 나뉘어져 있고, 엄지를 제외한 손가락 네 개의 관절을 모두 합치면 12개, 두 손을 합치면 24개가 된다. 이 시스템이 하루를 24시간으로 나누기 시작한 원천일지도 모르겠다.

⊕ 물론 나이에 따라 다르겠지만 말이다! 휴대폰과 컴퓨터로 시간을 확인하는 경우가 더 많아지면서 아날로그 문자판은 공공장소에서마저 드물어지고 있다. 이제는 디지털 시계 화면을 사용하는 기차역이 더 많다. 아날로그 시계가 일상에서 드물어지면서 심지어 학교 교실에서도 디지털 시계가 사용되곤 한다.

수메르 지역에서 서쪽으로 약 1,600킬로미터 떨어진 곳에 자리한 고대 이집트의 학자들은 태양과 별의 움직임에 기초해서 시간을 더 세분하기 시작했다. 오른쪽 눈이 태양이라고 여겨졌던 고대 이집트의 하늘신 호루스Horus의 이름은 현대 영어에서 '시간hour'의 어원이 되었다. 약 5,000년 전, 고대 이집트인들은 지구가 태양을 중심으로 한 바퀴 회전하는 시간이 일 년이며, 그 움직임이 나일강의 범람과 하지, 천랑성 시리우스가 가장 밝게 빛나는 시기에 영향을 준다는 사실을 깨달았다.[15] 시계 방향이라는 개념 자체도 태양의 기능과 위치의 우연성 등에 기인한다. 현재 우리가 시간을 측정하는 체계를 만들어낸 문명들이 대체로 북반구에 자리 잡고 있었다는 의미다. 북반구에 사는 사람이 태양의 궤적을 따라가려면 남쪽을 향해야 한다. 남쪽으로 향한 사람이 볼 때 태양은 아침에 왼쪽에서 떠서 밤에 오른쪽으로 지고, 그림자는 오른쪽에서 왼쪽으로 움직인다. 다시 말하자면 태양이 시계 방향으로 움직이는 것이다. 조상들은 이 간단한 현상에서 시작해서 사람들과 주변의 건물이나 나무가 드리우는 그림자의 각도와 길이를 보고 시간을 짐작했을 것이다. 우리가 아는 최초의 '자판'을 가진 시계인 해시계는 바로 이 현상을 이용하려는 시도였다. 아무 그림자를 보고 시간을 추측하는 대신 수직 막대나 그노몬gnomon[해시계의 바늘]을 세워 그 그림자를 관찰한 것이다.

해시계나 그림자시계를 누가 처음 발명했는지는 아무

도 모른다. 하지와 동지의 태양과 일직선을 이루며 서 있는 영국 스톤헨지 유적지 스톤서클의 거대한 선돌(기원전 약 3000년)에서부터, 중국 타오쓰의 천문학 유적지에서 발견된 그림자 측정용 채색 막대(기원전 2300년)에 이르기까지 해시계는 전 세계에서 발견된다. 고대 이집트의 매장 지역이었던 왕가의 계곡에 있는 노동자 숙소의 바닥에서는 석회암 판에 새겨진 초기 형태의 해시계 눈금이 발견되었다. 기원전 2세기 중반의 유물로 추정된다. 해시계의 문자판 중심에 서 있었을 그노몬은 이제는 없어져 버렸지만, 한때 약 15도 간격으로 12분할되고 검은색 칠이 된 반원 위에 그림자를 드리웠을 것이다. 어림잡아 열두 영역으로 표시를 해두었지만 그 물건의 주인이 일을 시작하고, 점심을 먹고, 짐을 싸서 어두워지기 전에 집으로 돌아가야 할 시간이 되었음을 아는 데는 충분했다. 이렇게 그노몬과 문자판이 합쳐져서 '진정한' 해시계가 탄생했다.

해시계는 또 하나의 중요한 목적을 지니고 있었으니 바로 공동체의 중심 역할이었다. 크고 작은 도시의 중심에 설치된 해시계는 그곳 주민들이 시간에 대한 감각을 공유할 수 있게 해주었다. 모두가 그 시계를 보고 거기 맞춰 살 수 있도록 말이다. 모두가 시간을 동일하게 이해하는 것은 문명을 이루는 데 핵심적인 요소다. 하늘을 관찰해 해의 움직임을 측정함으로써 수 많은 사람들로 이루어진 집단의 삶과 루틴을 더 작고 정확한 시간 단위로 쪼갤 수 있었다. 이렇게 시간을 분할하면 농업, 상업, 교육, 통치 등 다른 사람들과의 협업과 상호작용 계획이 훨씬 쉬워졌다. 그리고 그에 따라 미래의 계획을 세우는 데도 도움이 되었다.

고대 이집트인들은 햇빛이 사라져 어두운 시간에도 다시 밤하늘로 눈을 돌려 별들을 거대한 천체의 시계문자판처럼 사용했다. 우리는 여전히 황도 12궁과 별자리들을 보고 시간의 흐름을 측정한다.[°16] 천문학자들은 고대 이집트인들이 이런 용도로 사용한 패턴을 43개 이상 식별해 냈다. 그중에는 오리온자리 일부분을 포함하는 사^{sh}[°°]와 리트^{ryt}('턱'이라는 뜻의 고대 이집트어, 지금은 카시오페이아자리라고 부르는 별자리), 큰므트 knmt(소를 뜻할 확률이 큰, 큰개자리를 가리키는 별자리), 누트^{nwt}(은하수와 여신 누트의 상징 별) 등이 있다.[17] 고대 이집트인들은 또 수성, 금성, 화성, 토성, 목성 등 행성들의 존재도 알고 있었고, 월식을 계산하고 예측할 수 있었다.[18] 별자리를 기초로 한 천체력은 매년 달의 축제를 계획하는 데 중요한 역할을 했다. 초승달이 뜰 무렵 벌어지는 이 축제에서는 달의 신과 농업의 신 오시리스에게 돼지를 제물로 바쳤다.

내가 머릿속에 떠올리는 시계는 항상 똑딱거리며 움직

● 밤하늘의 큰곰자리는 계절을 알려준다. 곰의 꼬리가 동쪽을 향하고 있으면 봄, 남쪽을 향하면 여름, 북쪽을 향하면 겨울이다.
●● 오리온자리와 토끼자리를 관장하는 고대 이집트의 신 ─ 옮긴이.

인다. 우리가 이 세상에 존재할 수 있는 시간이 얼마나 빨리 지나가고 있는지를 괴롭도록 끊임없이 일깨워 주는 물건이다. 과거에 사용된 시간 관측 장치들도 이처럼 시간의 **흐름**을 기록했다. 물시계는 구멍을 통해 일정하게 흐르는 물의 양으로 시간을 쟀다. 아주 초기 물시계들은 놀라울 정도로 단순했다. 토기 하나에 일정한 양의 물을 담고 또 다른 토기에 그 물이 흘러 들어가는 양을 쟀다. 그런 장치가 작동하려면 물이 흐르는 양과 속도를 정확히 알아야만 했다. 시간이 글자 그대로 다 떨어지면 충실한 시계 지킴이가 다시 채워야 한다. 고대 이집트에서는 설화석고와 검은 현무암 물시계가 이런 목적으로 만들어졌고, 오늘날 우크라이나 흑해 주변에서도 물시계로 사용된 청동기시대 토기가 발견되었다. 이런 기초적인 장치는 고대 바빌론과 페르시아, 인도, 중국, 선주민이 살던 아메리카, 고대 로마 등 세계 전역에서 발견된다. 고대 그리스의 아테네 법정에서는 발언하는 사람의 시간을 제한하기 위해 클렙시드라 *clepsydra* (직역하면 '물도둑')라는 물시계를 사용했다. 그중에는 경보음을 울리는 장치까지 있었다. 기원전 427년 플라톤이 발명한 물시계는 네 개의 도기 항아리가 수직으로 쌓아 올려진 형태인데 맨 위 항아리에서 바로 아래 항아리로 정해진 속도로 천천히 물이 떨어진다. 정밀하게 조절된 크기로 설치한 두 번째 항아리에 정확한 속도로 흐른 물이 가득 차면 관을 통해 세 번째 항아리로 한꺼번에 물이 쏟아진다. 갑자기 물이 쏟아지는 압력으로 세 번째 항아리의 윗부분에 설치된 피리 모양의 관에서 휘파람 소리 같은 경보음이 울린다. 가장 아래 네 번째 항아리에 모인 물은 다시 사용된다.

9세기 영국 웨식스 왕국의 알프레드 대왕은 양초시계를 사용했다.[19] 마치 현대 생산성 전문가처럼 그는 날마다 정확하게 여덟 시간 근무, 여덟 시간 공부, 여덟 시간 수면이라는 루틴을 지켰다.[*] 그가 사용한 '시계'는 동일한 두께와 길이의 여섯 개의 양초였다. 양초 하나가 다 타려면 네 시간이 걸렸고, 각 양초에는 일정한 간격으로 12개의 눈금이 새겨져 있어 20분마다 눈금 하나가 타들어 갔다. 알프레드 대왕은 양초 두 개가 타는 동안 독서와 집필에 전념했고(그는 다수의 라틴어 종교 서적을 고대 영어로 번역한 열정적인 학자였다), 또 다른 양초 두 개가 보초를 서는 동안에는 바이킹 침략군으로부터 나라를 방어하기 위한 전투 전략을 짜거나 신하들 사이의 분쟁을 조정하는 일을 했다. 마지막 양초 두 개는 잠든 대왕을 지켜봤다.

이동이 잦아지고, 돌아다니면서도 시간을 확인할 필요가 늘어남에 따라 전통적인 시간 측정 장치는 실용적이지 않게 되었다. 해시계는 같은 자리를 지켜야만 정확한 측정이 가

---

[*]   고래 지방으로 만들어진 양초시계는 기원전 200년경 중국에서 유래한 듯하다. 상대적으로 안정적이고 일관된 연소율을 지녀 빛이 들어오지 않는 실내나 밤에 유용하게 사용되었다.

능했고, 물시계는 물이 출렁거리며 넘쳐버리니 소용이 없었으며, 양초시계도 바람만 불면 꺼졌다. 중세 후반부에 접어들면서는 기존의 시간 측정 장치와 더불어 '모래시계'가 점점 더 많이 쓰이기 시작했다. 13세기 말에 접어들 무렵에는 배에서 모래시계가 사용되기 시작했다. 1306년에서 1313년 사이에 프란체스코 다 바르베리노Francesco da Barberino가 쓴 《사랑의 문서Documenti d'Amore》에서는 "바다에 나설 때는 자철석, 숙련된 조타수, 유능한 조망수, 지도에 더해 모래시계를 꼭 구비해야 한다"고 강조했다.[20] 15세기 말, 크리스토퍼 콜럼버스는 30분짜리 '암폴레타ampoletta(앰풀, 유리 용기의 일종)'를 사용했다고 전해진다. 그 모래시계는 조타수가 관리했으며 매일 정오에 태양이 중천에 뜨는 때에 맞춰 조정을 했다고 한다.[21] 선원들은 모래시계로 시간뿐 아니라 공간도 측정했다. 항구를 떠난 지 **얼마나 오랜 시간**이 흘렀고 어떤 속도로 항해했는지[•]를 알면 대충 지금 위치가 어디인지, 얼마나 더 있어야 육지에 도착할 수 있을지 알 수 있었다. 이를 '추측항법'이라고 부르는데, 모래시계는 몇백 년 동안 추측항법에서 가장 높은 신뢰도를 가진 장치였다. 경도 측정에서 모래시계에 필적할 만한 정

● 1,852미터에 해당하는 1해리를 한 시간에 여행하는 속도를 뜻하는 단위인 노트knot는 원래 일정한 간격의 매듭knot을 지은 밧줄을 갑판에서 바다까지 늘어뜨리고 그 매듭들이 얼마나 빨리 바다로 끌려 나가는지를 측정한 데서 유래한다.

확도를 가진 기계식 시계는 500년의 시간이 흐르고 과학, 공학의 혁명적인 발전이 이루어진 후에야 출현했다.

16세기에는 해시계가 휴대가 가능할 정도로 작아졌다. 반지시계[⑩](가장 작은 것은 남성의 결혼 반지 크기였다)는 눈금이 새겨진 금속 반지였다. 태양을 향해 반지를 들면 반지에 뚫린 작은 구멍을 통과한 햇빛이 안쪽에 그려진 눈금에 밝은 점을 만들었고, 이를 보고 시간을 알 수 있었다. 여러 조각의 금속으로 만들어진 테를 돌려 달과 경도에 맞춰 조정해서 정확한 시간을 측정했다. 이 장치는 16세기 네덜란드의 수학자이자 철학자인 게마 프리시우스Gemma Frisius (1508~1555)가 발명한 것으로 알려져 있다. 그는 1634년, 이 '천문학자의 반지' 아이디어를 가지고 금속세공사 가스파르 반 데르 헤이덴Gaspard van der Heyden에게 가져갔다. 시계제작자의 선조인 세공 장인과 과학자의 협업이 이루어진 것이다.

앞서 우리가 떠올렸던 손목을 감는 띠 혹은 끈은 손목시계의 가장 큰 특징이다. 시간 측정 기구를 몸에 지니는 행위를 가능하게 해서 이 기구를 개인 소지품으로 만들었기 때문이다. 반지시계도 같은 이유에서 큰 의미를 지닌다. 인간은 최초로 시계를 주머니에 넣거나 끈이나 체인에 달아 종일 몸에 지니고 다닐 수 있게 되었다. 작고, 가볍고, 가지고 다니는 사람

---

⑩   정식 명칭은 '만능 춘추분 반지시계*universal equinoctial ring dials*'.

의 움직임에 전혀 영향을 받지 않는 반지시계는 그 실용성 덕분에 시계가 발명된 후에도 수백 년 동안 애용되었다. 심지어 셰익스피어의 〈뜻대로 하세요〉에 깜짝 출연하기까지 한다. 바로 숲에서 재크를 만난 광대가 여봐란듯이 주머니에서 '반지시계'를 꺼내 들고는 '매우 지혜로운' 목소리로 "지금 열 시야"하고 말하는 장면이다.

$$\twemoji{✦}\text{———————}\twemoji{✦}$$

그 장면은 숲 속의 내게 찾아온 어리석은 순간을 연상시키기도 한다. 나는 기러기들을 올려다보면서 당시 작업 중이던 귀중한 시계 작품에 대해 골몰하고 있었다. 마침내 시골로 이사한 첫 겨울에 맞춘 마감 시한이 다가왔다가 지나갔다. 하늘을 나는 새들처럼 말이다. 나는 그 시계를 그 후 3년 동안 완성하지 못했다.

　현대를 사는 우리에게는 시간이 기계화되고 디지털화된 것처럼 느껴질지 모른다. 그러나 결국 자연의 힘에 의해 움직이고 우리가 전혀 제어할 수 없는 것이 시간이라는 사실을 기억하면 늘 마음이 편해지곤 한다. 거기에 더해 어떤 일들은 시간이 가야 해결된다는 사실도.

2

기발한 장치들

측정할 수 있는 것은 측정하고, 측정할 수 없는 것은 측정할 수 있게 하라.

갈릴레오로 추정됨, 1564~1642년.

열일곱 살에 학교를 자퇴한 나는 어찌어찌해서 은세공과 장신구 제작을 배우는 과정에 들어갔다. 친구들과 선생님들에게는 도망가서 서커스단에 들어간 것이나 진배없는 일이었다. 미술 과목을 언제나 좋아하긴 했지만 병리학자가 되기 위해 A레벨°은 모두 과학 과목을 선택했다. 학교는 내 꿈을 별로

° 대학 진학 준비 과정으로 전공하고자 하는 분야와 관련 있는 과목을 세 개에서 네 개 선택한다 – 옮긴이.

지지해 주지 않았다. 직업 상담 선생님은 나 같은 노동자 계급 출신에게는 의대가 그다지 어울리지 않는다는 암시를 전했다. 나 역시 과학은 정말 좋아했지만, 학교가 너무 딱딱하고 건조하고 차갑게 가르친다는 생각이 들었다. 직접 실험을 하는 일은 거의 없었다. 일 년 내내 생물시간에 양의 심장을 해부하는 수업을 기대하고 기다렸지만 또 기절한 학생이 나온 후 취소되었다는 소식을 들어야만 했다. A레벨 과정이 절반쯤 지났을 때 나는 반항심이 솟구쳐 올랐다. 과학이 나를 받아들여 주지 않으면 예술학교로 도망치겠다고 결심한 것이다.

은세공 과정을 가르치던 선생님은 오스트리아 출신으로, 열세 살 나이에 견습생 생활을 시작해 평생을 금세공에 헌신한 장인이었고, 내가 과정을 마칠 즈음 은퇴할 예정이셨다. 피터 선생님은 아는 것이 정말이지 너무 많아서 그 옆에 있는 것만으로도 겸손한 마음이 들게 하는 사람이었다. 나는 지금도 창작에 대한 선생님의 철학을 지키기 위해 노력한다. 내가 시계의 케이스를 항상 귀금속으로만 만드는 것은 온전히 피터 선생님 덕분이다. 어느 날 내가 디자인을 마친 후 도금용 합금(구리 기반 합금이지만 9ct 금과 특성이 유사하면서도 가격은 훨씬 싸다)으로 세공품 제작을 시작하자 선생님께서는 작업실 금고를 열어서 보여주셨다. 귀금속을 살 돈이 없다고 설명드리자 금박 시트와 금선이 담긴 쟁반들을 뒤져 내게 필요한 재료를 챙겨주면서 말씀하셨다. "레베카, 디자인하는 데 정말 시간을 많이 들였잖아. 정말 아름다운 디자인이야. 항상 네가 들인 노력에 걸맞는 재료를 사용하렴. 비용은 걱정하지마, 나중에 이야기하자." 그래서 나는 금으로 작품을 만들 수 있었다. 블랙 다이아몬드로 빛나는 눈, 피처럼 붉은 루비로 물든 가슴, 그리고 다이아몬드를 박은 꼬리를 가진 불사조 모양의 브로치였다. 날개 깃털 하나하나를 투각°해서 낸 작은 공간에 법랑을 채워 만들었다. 선생님이 맞았다. 귀금속으로 작품을 만드는 것은 비용은 물론이거니와 작업 그 자체도 겁나는 일이지만, 합금으로 작업을 하면 일 년 내내 공들여 완성한 작품이라 해도 거의 값어치가 없다. 귀금속으로 작업할 자신감과 자본이 있다면, 작품의 가치는 시간이 흐르면서 점점 더 커질 것이다. 그럼에도 몇 년 후 나는 그 브로치를 분해해야만 했다. 재정적 파탄 직전까지 갔던 몇 번의 절박한 순간 중 하나였다. 세팅된 보석을 펜치로 뜯어내면서 울었던 기억이 생생하다.

피터 선생님은 실수하는 방법도 가르쳐 주셨다. 가장 전통적인 약혼반지 디자인인 프롱 세팅의 단일 보석 솔리테어 링을 만들고 있을 때였다. 보석을 고정하는 물림쇠를 줄로 가는 작업에 너무 열정을 바친 나머지 물림쇠가 짧아져 버렸다. 나는 풀이 죽은 채 선생님에게 세팅을 구할 방법이 있을지 물

° 재료의 면을 도려내거나 깎아서 원하는 무늬를 나타내는 기법 - 옮긴이.

었다. 선생님은 내 작업대에 앉아 물림쇠를 다시 다듬어서 사용하기에 완벽한 세팅으로 만들어주었다. 선생님을 천재라고 부르면서, 일주일 걸린 작업을 날리지 않을 수 있게 해주신 데 깊이 감사했던 기억이 난다. 선생님의 반응은? "레베카… (선생님은 늘 레베카…라고 내 이름을 부르면서 말을 시작했다) 내가 이걸 고치는 방법을 어떻게 알았을까? 나도 같은 실수를 했고, 그러면서 배웠기 때문이야. 실수하는 건 괜찮아. 그 과정에서 배우기만 한다면 말이야." 나는 그 말을 지금까지도 거의 날마다 되새긴다.

투각용 톱을 사용하는 방법이나 납땜질 등 금속공예에 필요한 기술을 배운 것도 피터 선생님의 수업에서였다. 투각용 톱은 약 1밀리미터 밖에 되지 않는 정교한 톱날로 재료를 정밀하게 절단하는 도구다. 나는 여전히 과학과 공학에 관심이 있었기 때문에, 금속세공에 점점 더 자신감이 붙자 경첩이나 회전축 등 간단한 장치를 사용해 내가 만드는 장신구에 움직임의 요소를 가미했다. 시각적 정보로 사고하는 유형인 나로서는 무엇이 실제로 어떻게 작동하는지를 눈으로 보면 이해가 더 쉬웠다. 돌이켜보면 나는 언제나 그런 방식으로 학습했던 것 같다. 대상과 나의 물리적 상호 관계의 결과를 실험하고 관찰하고 시험하면서 말이다. 시간이 지나면서 나는 살아 있는 대상의 움직임을 모방하는 자동장치automata 들의 기초적인 모델을 시험하기 시작했다. 나는 태엽 장치로 구동되는 태양계 천문 모형이 항상 좋았다. 기계로 자연을 표현한 가장 이상적인 예라는 생각이 들었기 때문이다. 책상 위에 놓고 관찰할 수 있을 정도로 작은 장치에 우주를 담은 매우 인간적인 물건 말이다. 그래서 나는 장신구 및 금속세공 과정의 마지막 프로젝트로 태양계 천문 모형을 디자인했다. 각각의 행성은 모두 떼어서 장신구로 착용할 수 있도록 했다. 펜던트로 만든 토성은 주위를 둘러싼 고리들이 모두 독립적으로 다른 방향으로 움직이게 했고, 태양은 뾰족뾰족한 '불꽃'이 돌면서 깜빡거리는 듯 보이는 반지로 만들었다. 주먹다짐을 하고 싸울 때 관절에 끼우는 무기로 사용하면 필승을 거둘 물건이었다.

그때만 해도 나는 행성의 움직임을 정확하게 반영한 제대로 된 태양계 모형을 만들 정도의 기계학적 지식이 없었다. 게다가 마감 날짜까지 시간도 얼마 없었다. 그래서 행성들의 위치도 정확하지 않았고, 행성들을 고정시킨 원형틀을 모두 연결해 모터나 핸들의 힘으로 돌아가게 하는 대신 각각 따로 손으로 돌려야만 했다. 실물은 디자인할 때 상상했던 것에 훨씬 못 미쳤다. 내가 원했던 높은 수준의 자동장치와는 거리가 멀었던 것이다. 디자인 단계의 의도를 모두 실현하려면 시간과 지식이 훨씬 더 많이 필요했다. 그럼에도 나는 부품들이 서로 연결되어 함께 움직이는 시스템에 매료되었다.

학년 말 작품전에서 내 태양계 모형은 시계제작반 학생들의 관심을 끌었다. 그리고 그중 (크레이그를 포함한) 몇 명이 내게 찾아왔다. 움직이는 작고 섬세한 물건에 대한 공통 관심사를 알아차린 것이다. 그때까지만 해도 나는 시계제작자에 대해 생각해 본 적도 없었다. 굳이 누가 묻는다면 쇼핑몰에서 시곗줄이나 건전지를 갈아주는 사람들을 상상했다. 하지만 그들의 작업실에 가서 선반 기계와 절삭 기계가 웅웅거리며 돌아가고 금속이 지스러기를 내며 깎여 나갈 때 나는 쇠 냄새에 둘러싸이는 경험을 한 나는 시계제작이야말로 예술가, 디자이너, 엔지니어, 물리학자가 동시에 될 수 있는 분야라는 것을 깨달았다. 학교의 과정이 끝날 무렵 나는 이미 시계제작반에 들어가 있었다.

그 태양계 모형을 지금까지도 가지고 있었으면 좋겠지만, 불사조 브로치와 마찬가지로 월세를 내기 위해 분해해서 보석을 팔아야만 했다.

$$\ast \!-\!\!-\!\!-\! \ast$$

최초로 시간 측정 기구를 만들었던 조상들에 대해 생각할 때면 엉성한 솜씨로 움직이는 물건을 만들어 보려고 애쓰던 내 초보 시절이 떠오르곤 한다. 사람이 계속 관리하지 않으면 물시계, 모래시계, 양초시계 등은 모두 '에그타이머' 정도에 지나지 않았다. '진정한' 시계는 자체적으로 혹은 기계적으로 조달되는 동력원이 있어야 한다. 기계식 시계는 11세기, 기계식 손목시계는 16세기에야 출현했지만 이러한 도약에 필요한 발전은 이미 그보다 1,000년도 더 전부터 진행되고 있었다. 고대 메소포타미아 문명은 유압식 기계, 관개시설, 방직 기계에서부터 벽돌과 토기의 대량생산, 바퀴 달린 전차, 심지어 쟁기에 이르기까지 공학적으로 엄청나게 발전되어 있었고, 그런 지식과 기술은 기계식 시간 측정 기구의 근간이 되었다.[22]

유럽인들이 처음으로 유체역학적 시간 측정기를 만났을 때 얼마나 놀랐을지를 종종 상상해 보곤 한다. 802년 서로마제국의 카롤루스대제가 총애하던 외교관이 눈부시게 아름답고 신기한 선물을 잔뜩 가지고 바그다드에서 귀환했다. 칼리프 하룬 알라시드Harun al-Rashid 가 보낸 선물들로, 그의 통치 아래 꽃 피운 이슬람 문화의 황금시대를 상징하는 물건들이었다. 가장 주목을 받은 스타는 의심할 여지없이 엑스라샤펠*의 거리를 누비며 소동을 일으켰을 다 자란 아시아코끼리였다. 또 칼리프 하룬은 카롤루스대제에게 매 시간 종을 울리는 메커니즘까지 갖춘 청동 물시계를 선물했다. 매 시간 심벌즈가 울리면서 12개의 문 중 하나가 열리고 기사 인형이 나오는 광경을 묘사한 목격담이 전해진다. 이제는 그 메커니즘이 정확히 어떻게 작동했는지 알 수 없지만 물이 구멍을 통해 흘러나오면서 변화하는 수위에 의해 추와 로프를 제어하는 동

⊕   현재는 독일 서부의 아헨.

시에 구동하는 시스템이었을 것이라 추측하고 있다.[23] 그 시계를 만난 운 좋은 유럽인들에게는 그 모든 과정이 마술처럼 느껴졌을 것이다.

11세기 스페인의 천문학자이자 이슬람교도, 과학 장비 발명가였던 알자르칼리Al-Zarqali는 시간을 알려줄 뿐만 아니라 천체에 관한 정보까지 보여주는 물시계를 고안하고 제작했다. 스페인 중부의 고도 톨레도에 설치된 그 시계는 달의 현재 위상을 알려주는 것으로 명성이 높았다. 29일에 걸쳐 두 개의 용기에 물이 서서히 차올랐다가 비워져서 달이 차오르고 사그라지는 과정을 그대로 반영했다. 알자르칼리는 지하에 파이프들을 설치해 누군가가 손을 대거나 하는 등의 이유로 수량이 변하는 것을 보완했다.[24] 엄마 아빠가 근처 시장에서 흥정을 하는 동안 호기심 많은 아이가 슬쩍 그곳을 빠져나가 알자르칼리의 시계를 보러 가는 광경을 상상해 본다. 아마 내가 그런 아이였을 것이다. 물이 줄어들면 어떻게 되는지 궁금해 용기에서 물을 퍼냈다가 다시 정확한 수위로 물이 차오르는 마술 같은 광경을 본 사람들은 탄성을 질렀을 것이다.

내 고향인 버밍엄의 심장부에도 물을 이용한 장치가 자리 잡고 있다. 1992년 인도의 조각가 드루바 미스트리Dhruva Mistry가 디자인한 '강The River'이라는 이름의 분수는 버밍엄 시내 빅토리아 광장 시청 건물 앞에 자랑스럽게 자리하고 있다. 맨 위에는 청동으로 주조한 맨몸의 여성이 물항아리를 들고 있고, 물항아리에서 흘러나온 물은 으리으리한 위쪽 풀을 모두 채우고 넘쳐서 여러 개의 계단을 지나 거대한 아래쪽 풀로 들어간다. 지역 사람들이 애정을 담아 "자쿠지의 플루지 Floozie in the Jacuzzi"라 부르는 이 분수는 모르는 사람이 없어서 약속 장소로 그만이다. 어떤 사람들은 동전을 던지고 소원을 빌기도 하고, 더운 여름날에는 (불법이지만) 물에 들어가 첨벙거리며 열기를 식히는 사람들도 간혹 있다. 공공장소의 설치물은 사람들과 상호작용을 한다. 대중이 공유하는 공간은 모두가 그곳을 공동으로 소유하고 있다고 느낀다.

알자르칼리의 시계는 톨레도에서 제 할 일을 다하고 있었으나, 작동 원리를 알고 싶었던 후대의 발명가가 허가를 얻고 분해했다가 다시 조립하는 데 실패하고 말았다.[25] 알자르칼리의 시계와 비슷한 운명을 거친 수많은 시계를 만나본 나는 이 이야기에 늘 감동받곤 한다. 시계 주인과의 첫 대화는 보통 이렇게 시작된다. 그는 "저… 좀 곤란한 상황인데요… 제가… 아, 그러니까… 간단히 말하자면…"하고 머뭇거리다가 결국 할머니나 할아버지에게 물려받았거나 경매 혹은 중요한 날 선물로 산 시계가 어떻게 한 줌의 부품 더미가 되어

───────

⊕   가끔은 이 상호작용이 너무 과할 때도 있다. 몇 년 동안 분수 작동을 중단하고 물이 차 있던 공간에 꽃을 심었지만 2022년 '플루지'는 다시 물이 흐르는 영광스러운 옛 모습을 되찾았다. 그러나 몇 달 지나지 않아 누군가가 거품 목욕제를 부어서 손상되었다. 알자르칼리는 겪지 않았던 문제다.

기발한 장치들

버렸는지 고백을 이어간다. 수백 년 동안 호기심에 희생된 시계는 셀 수 없이 많았다.

톨레도에서 동쪽으로 약 6,500킬로미터 떨어진 중국 허난성에 살던 천문학자 소송蘇頌은 1088년, 세상에서 가장 정교한 물시계를 만들라는 황제의 명령을 받았다. 송나라의 지적 수준을 만천하에 알리겠다는 의도였다.[26] 소송이 만들어야 하는 물시계에는 복잡한 천체에 대한 정보가 다양하게 들어가야 한다는 주문도 함께 떨어졌다. 당시 왕가는 '천명天命'에 따라 나라를 통치하도록 되어 있었는데, 소위 천명에 따라 행정적 결정을 내리기 위해서는 천문학적 현상을 예측할 필요가 있었다.[27] 청동으로 만들어진 천문도와 혼천의渾天儀, 그리고 하루 중 중요한 시간에 징을 울리는 사람 모양의 자동장치까지 갖춘 소송의 시계는 중국의 기술적 월등함을 증명했을 뿐 아니라 "하늘과 직접 연결되어 있고, 하늘의 지혜가 왕에게 직접 전달되는 통로" 역할을 했다.[28]

소송과 그를 도운 장인, 엔지니어 팀은 동양식 탑 모양을 나무로 깎아 만든 축소 모델에서 시작해 8년에 걸쳐 유압식 천체 물시계를 완성했다. 완성품은 12미터가 넘어서 거의 4층 건물 높이였고, 지름 3.6미터의 거대한 물레방아 가장자리에 36개의 물동이를 매달아 동력원으로 사용했다. 각 양동이에 물이 모여서 고정장치가 풀릴 정도의 무게가 되면 앞으로 기울여지면서 바퀴가 돌아갔고, 그에 따라 뒤쪽에 있던 양동이에 물이 모이기 시작한다. 흐름을 일정하게 유지하기 위해 별도의 탱크에서 물이 공급되었다.

소송의 선구적인 공학 작품은 세계 최초의 이스케이프먼트®를 장착하고 있다는 점에서 시계제작자인 나를 완전히 사로잡았다. 이스케이프먼트는 톱니바퀴들, 즉 기어 휠들의 움직임을 반복해서 제어하고 해제해서 시계가 영구적으로 구동할 수 있는 잠재력을 부여한다(공급 탱크의 물이 떨어지지 않게 하고, 필요한 조정과 관리를 하는 사람이 있다면 영원히 시계가 멈추지 않을 것이다). 물이나 중력, 용수철 등 동력원의 운동에너지를 받아서 내보낼 수 있는 일군의 부품은 최초의 완전 기계식 시계를 발명하는 데 꼭 필요한 요소였다. 여기에 덧붙이고 싶은 말은 바로 소송의 시계가 최초로 '똑딱' 소리를 낸 장치였다는 사실이다.

이 모든 초기 기계장치에서는 실험과 발견, 시행착오, 무한한 가능성에 대한 순수한 기쁨이 흠씬 느껴진다. 13세기에 접어든 무렵 상부 메소포타미아의 박식가, 학자이자 발명가 이스

®　　또는 탈진기脫進機. 기계식 시계에서 톱니바퀴들의 회전 속도를 고르게 하는 중요한 장치 ─ 옮긴이.

마일 알자자리Ismail al-Jazari는 기계공학의 발전을 완전히 다른 차원으로 끌어올렸다. 아르투크 궁정의 수석 공학자였던 알자자리는 자동장치 분야에서 일가를 이루어 '로봇 공학의 아버지' 가운데 한 명으로 꼽히기도 한다. 그의 저서 《기발한 기계장치 지식에 관한 서 *The Book of Knowledge of Ingenious Mechanical Devices*》는 100가지 기계적 발명품을 상세히 설명하고 매우 선명한 삽화까지 곁들였는데, 250년 후 레오나르도 다 빈치에게 영감을 줬다고 전해지기도 한다. 그중에는 자동장치 공작새, 물을 동력원으로 해서 파티에서 음료를 대접하는 사람 모양의 자동장치, 파티 손님들에게 음악을 '연주'하는 악단, 그리고 복잡한 양초시계와 물시계가 다수 포함되어 있다.[29]

알자자리는 코끼리와 시계를 함께 보냈던 하룬보다 한 술 더 떠 코끼리 모양의 물시계를 디자인했다. 이 코끼리 시계의 등에는 페르시아 양탄자가 깔려 있고, 그 위에 설치된 금빛 하우다°에는 펜을 든 아랍인 서기가 앉아 있다. 코끼리 조련사인 머하웃이 그 앞에 앉아 있고, 붉은색 중국 용과 이집트 불사조 장식이 서기 위쪽에 자리 잡고 있다.[30] 코끼리 배 안에는 물이 가득 채워진 탱크가 숨겨져 있고, 작은 구멍이 한 개 뚫린 그릇이 도르래와 연결된 끈에 매달린 채 둥둥 떠 있다. 그릇에 서서히 물이 차 가라앉으면서 서기가 1분에 한

° 둘 이상이 앉을 수 있게 코끼리나 낙타 등 위에 설치한 좌석 – 옮긴이.

번씩 회전한다. 30분이 지나서 그릇에 물이 완전히 차면 탱크 바닥으로 가라앉고, 그에 따라 시소 메커니즘이 발동해 공 하나가 용 한 마리의 입으로 굴러간다. 공의 무게로 인해 용이 앞으로 기울면 그 움직임으로 바닥에 가라앉았던 그릇이 다시 수면으로 올라간다. 이 과정은 또 하우다 위쪽에 설치된 사람 조각의 팔을 위로 올라가게 만든다. 매 30분마다 심벌즈 소리가 나고, 불사조가 돌면 머하웃은 손에 들고 있던 털개를 움직인다. 이렇게 한 번 모든 요소가 순환해서 볼거리가 끝나고 나면 모든 등장인물이 원래 위치로 돌아가 대접이 다시 가득 차기를 기다린다.

시계의 모든 요소는 당시에 알려진 전 세계의 공학적 지식을 모두 포용할 수 있도록 디자인되었다. 알자자리는 이렇게 설명했다. "코끼리는 인도와 아프리카, 두 마리의 용은 중국, 불사조는 페르시아, 물을 이용한 장치는 고대 그리스, 터번은 이슬람 문화를 반영했다." 코끼리 시계는 현재까지도 사람들의 경탄을 자아내고 있다. 2005년 역사적인 복제품으로 제작되어 두바이 한 쇼핑몰의 중심에 설치된 것이다. 대리석 아치 천장을 가진 거대한 홀의 가운데 자리 잡아 쇼핑객들의 열렬한 사랑을 받는 두바이 코끼리 시계는 다시 한번 '공유하는 시간'의 중심이 되고 있다.

중세 유럽인들은 시간 측정 장치에 관해서 만큼은 동시대 중국이나 이슬람 문화권에 비해 상당히 뒤쳐져 있었다. 그러나 유럽에 르네상스가 꽃피면서 가톨릭 조직, 넓게는 엘리트 계층에서 점점 더 많은 수의 천문학자가 등장하면서 시계 제작 분야에 새로운 시대가 도래했다. 유럽인들은 물을 신뢰할 수 없는 동력원이라고 판단했다. 유럽의 기후에서는 여름이면 물이 증발해 버리고 겨울이면 얼었기 때문이다. 이러한 판단은 전적으로 기계식으로 작동하는 시계를 개발하는 데 필수적인 중요한 발전을 일구어냈다.

온전히 기계식이면서 비교적 유지 관리에 신경을 쓰지 않아도 되는 시계를 만들기 위해서는 신뢰할 만한 동력원을 찾는 일이 핵심이었다. 이 문제는 중력의 도움을 약간 받아 결국 해결되었다. 14세기 어느 시점엔가 누가, 어디서, 정확히 언제 발명했는지 알려지지 않은 놀라운 시계가 등장했다. 동력원으로 작용하는 무거운 추와 연결된 로프의 한쪽 끝은 수평 굴대(실을 감는 실패와 비슷하게 생긴 물건)에, 다른 한쪽 끝은 시계 메커니즘에 연결되어 있었다.[⦿] 이 원리로 만들어져서 현재까지 남아 있는 시계 중 가장 오래된 것은 1386년에 제작되어 현재 영국 솔즈베리 대성당에 설치되어 있는 시계다. 이 시계의 동력원은 돌로 만들어진 두 개의 추로, 추가 내려가면서 거대한 나무 실패에서 로프가 풀려 나간다. 실패 하나는 시간

[⦿] 베니스 근처 키오자에 설치된 시계탑의 시계도 적어도 1386년 이전에 만들어졌다고 전해진다. 그러나 현재는 작동하지 않는 상태다.

측정 메커니즘에, 다른 실패는 시간을 알리는 종을 치는 메커니즘에 동력을 공급한다. 굴대는 손으로 돌리는 크랭크에 천천히 로프를 감아 올려 추를 위로 올려 보낼 수 있도록 설계되어 있다. 이와 함께 한쪽 방향으로만 회전하는 톱니바퀴인 래칫이 설치되어 있어서 굴대는 한 방향으로만 돌아가고 반대로는 돌아가지 못하게 고정된다. 낚싯줄을 감아 올리는 것과 비슷하다. 로프를 완전히 감고 나면 중력이 추를 아래로 당기는데 굴대는 제어할 수 없는 속도로 원래의 상태로 돌아가고 싶어 한다. 그래서 이 회전 속도를 제어할 수 있는 새로운 장치가 필요했다. 우리는 이 장치를 '버지 이스케이프먼트 verge escapement'[수직굴대]라고 부른다.

초기 시계에는 길고 가는 쇠막대(축) 위에 수평 막대를 붙여서 T 모양으로 만든 버지가 사용되었다. 축의 위와 아래에는 두 개의 직사각형 '플래그'가 90도 각도로 부착되어 있다. 이 플래그들은 회전하는 축과 함께 돌다가 크라운 휠crown wheel(울퉁불퉁한 톱니가 왕관과 비슷하게 생겨서 붙여진 이름)의 톱니와 맞물릴 수 있는 간격으로 부착된다. 휠이 앞으로 돌면 플래그가 휘어지면서 톱니를 놓아주고, 뒤따라 다른 플래그가 또 다른 톱니와 맞물리는 식으로 동력이 방출되는 것을 조절한다. 크라운 휠과 플래그가 닿으면 그 반동으로 버지가 반대 방향으로 돌게 되면서 두 번째 플래그가 크라운 휠의 톱니와 맞물리고, 첫 번째 플래그는 톱니를 놓아주는 현상이 되풀이된다.

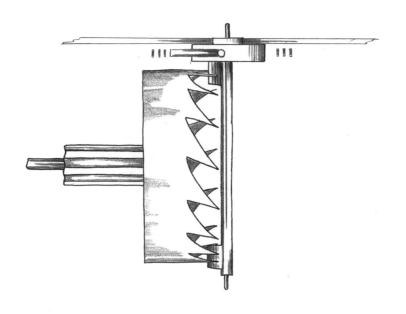

버지 이스케이프먼트의 사용은 100퍼센트 기계식 시계에서
처음 시작해서 19세기 초까지 계속되었다.

이 주기는 한 시간에 수천 번 이상 반복되면서 플래그가 톱니와 맞물릴 때마다 **째각**, **째각**, **째각**하는 소리를 낸다.

버지 이스케이프먼트 덕분에 최초의 교회 종탑시계가 탄생했다. 높은 탑에 설치되어서 도시와 마을을 내려다보고 멀리서도 볼 수 있던 시계들 말이다. 초기 종탑시계는 문자판이 없고, 매 시각 종을 울리는 방법으로 시간을 알려서 교회에 오는 시간이나 기도하는 시간 등을 통해 대중이 규칙적인 생활을 할 수 있도록 이끌었다. 엘리자베스 1세 여왕 시대의 극작가 토마스 데커Thomas Dekker 는 교회 시계에서 올리는 종소리가 "매우 먼 곳에까지 울려 퍼졌다. 잠자리에 든 밤에도, 시계에서 멀리 떨어진 곳에서 일하는 낮에도 종소리를 들을 수 있었다"고 묘사했다.[31] '시계clock'라는[⦿] 단어 자체도 중세 라틴어 'clocca'와 불어 'cloche'에서 유래했다. 두 단어 모두 '종'을 뜻한다. 중세 말 근대 초기의 유럽, 다시 말해 17세기까지도 시간은 개인적인 개념이라기 보다는 공적 개념이었고, 말그대로 위에서 아래로 전달되었다.[32] 유럽 인구의 90퍼센트가 농업 종사자였던 시절이었으니 자신의 시간을 스스로 제어하기 위한 개인 소유 시계라는 개념이 도래하기까지는 한참 더 시간이 흘러야 했다.[33]

⦿   손목시계는 watch, 몸에 지니지 못하는 커다란 시계는 clock으로 구분된다 – 옮긴이.

거대하고 화려한 공공장소의 종탑시계는 손목시계 제작자의 미시적인 세계와는 정반대의 세계에 있다. 몇 년 전 나는 '스미스 오브 더비Smith of Derby'사의 작업실을 방문하는 영광을 누렸다. 1856년에 스미스 일가가 창업한 후 5대째 내려오고 있는 종탑시계 복원 및 제작 전문 기업이다. 대부분의 사람들에게 비현실적인 경험이겠지만 내게는 그야말로 마루 밑에서 나와 거인의 세상으로 들어간 바로워즈°가 된 느낌이었다. 사용하는 도구의 종류는 대략 비슷했지만, 스미스사의 작업실에 있는 도구들은 내 도구보다 다섯 배, 열 배 정도 크기였고, 심지어 스무 배쯤 큰 것도 있었다. 믿을 수 없을 정도로 익숙한 동시에 완전히 다른 환경이었다. 내가 문자판에 고정시키는 시곗바늘은 (시계를 조립할 때 가장 마지막에 하는 일 중 하나다) 내 새끼손가락 끝마디보다 길지 않다. 종탑시계 제작사의 작업실에서는 나 자신보다 더 큰 거대한 시곗바늘을 윈치[권양기]로 들어 올려 2층 버스 크기의 문자판에 고정시켜야 한다.°°

°   집의 벽이나 마루 밑에 살면서 몰래 물건을 빌려 쓰며 살아가는 소인 집단을 그린 소설과 영화의 제목이자, 그 소인들을 가리키는 단어 – 옮긴이.
°°   독자의 이해를 돕기 위해 설명을 덧붙이자면, 현존 최대 시계탑 문자판은 사우디아라비아의 아브라즈 알베이트 타워 꼭대기에 있다. 2012년 제작된 이 시계는 지름이 43미터로 흰긴수염고래 수컷 두 마리를 종대로 세운 길이에 약간 못미친다.

규모가 다른 것은 차치하더라도, 종탑시계 제작자들은 손목시계 제작자로서는 상상도 못할 문제들을 해결해야 한다. 교회 종탑 꼭대기에서 돌풍과 혹한을 무릅쓰고 지붕에 고정한 하네스에 대롱대롱 매달려 작업을 할 때도 많고, 메커니즘에 쌓인 비둘기의 산성 배설물을 긁어내야 하는가 하면, 알을 품은 갈매기의 성난 공격에 맞서 싸울 때도 있다. 그런 이야기를 듣다 보니 따뜻하고 안전한 내 작업실에서 일할 수 있음에 감사한 마음이 들었다. 스미스사의 작업실은 H.G. 웰스의 《타임머신》의 한 장면 같은 모습이었다. 공상과학 소설에 나올 법한 신기한 기계들이 철컥, 쿵쾅, 웅웅대며 돌아가고 있었다. 시계 무브먼트의 움직임은 무겁고도 체계적이어서 '시간을 알려주는 시계'가 현대 세상을 어떻게 지배할 것인지를 보여주는 상징처럼 느껴졌다.

사실을 말하자면 버지 이스케이프먼트는 그다지 정확하지 못했다. 일주일 사이에 몇 시간이나 빨라지거나 느려지는 시계도 있었다. 그러나 바로 이 장치를 기반으로 후세대 발명가와 엔지니어들은 복잡하고 멋지고 아름다운 시계를 만들 수 있었다. 그들이 만든 시계들은 불과 백 년 전만 해도 상상하기 힘들 정도로 정교했다. 얼마 가지 않아 중세 교회 종탑시계는 굉장히 세밀하고도 다양한 정보를 보여주기 시작했다. 행성들의 위치, 일식과 월식에 대한 예측, 달의 주기, 조수간만 시각 등의 정보가 포함되었고, 이런 정보들은 많은 경우 정교한 자동 장치를 통해 생생하게 전달되었다.[34] 1321년에서 1325년 사이 노리치 대성당의 재무 기록을 보면 해와 달의 모델뿐 아니라 합창단과 수도승들의 행진을 묘사하는 59개에 달하는 움직이는 나무 조각이 포함된 기계식 시계를 주문하고 설치한 기록이 있다.[•] 14세기와 15세기 교회는 천문시계가 기독교 우주관을 대중에게 알리는 훌륭한 도구라 여겼다. 천문시계는 정교한 장식과 자동장치들을 통해 기독교 신자들에게 흐르는 시간의 의미를 설명하도록 설계되었다.

천문학은 우주를 신의 창조물로 본 중세 기독교인들의 세계관에서 중심적 역할을 했다. 이 시기의 그림들에서는 신이 기하학자로 묘사되는데, 제도용 컴퍼스를 손에 들고 계획에 따라 우주의 지도를 그리는 신의 모습이 등장한다. 또 하늘에서 벌어지는 일들은 인간의 삶에 직접적인 영향을 끼친다고 믿었다. 결혼, 외교적 결정, 심지어 수술 같은 처치까지도

[•]　목록에는 화려한 색의 물감과 금박 등을 사용한 것이 상세하게 묘사되어 있다. 이 프로젝트에는 대장장이, 목수, 석공, 미장공, 종 주조공 등 다양한 분야의 숙련된 장인들이 3년간 고용되어서 일했다. 시계제작 총액은 52파운드였는데 이는 최고 수준의 기술을 가진 장인이 14년을 꼬박 일한 임금에 해당하는 액수다.

달과 별의 위치를 참고해서 계획되었다. 황도 12궁의 별자리는 제각각 특정 신체 부위와 관련이 있어서 수술하려는 신체 부위에 해당하는 별자리에 달이 있으면 위험하다고 믿었다. 볼벨volvell[●]과 같은 장치를 이용해 태양과 달의 상대적인 위치를 확인한 다음 황도 12궁과의 연관 관계를 묘사한 인체도를 참고하면 수술 날짜가 길일인지 여부를 알 수 있었다.[35] 내향성 발톱을 치료해야 하는데 발과 관련 있는 물고기자리에 달이 있다고 볼벨에 나오면 흉조다. 발톱 제거 수술은 한 달 기다려야 할 것이다.

주로 사제들이 시계학과 천문학 연구를 담당했던 고대 이집트와 마찬가지로, 중세 유럽에서도 의식주 걱정이 없고 세속에 주의를 빼앗기지 않는 수도승들이 이 분야의 발전을 위해 지적 노력을 기울이는 행운을 누린 소수의 특권 계층이 되었다. 초기 시계제작자 중 다수가 수도승이었다. 그중 대표적인 이는 1320년대에 천문시계를 설계했던 수도승이자 자연과학자 월링퍼드의 리처드Richard of Wallingford (1292~1336년경)와 프랑스 부르주 대성당의 인상적인 천문시계를 설계한 사제 겸 천문학자 장 푸소리스Jean Fusoris (1365~1436년경)였다.

천문학자들은 시계의 정확도를 한층 더 높였다.[36] 월식

[●] 중세 관측기구의 일종. 조수간만, 달의 주기, 달과 태양의 위치 등을 측정하는 도구 - 옮긴이.

이나 혜성 등 관측한 현상을 측정하기 위해서는 시간의 간격을 완벽하게 정확히 잴 수 있는 시간 측정 기구가 필요했다. 고대에는 시간의 간격을 측정하기 위해 낮과 밤을 기준으로 하루를 정했기 때문에 계절에 따라, 그리고 해가 뜨고 지는 시간 사이의 간격에 따라 한 시간의 길이도 달라졌다. 그러나 기계식 시계는 시곗바늘의 움직임이 기어 장치에 의해 제어되기 때문에 (시계가 제대로 작동하고, 멈추지 않는다면) 바늘이 한 바퀴를 도는 데 걸리는 시간의 길이가 전혀 변화 없이 일정했다. 기계식 시계의 엄격한 체계 덕분에 균일성을 완벽하게 유지할 수 있게 된 것이다.[37]

"측정할 수 있는 것은 측정하고, 측정할 수 없는 것은 측정할 수 있게 하라"라는 말을 남겼다고 전해지는 갈릴레오는 시계의 정확도를 가장 크게 향상시킨 원리 중 하나를 발견한 장본인으로 알려져 있다. 바로 진자의 등시성, 다시 말해 바람과 같은 가변적인 요소가 없으면 진자가 항상 동일하게 움직인다는 사실이다. 전설에 따르면 피사 대성당에서 열린 미사에 참여했던 열아홉 살 갈릴레오는 고개를 들었다가 문득 천장에 매달린 제단 램프가 반복적으로 흔들리고 있는 것을 눈여겨보게 되었다.[38] 그 순간, 진자 운동을 이용하면 메커니즘에서 동력을 규칙적으로 방출할 수 있겠다는 아이디어가 그의 머릿속에 떠올랐다. 그는 이 아이디어를 몇 년 동안 머릿속에서 발전시키다가 1637년 세계 최초로 진자로 동력을 조절하는 시계, 즉 추시계를 고안했다. 진자 운동을 하는 추가 이 스케이프먼트의 움직임을 제어하는 시계였다. 갈릴레오는 이 기발한 아이디어가 현실화되는 것을 보지 못하고 5년 후 세 상을 떠났다. 갈릴레오의 원리는 그가 죽은 후로도 15년이 흐 른 뒤, 네덜란드의 물리학자이자 수학자인 크리스티안 하위 헌스Christiaan Huygens의 손에서 비로소 작동 가능한 시계 메 커니즘으로 태어났다.

그러나 천문학적 관측이 다양한 장소에서 이루어지려 면 휴대 가능한 시계가 필요했다. 이 과정에서 가장 큰 발전은 메인스프링, 다시 말해 주 태엽이라 부르는 장치가 도입되면 서 이루어졌다. 단단하게 감긴 용수철인 메인스프링은 추를 대신해 동력원의 역할을 맡았다. 누가 발명했는지는 확실히 알려지지 않았지만, 이 기술이 열쇠 제조 분야에서 유래했고, 이탈리아 북부에서 가장 먼저 사용되었을 가능성이 크다. 스 프링을 동력원으로 하는 시계 중 현재 남아 있는 가장 오래된 시계는 1430년에 만들어졌다. 이 스프링은 선물 포장용 리본 처럼 길고 굉장히 얇았으며, 중앙 굴대에 감긴 채 원통에 들 어 있고, 크랭크나 키로 감도록 되어 있었다. 굴대 주변에 단 단히 감겨 있던 스프링이 풀리면서 발생한 탄성이 바깥쪽 고 리를 당겨 주요 임무인 회전운동을 만들어낸다. 메인스프링 이 한꺼번에 풀려 모든 힘을 발산해 버리지 않도록, 추시계와 마찬가지로 이스케이프먼트를 사용해 회전 속도를 제어한다.

메인스프링 덕분에 시계는 처음으로 중력으로부터 자유로워졌고, 사람이 가지고 다닐 수 있을 정도로 작게 만드는 것도 가능해졌다. 건물에 부착된 기계식 시계의 출현이 종교계의 장려로 이루어졌고, 과학자들은 시계를 더 정확하고 실용적인 기계로 개발했다면, 부자들은 이 기발한 장치를 신분의 상징이라는 새로운 이미지로 거듭나게 했다. 15세기 내내 시계는 특히 천문학에 관심이 있는 귀족과 부유한 상인들의 집에서 흔히 볼 수 있는 물건이 되었다.[39] 그들은 시계를 통해 최첨단 테크놀로지에 대한 자신의 지식을 과시했다. 최신 아이폰이 나오면 며칠이라도 애플스토어 앞에 줄을 서는 현대

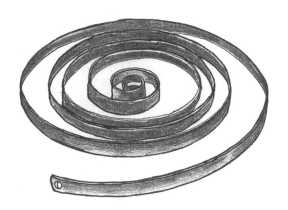

전통적인 메인스프링의 전형적인 형태.
처음 만들어졌을 때부터 계속 이 형태로 사용되다가 20세기에 이르러서야
태엽이 풀릴 때 더 일정한 회전력을 유지할 수 있도록 개선되었다.

인의 심리와 비슷하다고 할 수 있겠다. 비싼 물건이기 때문에 소수만 손에 넣을 수 있었고, 그래서 더욱 선망의 대상이 되었다. 얼마 지나지 않아 초기 메커니즘에 사용되었던 철 대신 도금된 황동이나 구리가 사용되기 시작했다. 판각과 도금을 전문으로 하는 사람들이 시계제작에 참여하면서 시계는 점점 더 장식적으로 변해갔다.

대영박물관은 1585년에 독일 아우크스부르크 출신의 시계제작자 한스 슐로트하임Hans Schlottheim이 신성로마제국의 루돌프 2세를 위해 만들었다고 추정되는 귀중한 시계를 소장하고 있다. 도금된 황동으로 만들어진 갤리온(15~17세기 스페인의 대형 범선) 모형 위에 설치된 이 시계는 큰 연회가 벌어지는 테이블 위를 누비며 미니 자동장치 대포를 쏘고, 갑판 위에 경비대 모습의 자동장치 인형들이 왔다 갔다 했다. 돛대 끝 망루 바로 아래에 매달린 종이 매 시각 울리고, 갑판 아래 선체에 든 메커니즘에서는 북소리에 맞춰 음악이 연주되었다. 이렇게 엄청난 볼거리가 제공되는 통에 함교에 부착된 작은 시계 문자판에 신경을 쓰는 사람은 거의 없었다.

참으로 특별하고 대단한 시계들이지만, 어떤 의미에서 16세기에는 그다지 특별하고 대단하지 않았다. 유럽 전역의 뛰어난 장인들이 이런 놀라운 기계장치를 손에 넣고 싶어 하는 엘리트 계층의 끝없는 욕구를 만족시키기 위해 열심히 일했기 때문이다. 딱 하나 해결되지 않은 문제가 있긴 했다. 이런 정교한 기계는 가정에서만 볼 수 있었다. 소유주가 친구, 동료, 고객들을 저녁 식사에 초대해서 과시하는 용도에 그친 것이다. 같은 시기 유럽의 지배 계층은 이에 못지않게 섬세하고 신기하면서도 세계 전역으로 가지고 돌아다닐 수 있는 물건을 원하기 시작했다. 그런 욕구가 현실이 되려면 시계는 몸에 소지할 수 있을 정도로 작아져야만 했다.

작은 물건들은 자취를 감추는 재주가 뛰어나다. 도난당하거나 부서지거나 잃어버리기도 쉽다. 어느 수집가의 손에 들어가 종적을 감추기 일쑤다. 서랍이나 침대 밑에 보관하는 수납 상자 안에 들어가 잊히기도 하고, 마루 틈새로 떨어져 버리기도 한다. 그러다가 가끔은 우연히 다시 발견되기도 한다.

　　세계에서 가장 오래된 휴대용 시계로 알려진 물건이 1987년 런던의 어느 벼룩시장에서 다른 시계 부품들과 함께 10파운드[약 2만 원]에 거래된 것도 그런 맥락에서였다. 잘 모르는 사람 눈에는 시계처럼 보이지도 않았을 것이다. 외관상으로는 달걀 크기와 무게 정도 되는 공에 불과했다. 두 장의 얇은 동판을 두들겨서 거의 완벽한 구체를 만들었는데 위쪽에 있는 고리에 체인을 걸어서 목에 걸고 다녔을 것이라 추정된다. 아래쪽에는 발이 세 개 달려 있어서 테이블에 놓아도 굴러가지 않게 한다. 케이스에는 마을 풍경과 이파리 등의 문양이 서툴게 판각되어 있고, 윗부분에는 쉼표 모양의 구멍이 몇 개 투각되어 있어서 내부의 문자판이 살짝 보인다. 공 윗부분의 고정장치를 풀고 뒤로 젖히면 보이는 시침으로 시간을 확인할 수 있다. 분침은 없다. 이 시대의 시계들은 분을 알려줄 만큼 정확하지 않았고, 시계 주인도 지금처럼 정확한 분 단위의 시간까지는 알 필요가 없었다. 시침은 로마숫자가 새겨진 문자판을 한 바퀴 돌도록 설계되어 있다. 시계에 새겨진 'MDVPHN'이라는 이니셜은 시계의 출처에 대한 첫 번째 단서다. MDV는 1505년을 뜻하고, PH는 당시 작은 휴대용 기계식 시계를 전문으로 했던 시계제작자 페터 헨라인^{Peter Henlein}의 이니셜이다. N은 이 시계가 만들어진 뉘른베르크^{Nürnberg}를 가리킨다.

이 독특한 물건을 처음 사들인 사람은 진품이 아니라고 생각하고 몇 년 후 팔아버렸다. 두 번째 소유주는 전문가에게 감정을 의뢰했지만, 모조품이라는 말을 들었다. 시계는 또다시 구체적으로 알려지지 않은 낮은 가격에 팔렸다. 세 번째 주인은 이 시계를 과학적으로 상세하게 분석했다. 그 결과 의심할 여지없이 1505년경에 만들어진 진품이며, 따라서 현존하는 최고로 오래된 시계라는 사실이 밝혀졌다. 이제 이 시계의 가치는 4,500만 파운드[약 845억]에서 7,000만 파운드[약 1,313억] 정도로 추정되고 있다.

이 작은 시계에는 놀라운 구석이 많은데, 그중에서 가장 놀라운 사실은 우리가 제작자에 대한 정보를 조금이나마 가지고 있다는 점이다. 우리는 페터 헨라인이 1458년 뉘른베르크에서 황동 세공가의 아들로 태어나, 많은 초기 시계제작자가 그랬듯 처음에는 자물쇠 제조공 견습생으로 일했다는 사실을 안다. 그리고 젊은 페터 헨라인의 인생을 뒤바꾼 사건은 작업실이 아니라 선술집에서 벌어졌다는 사실도 안다. 1504년, 그는 열아홉 살 나이에 동료 자물쇠 제조공인 게오르크 글라져가 사망한 싸움에 연루된다. 살인자 중 한 명으로 지목당한 그는 뉘른베르크 프란체스코 수도원에 보호를 요청하고 1504년부터 1508년까지 수도원 안에서 보호받으며 살았다.

독일 남부에 위치한 뉘른베르크는 15~16세기 당시만 해도 유럽 최고의 창의성과 지성의 도시로 이름을 날리고 있었다. 독일 르네상스의 중심지였으며 구텐베르크의 고향으로 1440년 그가 세운 인쇄 시설이 자리한 데다 알브레히트 뒤러가 1495년에 작업실을 설립한 곳이기도 하다. 뉘른베르크 수도원도 학자, 장인들이 모여드는 곳이었기에 헨라인은 보호 기간 동안 새로운 도구와 기술을 접했을 뿐 아니라 수학자, 천문학자들과도 교류할 수 있었을 것이다. 우연인지 운명인지 자신의 재능을 발휘할 수 있는 환경을 만난 것이다.

헨라인이 자신의 시계에 사용한 소형 퓨제fusee를 만드는 법을 배운 곳도 바로 수도원이었을 것이다. 나선형 홈이 있는 원뿔 모양의 도르래인 퓨제는 1490년 레오나르도 다 빈치의 설계도에 출현하는데, 처음에는 석궁 구조의 일부로 개발되었을 것이라 추정된다. 헨라인은 퓨제를 메인스프링에 연결했다. 시계 태엽을 감으면 메인스프링이 단단히 감기면서 에너지를 저장하게 되고, 이 저장된 에너지가 풀리면서 스프링이 들어 있는 배럴(원통)을 돌아가게 한다. 기계식 에그타이머나 춤추며 돌아가는 뮤직박스의 발레리나처럼 말이다. 시간이 흐르면서 발레리나의 피루엣이 점점 느려지는 것처럼, 시계 스프링의 회전력도 처음에는 강했다가 스프링이 풀리면서 점점 약해진다. 나선형 미끄럼틀처럼 위로 갈수록 좁아지는 테이퍼드 퓨제는 자전거 기어와 비슷한 원칙을 사용해 이 속도 변화를 조절하도록 했다.

헨라인은 엄청나게 기발한 시계를 흠잡을 데 없는 장인 정신으로 만들어낸다는 평판을 빠르게 얻었다. 뉘른베르크 시의회로부터 천문시계 주문을 받았고, 리히테나우성에 시계탑을 만들었다. 그러나 그의 전문 분야는 매우 작고 장식적인 구형 시계제작이었던 듯하다. 위에서 언급한 그 구형 시계처럼 말이다. 그가 만든 시계는 체인에 연결해 장신구로 사용하거나 샤틀랑chatelaine⁰ 브로치로 휴대가 가능했다. 1511년, 요하네스 코클레우스Johannes Cockläus는 페터 헨라인이 "수많은

⊕　　작은 도구나 장신구를 체인에 연결해 옷에 부착하는 장식 – 옮긴이.

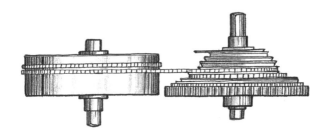

메인스프링이 든 원통과 퓨제가 가느다란 자전거 체인 같은 부품으로
연결되어 있다. 거트 라인[동물 창자로 만든 줄]을 사용했던 이전 버전도
정확히 같은 원리로 작동했다.

바퀴가 달리고, 진자도 없는데 48시간이나 작동을 하며, 시각
을 알려주기까지 하는데 지갑이나 주머니에 넣고 다닐 수 있
는 시계를 쇳덩이를 사용해 만들었다"고 묘사했다.[40]

　　하지만 이 멋진 장치들을 아무리 들여다봐도 그것을 만
들어낸 장본인이 어떤 사람이었는지를 해독해 내기는 쉽지가
않다. 그 시대 시계제작자 중 지금까지 이름이 알려진 몇 안
되는 사람에 속하는 그는 이제 너무 많이 신화화되어 버렸다.
현대에 그가 유명해진 것은 월터 할란Walter Harlan의 연극 〈뉘
른베르크의 알 The Nuremberg Egg〉(1913)을 통해서이다. 이 연극
은 1939년, 독일 민족의 우월성에 관한 나치 선전정책의 일환
으로 영화화되었으며, 최종 버전을 요제프 괴벨스가 승인했
다. 연극과 영화 모두 주인공 헨라인을 자기 분야에 헌신적인
장인으로 살다가 심장 질환으로 사망한 애처가로 그린다. 그

러나 후에 행해진 연구를 통해 그의 어두운 면이 드러났다. 이 시계의 무브먼트를 자세히 분석한 결과 메커니즘의 금속 부분에 육안으로는 식별할 수 없을 정도로 작게 'PH'가 반복적으로 새겨진 것이 발견되었다. 내 심리학자 친구는 이를 반사회적이고 나르시스트적인 성격을 가진 사람이라는 의미로 읽을 수도 있다고 말했다. 우리는 헨라인이 폭력을 행사할 수 있는 사람이라는 사실도 알고 있다(그를 도망치게 한 살인사건은 그의 무죄가 입증된 후가 아니라 그가 피해자 가족에게 보상금을 지불한 후에 취하되었다). 또 그는 여덟 살 난 거지 소녀를 성적 동기를 가지고 살해한 죄로 참수된 동생 헤르만을 전폭적으로 지지했다. 페터 헨라인은 살해된 아이나 그 가족에 대해서는 어떤 연민도 보이지 않으면서 동생의 사면을 반복적으로 시도했다. 간단히 말하면, 페터 헨라인은 역사 속 유명한 시계제작자 중 내가 함께 앉아 한잔하고 싶지 않은 유일한 사람이다.

헨라인의 시계는 일면 꽤 단순하다. 금속은 가공되지 않은 상태로, 현대의 고급 시계에서 볼 수 있는 정교한 연마나 세심한 마감 처리와는 거리가 멀다. 거기에 더해 무브먼트는 철로 만들어졌는데, 철은 시계제작에 이상적인 재료가 아니다. 강한 힘을 받은 철 원자는 지구의 자기장과 정렬되는 성격이 있어서 무브먼트 전체가 자석으로 변해 메커니즘을 방해하기 때문이다. 표면에 새겨진 장식도 소박하고 단순하다. 그럼에도 현대의 시계제작자로서 나는 이 장치에 담긴 기술에 경외감을 느끼지 않을 수 없다. 헨라인의 시계는 고품질의 확대경이나 디지털 측정기, 자동 선반이나 드릴이 나오기 전에 만들어졌지 않은가. 모든 휠과 피니언*의 톱니 하나하나, 미세한 나사 하나하나를 포함한 그 시계의 모든 요소가 직접 손으로 만들고 조립한 것이다. 그리고 놀랍게도 500년이 지난 지금에도 이런 시계는 나와 같은 후대 복원가들의 세심한 돌봄과 관심을 받으면 여전히 작동을 한다.

이렇게 해서 우리는 최초의 착용 가능한 놀라운 기계식 시계를 만났다. 나는 이 시계가 절정이자 시작이라고 생각한다. 개인적인 휴대가 가능하며 기계화된 시간 측정 기구를 향한 수만 년 인류 여정의 절정인 동시에 훨씬 더 빨리 진행되는－약 500여 년밖에 되지 않은－인간과 기계에 관한 이야기의 시작이다.

● 　작은 톱니바퀴 - 옮긴이.

3

시간은 흐르는 물과 같다[⑩]

시간은 부나 운명보다 더 유용하다,
적절할 때 바뀔 수 있기 때문이다.
노령은 아무도 치료할 수 없는 질병이고
젊음은 아무도 저장할 수 없는 선이다,
사람은 태어나자마자 죽음이 기다리고
행복한 사람은 단지 조금 더 몸부림칠 뿐이다.

⑩

스코틀랜드의 여왕 메리, 약 1580년 경.

처음에는 텅 빈 검은 눈구멍과 코가 있어야 할 자리에 난 갈라진 틈, 그리고 입술 없이 일그러진 미소를 짓는 모습이 섬뜩해 보인다. 그러나 나는 이 첫인상을 잊기 위해, 머리를 깨끗이 비우기 위해 애를 쓴다. 이 시계가 첫 주인에게 어떤 의미였을지를 상상해 보기 위해서다. 내 앞에는 16세기에 만들어진 해골 모양의 시계가 놓여 있다. 한때 스코틀랜드의 여왕

---

⑩   *Tempus Fugit*, 시간에 관한 라틴어 문구 – 옮긴이.

메리 1세의 소유였다고 추정되는 이 시계는 영국 시계제작자 길드 '워십풀 컴퍼니 오브 클록메이커스Worshipful Company of Clockmakers' 컬렉션의 일부다.

은으로 만들어진 시계는 작은 귤 정도 크기이고 섬세한 무늬가 새겨져 있다. 해골의 이마 부분에는 모래시계와 큰 낫을 든 해골이 한 발은 궁궐의 문에, 다른 한 발은 오두막집의 문에 디디고 선 모습이 그려져 있는데, 이는 죽음은 왕자와 빈자 모두에게 똑같이 찾아온다는 사실을 상기시켜 준다.[41] 해골의 뒤통수에는 낫을 들고 있는 시간의 형상과 자기의 꼬리를 문 뱀, 그리고 오비디우스의 고전적인 문구 "*Tempus edax rerum*", 다시 말해 "시간은 모든 것을 삼킨다"라는 문구가 새겨져 있다. 두개골의 양옆 부분은 일련의 구멍들이 복잡한 패턴으로 뚫려 있다. 해골 안쪽에는 시각을 알려주는 종이 들어 있다. 시간을 확인하려면 턱을 젖혀 입천장에 숨겨진 문자판을 보면 된다. 시계의 메커니즘은 살아 있는 두개골이라면 뇌가 있을 자리에 들어 있다.

이 시계는 수명이 짧아서 죽음이 피할 수 없는 일상 속 현실이었던 시절의 종교용품이다. 언제라도 이 삶을 떠나 창조주를 대면할 수 있다는 사실을 한눈에 상기시켜 주었을 것이다. 누구라도 정신이 번쩍 드는 생각이긴 하지만, 특히 자신의 죽음 가까이까지 가본 사람이라면 특히 그럴 것이다.

나는 매우 엄격한 무신론자로 자랐다. 우리 가족은 시크교도, 힌두교도, 이슬람교도, 아일랜드 가톨릭교, 폴란드 유대인들이 모여 사는 다문화적인 동네에서 살았지만 아빠는 가톨릭 집안에서 자란 당신의 성장배경과 완전히 결별하고 싶어 했다. 집에서 멀지 않은 핸즈워스라는 동네에서 사회복지사로 일하다가 나와 여동생을 키우기 위해 직장을 그만둔 아빠는 늘 다른 사람의 종교는 존중하되, 종교를 갖는 것을 피해야 한다고 말씀하셨다. 우리는 옆집에 살던 서인도제도 출신 이웃과도 친하게 지냈는데, 기독교 신앙에 대해 이야기 나눈 적은 한 번도 없지만 우리 집의 가풍은 잘 알고 있었을 것이다. 그럼에도 가끔 매우 조심스럽게 교회 전단지를 우리 집 우편함에 넣으며 예수님의 빛을 찾으라고 초대하곤 했다. 우리가 신을 믿지 않는다는 사실을 알면서 왜 이런 짓을 하는 건지 아빠에게 물은 기억이 난다. 아빠는 이웃집 사람들이 우리를 좋아하고, 염려하고, 우리가 신을 믿지 않아서 지옥에 갈까 봐 걱정이 되어서 그러는 것이라고 설명해 주었다. 신념을 바꿀 필요는 없지만 친절한 행동이니 고마워하면 된다고 하셨다.

그럼에도 나는 언제나 교회와 성당에 끌렸다. 숭배의 장소에서 우러나오는 평화 때문일까, 스테인드글라스 창을 통해 들어오는 강렬한 색채 때문일까? 무슨 이유에서든 성스러운 장소에서 합창단의 노래 소리나 오르간 연주를 들으면서 감동하지 않는 사람은 별로 없을 것이다. 그 공간과 시간 속에서 우리는 자신을 잠시 잊고 우주 안에 존재하는 스스로의 미

17세기 초반 은제 해골시계 작품.

미함을 되새기게 된다. 종교는 우리를 작게 만드는 동시에 훨씬 큰 무언가의 일부라는 느낌을 준다. 16세기에는 아마 그런 느낌을 받는 사람이 더 많았을 것이다. 신의 우주에 속해 있다는 느낌은 삶의 모든 부분에 영향을 끼쳤다. 그리고 거기에는 시간에 대한 태도, 더 넓게는 시계에 대한 태도도 포함된다.

✦———◆◆———✦

18세기 말, 런던의 골동품 상인들은 스코틀랜드의 전사 왕 로버트 더 브루스의 것으로 추정되는 시계가 나타났다는 소식으로 술렁였다.[42] 로버트 1세는 휴대 가능한 시계가 발명되기 150년 전인 1329년에 사망했으니 특히 대단한 발견이었다.

　　이 이야기는 시계의 정확한 기원을 밝히는 것이 얼마나 어렵고 사람들의 희망에 의해 왜곡될 수 있는지 잘 보여준다. 메리 여왕의 해골시계도 예외가 아니었다. 전설에 따르면 여왕은 그 시계를 항상 지니고 다니다가 처형되기 직전에 가장 총애하던 시종 메리 세튼에게 주었다고 한다.[●] 그러나 1980년대 초, 영국 시계제작자 길드 컬렉션의 전 관리소장이었던 세

●　메리 여왕이 프랑스로 갈 때 동반했던 유명한 '4인의 메리' 중 한 명인 메리 세튼은 여왕의 마지막에는 함께 있지 않았다. 그래서 이 시계를 포함한 귀금속, 편지, 소형 초상화 등의 소지품은 함께 투옥되었던 하인들이 보관했다가 나중에 풀려나면 누구누구에게 전달하라는 지시가 있었을 것이다.

드릭 재거Cedric Jagger는 몇백 년 동안 메리 여왕의 것이라는 시계가 여럿 있었고, 열두어 개의 모조품도 있었다는 사실을 알아냈다.[43] 지금까지 보존된 해골시계 중 하나라도 실제 메리 여왕의 소지품이 존재했는지 여부를 알 길은 없다. 어쩌면 그가 지니고 다니던 시계는 소실되고 말았을지도 모른다.

　　그러나 내가 본 그 시계가 정말 메리 여왕의 것이었다면, 그 시계는 여왕에게 어떤 의미였을까? 물론 금전적 가치가 있었을 것이다.[44] 여왕에게 보석류는 소중한 재산이다. 전쟁 자금을 조달하고, 동맹 관계를 사고, 협상하는 수단이 되기 때문이다. 거기에 더해 감정적 가치도 있었을 것이다. 그 시계는 메리의 첫 남편인 프랑스의 프랑수아 2세 왕의 선물이었다고 전해진다. 메리와 프랑수아는 각각 열다섯 살, 열네 살이었던 1558년에 결혼했다. 함께 자란 두 사람의 결혼 생활은 어린이 같았지만 굉장히 행복했다고 한다. 그러나 늘 몸이 약했던 프랑수아는 결혼한 지 3년도 채 되지 않아, 왕위에 오른지 17개월 후인 1560년에 세상을 떠나고 말았다. 귀에 생긴 염증이 뇌의 농양으로 번져서였다. 메리는 같은 해 깊이 사랑했던 어머니도 잃었다. 비탄에 잠긴 메리는 프랑스에 더 머물 이유가 없었고 1561년, 왕위를 되찾기 위해 스코틀랜드로 돌아갔다. 이제는 개신교 국가가 된 나라에서 독실한 프랑스 가톨릭 왕 노릇을 하기 위해서 말이다. 그 시계는 그녀가 잃은 모든 것을 기억하게 해주는 물건이었을지도 모른다.

그 시계는 종교적 의미도 가지고 있었을 것이다. 16~17세기의 정물화와 초상화에는 모래시계나 초창기 시계 같은 시간 측정 장치와 해골이 자주 등장한다. 이는 적절한 대비다. 죽음과 시간은 늘 같이 다니는 개념이다. 시간은 우리에게 주어진 생명의 기간을 세어 나가는 멈출 수 없는 박동이다. 보들레르는 시간을 "경계를 늦추지 않는 치명적인 상대, 우리의 마음을 갉아먹는 적"이라 묘사했다. "시간은 흐르는 물과 같다*Tempus Fugit*" "자신이 죽을 존재라는 것을 기억하라*Memento Mori*" "오늘을 놓치지 마라*Carpe Diem*" "죽음의 시간은 알 수 없다*Incerta Hora*" 등의 라틴어 글귀가 새겨진 해골시계가 많은 것도 그런 이유에서다. 모두 그 주인에게 현세는 그저 준비에 불과하고 내세가 기다리고 있음을 상기시켜 주기 위함이다.

메리에게 그 해골시계는 스스로 완전히 제어할 수 있는 유일한 영역인 자신의 마음을 상징하는 것일 수도 있었다. 당시 여성들은 거의 자유가 없었다. 생후 6일에 스코틀랜드의 왕위를 계승했던 메리 여왕은 태어난 순간부터 정치적 장기말이었다. 생후 6개월에 헨리 8세의 유일한 아들인 개신교도 왕자 에드워드(후에 에드워드 6세)와 정혼을 했지만, 스코틀랜드 가톨릭교도들이 완강히 반대했다. 다섯 살이 되었을 때 당시 프랑스 왕세자였던 프랑수아와 약혼하고 프랑스 궁정에서 성장했다. 프랑수아가 사망한 후 스코틀랜드로 돌아와 여왕 자리로 복귀했지만 고작 5년을 통치한 후 1567년 강제로 퇴위

당했다. 가택 연금을 당한 상태였는데도 엘리자베스 1세를 제거하고 왕위를 빼앗으려는 가톨릭교도들의 음모에 여러 번 연루되었고, 결국 엘리자베스 1세는 마지못해 사촌인 메리의 사형 영장에 서명을 했다.

메리 여왕은 생애 마지막 19년을 감금된 채 살았으니 해골시계는 그 모든 잃어버린 시간을 상기시켜 주는 물건이었을 것이다. 아니, 그보다 죽음 후에 시작될 **영원한** 생명을 생각하게 해주었을지도 모르겠다. 한때 아름답고 생기 넘치던 여왕은 마지막 20여 년 동안 건강이 심각하게 악화되었다. 오른쪽 옆구리 통증은 잠을 이루기 힘들 정도로 심했고, 간혹 글을 쓰기 힘들 정도로 오른팔이 불편했다. 다리가 너무 아파서 처형당할 당시에는 다리를 저는 정도가 회복 불가능한 수준이었다. 후세대 의사들은 메리 여왕이 유전적 간 질환이나 포르피린증을 앓았을 확률이 높다고 추측한다(포르피린증은 여왕의 후손인 조지 3세도 앓았다고 알려져 있다). 여왕이 자주 감정적으로 무너지는 모습을 보인 것을 두고 당시에는 히스테리나 광기라고 생각했지만 이제는 포르피린증이 원인이었을 수도 있다고 추측한다. 감금 생활을 하는 도중에 쓴 서한이나 인용구를 수놓은 작품들을 보면 다모클레스의 검*처럼 늘 처형의 위

---

*　고대 그리스 시대부터 내려오는 표현으로, 권좌는 한 올의 말총에 매달린 칼 아래 앉은 듯 위험하고 속절없는 것이라는 의미 - 옮긴이.

협이 감도는 이승에서의 삶을 내려놓고 천국에서 다시 태어날 마음의 준비를 갖추고 있었음이 확실해 보인다.[45]

메리는 1584년 2월의 어느 추운 날 아침, 노샘프턴셔의 포더링헤이성에서 반역죄로 참수형을 당했다. 메리는 자신의 죽음이 하나의 상징이 될 것을 알고 있었고, 그래서 수백 년 동안 기억될 자신의 유산을 남기는 수단으로 처형의 순간을 이용했다. 시중을 들던 사람들이 처형대에 다가가는 여왕이 검은 새틴 드레스를 벗는 것을 도왔다. 수놓은 검은 벨벳에 진주 단추 장식이 있는 드레스였다. 겉옷을 벗자 안에 입고 있던 짙은 진홍색 페티코트, 붉은 새틴 보디스, 붉은 소매가 드러났다─붉은색은 피의 색이자, 가톨릭 순교자의 색이었다.[46]

나는 종종 처형 전날 밤, 얼어붙을 듯 추운 감방에서 촛불이 빛을 드리운 성경 앞에 무릎을 꿇고 시계를 손에 쥐고 있는 메리 여왕을 상상해 보곤 한다. 모든 16세기 시계가 그랬듯 그녀의 시계가 내는 느린 '똑딱' 소리는 그녀의 심장 박동과 비슷한 속도로 울렸을 것이다. 나는 처형을 준비하는 그녀에게 시계가 얼마간의 위안이 되었을 것이라 믿고 싶다.

✦────────✦

16세기의 시계는 어떤 물건이었을까? 사실을 말하자면, 시간을 측정하는 기능은 그다지 뛰어나지 못했다. 버지 시계는 믿을 수가 없었다. 온도 변화를 보완해 줄 장치가 없었고, 충격이나 갑작스런 움직임에도 취약했다. 이로 인해 시계가 멈추거나 몇 분 혹은 몇 시간씩 늦어지기 일쑤였다. 시계는 가장 부유한 사람들이나 소유할 수 있는 이국적이고 희귀한 제품이었다. 당시 유통되던 시계는 매우 적었고, 그 후 300여 년이 흐르는 동안 매우 비싼 물건이라는 위상을 잃지 않았다. 1536년의 궁정화가 소 한스 홀바인Hans Holbein the Younger이 그린 헨리 8세의 초상화에는 왕이 금으로 된 체인에 달아 목에 걸고 있는 신기한 물건이 등장하는데 16세기 시계와 매우 닮았다.[47] 엘리자베스 1세 여왕의 왕실 의상 목록에는 몇 개의 휴대 가능 시계가 등록되어 있는데 그중에는 해골시계와 최초의 손목시계 중 하나로 추정되는 시계가 포함되어 있다. 1572년 작성된 이 목록에는 "전체가 루비와 다이아몬드로 아름답게 장식된 금팔찌 혹은 금 장신구로, 잠금장치 내부에 시계가 들어 있다"라고 묘사된 물건이 포함되어 있다.[48] 불행하게도 이 엄청난 묘사의 주인공 유물은 남아 있지 않다.

초기 시계의 형태는 두 가지였고 둘 다 체인에 걸어서 착용하는 방식이 유행했다. 그중 하나는 헨라인의 시계처럼 구형球形이었는데 교회에서 향을 담아 흔드는 구멍 뚫린 작은 구체의 이름을 따 '포맨더pomander'라 불렀다.[49] 또 다른 하나는 경첩 달린 뚜껑이 앞뒤로 붙어 있어 여닫을 수 있는 납작한 원통형 케이스 안에 들어 있는데 불어로 '북'이라는 뜻의

'탬버tambour'라고 불렀다. 16세기 중반 기술적 향상이 이루어지면서 시계제작자들은 다양한 모양의 케이스에 더 작은 메커니즘을 담는 실험을 계속했다. 이와 함께 시계를 장식하는 새로운 테크닉도 나날이 발전했다. 이것이 꽃봉오리나 동물 등 다른 형태를 모방한 시계라는 의미의 폼 워치form watch의 시초다. 이와 더불어 십자가, 성경, 그리고 물론 해골 등의 형태로 만들어져 종교적 물품의 역할을 하는 경우도 많았다.

박물관이나 경매장에서 폼 워치를 볼 때마다 미소를 짓게 된다. 너무도 정교하고 아름답지 않은가. 섬세한 장인 정신, 디자인, 공학의 완벽한 조합의 산물이다. 나도 원하는 무엇이든 만들 수 있고 그 비용을 걱정하지 않아도 된다면 바로 이런 것들을 만들고 싶다. 이 시계들은 시간을 알려주는 장치인 동시에 다양한 분야의 달인들이 협력하여 만들어 낸 **예술품**이기도 하다. 법랑 전문가, 판각 장인, 금세공사, 보석 세공사 등이 시계제작자와 힘을 합쳐 금, 은, 루비, 에메랄드, 다이아몬드를 사용해서 완성하는 작품이다. 그런 시계들은 시간을 알려주는 기능보다는 눈에 띄게 화려하고 눈부신 외양에 더 방점이 찍혀 있다. 그런 시계를 소유한 사람들에게서 이 차가운 돌과 쇠로 만들어진 물건이 영적인 반응을 불러일으키는 광경을 상상하기란 그다지 어렵지 않다.

1912년, 런던 치프사이드 지역의 한 모퉁이에서 낡은 건물을 철거하던 일꾼들이 발밑에 뭔가 반짝이는 물건이 있다는 사실을 깨달았다. 마루판과 흙을 조심스럽게 걷어낸 그들은 500여 점에 달하는 엘리자베스 시대와 제임스 1세 시대의 엄청난 보석류를 발굴했고, 이 보물들에는 훗날 '치프사이드 보물'이라는 이름이 붙었다.[50] 나는 이 이야기를 떠올릴 때마다 소름이 돋는다. 금의 마법 같은 특성 중 하나는 오랜 시간이 흐르고 보관 상태가 좋지 않아도 색이 변하지 않는다는 사실이다. 금은 보자마자 무엇인지 바로 알아차릴 수 있는 재료 중 하나다. 너무 반짝이고, 너무 풍부하고 따뜻한 색을 지닌데다가 너무 무거워서 다른 것으로 착각할 수가 없다. 화려한 법랑 역시 대부분의 보석과 마찬가지로 새것처럼 색이 유지된다. 그래서 아무렇게나 헝클어진 채 300년 가까이 땅속에 묻혀 있었던 이 보물 더미는 햇빛을 보자마자 처음 땅에 묻힌 그날의 광채를 다시 발했을 것이다.

보물을 발견한 일꾼들은 처음에는 땅 주인에게 소식을 알리지 않기로 했다. 우연히도 그 땅은 '런던 금세공사 길드'의 소유였다.° 대신 그들은 이 보물을 조지 페이비언 로렌스라는 보석상에게 가져갔다. 런던에서 일하는 일꾼들 사이에서 '스토니 잭'이라는 별명으로 알려진 인물이었다. 일꾼들은 주머니, 모자, 손수건에 보석을 터질 듯 가득 담고 나타났다.

°   금세공사 길드는 여전히 런던 전역에 부동산을 소유하고 있는 몇몇 부자 길드 중 하나다.

당시 신문 기사를 보면 일꾼들은 보석상의 사무실 바닥에 "커다란 흙덩이를 수없이" 내려놓았고, 그중 한 사람이 "사장님, 장난감 가게를 찾은 것 같아요!"하고 외쳤다고 한다. 이 보물들이 얼마나 중요한지 바로 알아차린 로렌스는 런던 뮤지엄^{●●}으로 이 물건들을 보내기 위한 노력에 바로 착수했다.

치프사이드 보물에서 가장 놀라운 품목 중 하나는 도금된 시계 무브먼트를 방울토마토 크기의 콜롬비아산 에메랄드에 세팅한 폼 워치다. 지금까지 알려진 바로는 유일하게 현존하는 통 에메랄드를 사용해 만든 시계다. 에메랄드는 원석의 결정체 모양을 따라 육각형으로 깎아서 빛의 굴절과 화려한 색을 강조하는 효과를 냈다. 속이 들여다보이는 보석의 뚜껑 아래 자리 잡은 시계 문자판은 에메랄드와 색을 맞춰 금색 배경에 초록색 법랑을 입히고 로마숫자로 둥그렇게 장식했다. 불행하게도 시계 내부 부품은 지하에서의 세월을 케이스만큼 잘 이겨내지 못했다. 수백 년 동안 녹이 슨 금속은 에메랄드 케이스를 무덤 삼아 안에서 완전히 부서지고 뭉쳐져 있었다.

이 시계에 관해 그나마 얻은 적은 정보는 3D 엑스레이를 통해 해독한 것이다. 시계의 무브먼트는 당시 제작된 고급 시계의 전형적인 형태이지만 서명이 없어서 제작자가 누구인

●● 1976년 길드홀 뮤지엄과 합병해 뮤지엄 오브 런던Museum of London이 되었고, 현재 치프사이드 보물을 소장하고 있다.

지, 어느 지역에서 활동했는지 알 수가 없다. 에메랄드 자체는 콜롬비아의 무조 광산에서 생산되었다는 사실이 확인되었지 만 (당시 사치품을 국제적으로 교역했다는 증거이다) 세공을 누가 했는 지는 모른다. 그 시대에 이런 케이스를 만들 수 있었던 보석 세공사 집단은 세비야, 리스본, 제네바에 있었고, 런던도 가능성이 있다. 누가 만들었는지는 모르지만 놀라운 기술을 가진 장인임에는 틀림없다. 다이아몬드 감정사 훈련을 짧게나마 받은 나는 보석을 이렇게 깎으려면 엄청난 수준의 경험과 능력이 필요하다는 정도는 알고 있다. 보석 세공사는 다양한 돌의 성질에 대해 백과사전을 방불케 하는 지식을 갖춰야 한다. 원석마다 서로 다른 분자 구조에 따라 적절한 깎기와 마감 방식이 있고, 원석 각각이 눈송이만큼이나 독특한 함유물 패턴을 지니고 있어 마치 사람의 지문처럼 원석도 모두 다르다. 보석 세공사는 원석을 판독하고, 그 구조를 면밀히 연구해서 최종 컷이 어떤 형태를 띄어야 할지 알아낸다. 에메랄드는 특히 까다로운 돌이다. 녹주석류에 속하는 에메랄드는 분자 구조 때문에 두터운 HB연필 같은 육각기둥 형태로 자란다. 루비나 사파이어처럼 단단하지는 않지만 이가 빠지기 쉽다. 원석이 크고 값이 나갈수록 세공사는 압박감을 더 크게 느낀다. 잠깐의 실수로 큰 조각이 떨어져 나가거나, 최악의 경우 완전히 두 조각으로 갈라져서 가치를 박살 내 버릴 수도 있기 때문이다.

내가 보기에 이 시계는 현존하는 보석 중 가장 훌륭한 보물 중 하나이며, 개인이 만든 것이 아니라고 확신할 수 있다. 한 사람의 솜씨로 만들어진 폼 워치는 거의 없다. 이 시기의 시계제작자들은 자신이 만든 메커니즘을 보완하고 지원해줄 다양한 방면의 장인들에게서 광범위한 도움을 받았다. 지금 나와 크레이그도 어느 정도는 그렇게 하고 있다. 둘의 경력을 합쳐 40년 가까이 한 가지 기술에만 집중하고 있는 우리로서는 어떤 분야의 달인이 되기 위해 기울여야 할 노력이 얼마만큼인지를 너무도 잘 알고 있다. 우리는 각각의 분야에서 숙련된 기술을 습득하기 위해 인생을 바친 동료들의 법랑이나 보석 세공 수준에 절대 이르지 못할 것이다. 최고 수준의 완성품을 만들어내기 위해서는 협업을 해야 한다.

새로운 시계를 디자인할 때마다 제일 먼저 하는 일은 장인들로 이루어진 A팀을 꾸리는 것이다. 함께 일하는 사람 중 일부는 이웃이다(어떨 때는 바로 아래층 작업실 주인이다). 일부는 몇 블록 떨어진 동네에 있기도 하고, 또 다른 일부는 유럽 전역에 흩어져 있다. 17세기의 시계제작자들도 그랬을 것이다. 다만 조상들과 달리 우리는 동료 중 일부를 인스타그램을 통해서 만났다는 사실이 다를 뿐이다. 어떤 시계의 케이스는 버밍엄의 보석 세공사에게 조언을 받아 런던의 딜러에게서 수정 원석을 사서 다시 원래의 그 보석 세공사에게 커팅을 맡겼다. 시곗바늘에 법랑을 입히기 위해 영국에 유일하게 남은 상업

에메랄드 원석은 육각형 결정으로 자란다.

적 작업을 하는 글래스고의 법랑 장인과 협업을 하면서 흠 하나 없이 매끄럽게 마감된 바늘을 얻기 위해 몇 년에 걸친 연구 결과를 공유하기도 했다.

독일의 총기 문양 판각 장인에게 의뢰해서 우리의 무브먼트에 아칸서스 잎 문양과 쌀알 정도로 작은 글자를 새겨 넣은 적도 있다. 동료 전문가들과 아이디어를 공유하는 일은 혁신과 창의력의 촉매가 된다. 혼자서 고독하게 하는 작업인지라 내가 내 일에 헌신하는 것만큼 자신의 일에 헌신하는 사람들과 함께 하는 과정에서 큰 힘을 얻는다.

16세기 최고의 법랑, 판각, 금세공 장인들은 프랑스의

96

3장

작은 도시 블루아°에 모여 있었다. 블루아성은 왕실 공식 거주지였고, 현지 장인들은 이 도시를 제2의 고향으로 여기는 왕족과 귀족들을 위해 일했다. 우리의 해골시계도 바로 이곳에서 만들어졌다. 블루아의 장인들이 얻은 국제적 명성은 물론 뛰어난 작품을 통해 이루어진 것이지만, 처참한 종교적 박해의 시대가 닥치면서 강제로 유럽 전역으로 흩어진 역사 때문이기도 하다. 개신교 국가에서 박해를 받은 가톨릭교도 여성 메리에게 강력한 종교적 부적이 되어주었던 시계가, 가톨릭 국가 프랑스에서 메리 못지않은 박해를 견뎌야 했던 개신교 장인들에 의해 만들어졌다는 사실은 그야말로 역설적이다.

당시 프랑스에서 활동하던 특출난 장인들은 블루아의 금세공사, 법랑사에서부터 파리의 시계제작자에 이르기까지 위그노Huguenot인 경우가 많았다. 위그노는 개신교 칼뱅주의의 창시자인 장 칼뱅Jean Calvin을 따르는 프랑스 신도들을 칭하는 이름이다. 카트린 드 메디치Catherine de' Medici와 그녀의 아들들은 이교도들을 잔혹하게 박해했다. 프랑스를 지배하던 가톨릭교도 귀족들은 (이들 중 많은 수가 스코틀랜드의 여왕 메리와 결혼 혹은 혈연으로 친척 관계였으나, 메리 자신은 신·구교도들이 서로에게 관대해야 한다고 설파했다) 요즘이라면 인종 청소와 종족 학살에 해

●   블루아는 메디치 가문과 밀접한 관계가 있다. 카트린 드 메디치가 1589년 사망할 때까지 블루아 성에서 살았다.

당하는 잔학 행위를 지지했다는 책임을 면치 못했을 것이다.

　　위그노들의 시련이 시작된 것은 1547년부터였다. 메리의 시아버지였던 프랑스의 앙리 2세가 개신교의 위협에 대해 직접 행동을 개시하기로 결정하고 500명에 달하는 칼뱅주의 신도들을 이단이라는 죄명으로 사형에 처했다. 메리가 스코틀랜드로 돌아간 이듬해인 1562년, 그녀의 삼촌이자 가톨릭 파벌의 우두머리였던 프랑수아 드 기즈 공작은 금지된 종교의식을 올리고 있던 일단의 위그노들을 해산시키기 위해 바시에 군대를 파견했다. 이는 유혈 저항으로 이어졌고, 모여 있던 여성과 아이들을 포함한 1,200여 명의 위그노 중 많은 수가 군인들의 총과 칼에 목숨을 잃었다. 이 소식은 개신교 국가가 된 스코틀랜드에서 메리가 민중의 지지를 얻는 데 전혀 도움이 되지 않았을 것이고, 프랑스에서도 결국 위그노 박해가 전면전으로 번지는 촉매가 되었다. 1572년 8월, 기즈 공작은 또다시 공격을 감행해 파리에서 수천 명의 개신교도의 생명을 빼앗았다. 이 사건은 파리 성 바르톨로메오 축일의 학살로 기억된다. 보르도, 리옹을 비롯한 다른 프랑스 도시들에서 유사한 사건이 일어나 자그마치 1만 명에 가까운 사람들이 살해되었다. 그 후 20년에 걸쳐 박해가 계속되었고 수천 명의 위그노가 유럽 전역으로 흩어졌다.[51] 그들은 걸친 옷 말고는 아무것도 가진 것 없이 오직 머리에 든 지식과 손에 익힌 기술만 소유한 난민들이었다.

아칸서스 잎 문양이 들어간 시계 플레이트.
우리는 수백 년 동안 인기를 누려온
이 스타일을 최근 디자인한 시계에 적용했다.

프랑스인 시계제작자 다비드 부게David Bouguet가 1650
년경 제작했고 현재 대영박물관이 소장하고 있는 시계는 이
렇게 재능 있는 외국인들이 영국으로 유입된 증거 중 하나다.
이 시계는 고전적인 회중시계처럼 작고 둥근 형태로 지름이
4.5센티미터 밖에 되지 않는다. 표면에는 법랑 재질의 검은색
바탕에 역시 밝은색 법랑으로 촘촘한 꽃장식을 했는데 피처
럼 붉은 장미, 파랗고 노란 제비꽃, 여러 색이 섞인 튤립, 하양
과 빨강이 섞인 프리틸러리 꽃들이 황금색과 초록색 덩굴로
연결되어 있어서 매우 화려하다. 문자판을 덮고 있는 케이스
의 앞면은 꽃 주변으로 92개의 다이아몬드가 둥그런 띠처럼

시간은 흐르는 물과 같다

둘러가며 박혀 있다. 모양이 제각각 조금씩 다른 이 옛 다이아 몬드들은 더치 로즈Dutch rose 라고 부르는 스타일로 커팅되어 있다. 가능한 많은 면을 만들어 빛 반사 효과를 극대화하는 현대식 커팅 방식보다 면의 수가 훨씬 적어서 덜 빛나기는 하지만 윤이 나는 검은 자동차 보닛 위의 물방울처럼 잿빛 불꽃을 은은하게 발산한다.

안쪽에는 신기한 구경거리가 더 많이 기다리고 있다. 케이스를 열면 문자판과 면한 쪽, 다시 말해 뚜껑 안쪽으로 하늘색 법랑 바탕에 지팡이를 짚은 나그네가 걸어가는 시골 풍경이 가느다란 검은 선으로 그려져 있다. 문자판의 로마자는 흰색 테두리 위에 검은색으로 새겨져 있고, 원의 안쪽에 고대 로마인 복장을 한 두 사람이 천국의 호숫가 풍경 속에서 대화를 나누는 와중에 하늘로 새들이 무리지어 날아가는 광경이 총천연색으로 묘사되어 있다. 이와는 대조적으로, 시계의 무브먼트 자체에 대한 장식은 아름답지만 상당히 절제되어 있다. 이 시계의 케이스는 프랑스 블루아의 장인들이 완성해서 런던으로 수출하고, 이제 막 영국에 도착한 위그노 시계제작자 부게가 적절한 무브먼트를 제작해 넣었을 확률이 높다.

위그노 난민들의 공동체는 매우 긴밀했다. 구성원들은 지식, 기술, 공예를 친구들과 공유하고 다음 세대에 전수했다. 다비드 부게의 가족은 이 과정을 잘 보여주는 좋은 사례다. 1622년에 영국에 온 부게는 1628년 '런던 대장장이 길드'에 들어갔다. 그의 아들 다비드와 솔로몬도 그의 뒤를 이어 시계 제작자가 되었다. 또 다른 아들인 헥토르는 위그노 다이아몬드 세공사 이작 메베어(혹은 모베어)를 견습생으로 두었는데, 그는 부게의 딸 마리와 결혼했다. 이작의 동생 니콜라는 부게의 다른 딸 수잔느와 결혼했고, 또 다른 딸 마르스는 보석상 이작 로미유와 결혼했다. 부게의 검은 시계에 세팅된 다이아몬드는 사위의 작업장에서 가공되었다 해도 놀랄 일은 아니다.

런던 사람들은 종종 위그노들을 "자유주의자" 혹은 "이방인들"이라 불렀고, 항상 환영하지만은 않았다. 1622년, 영국인 시계제작자들은 새로 이주해 오는 장인들에 대해 걱정한 나머지 제임스 1세에게 청원서를 제출해 그들이 런던 내에서 일하는 것을 막고, 대형 시계 및 휴대용 시계제작자들을 위한 전문 조합을 만들게 해달라고 요청했다. 이에 따라 1631년 시계제작자 길드 '워십풀 컴퍼니 오브 클록메이커스'가 설립되었는데, 실제로 위그노 시계제작자들을 배제하지는 않았다. 1678년 금세공사 길드는 위그노들이 저가 경쟁으로 영국 노동자들을 압박하고 산업 분야 전체에 해를 끼치고 있다고 불평하며 외국 개신교 장인들이 특정 지역에서 일하거나 길드 회원이 되는 조건인 7년간의 견습생 과정에 들어가는 것을 막으려는 시도를 했다. 그러나 현실은 반프랑스 운동을 벌인 이들 중 많은 수가 위그노의 후손을 고용했고, 영국 장인들이 자신의 아들을 위그노 장인에게 보내거나 본인이 위그노 견습생을 고용하는 일도 흔했다. 부게의 삶은 많은 부침을 겪었을 것이다. 자신의 기술에 감탄하고, 그 가치를 인정하고 존중하는 부유한 후원자들을 위해 일하면서도, 다음 순간 길에 나서면 "프랑스 개" 같은 모욕, 혹은 그보다 더 심한 욕지거리를 견뎌야 했을 테니 말이다.

✦━━━━⬦⬥⬦━━━━✦

개신교의 확산은 시계의 성격을 본질적으로 변화시켰다. 가장 먼저 자취를 감춘 것은 부를 과시하는 상징들이었다. 가톨릭 시계제작자들이 화려한 장식으로 신의 영광을 찬양했다면, 개신교의 세계관에서는 그러한 장식이 신의 진정한 영광에서 사람들의 주의를 돌린다고 여겼다. 심지어 칼뱅은 추종자들에게 장신구 착용도 금했다. 역설적이게도 그때문에 많은 보석 세공사가 시계제작자로 변신해서 스위스산 시계 케이스에 정교한 금세공, 법랑, 보석 세공 등이 발달하게 되었다.[●]

1640년대의 청교도 혁명과 1650년대의 올리버 크롬웰 통치 시기의 청교도들은 찰스 1세 치하의 영국 성공회 구석구

[●] 제네바의 시계제작자 중 더 화려한 작품을 만들고 싶은 사람들은 해외에서 고객을 찾았다. 장바티스트 뒤불이 1635년에 제작한 주머니에 쏙 들어가는 크기의 사자 모양의 소형 은시계는 오스만 제국의 콘스탄티노플에 보내기 위한 것이었을 확률이 매우 높다.

석에 잔존한다고 여긴 로마 가톨릭의 마지막 흔적까지 '청산'하고자 노력했다. 현란한 옷차림은 "교황파와 악마"의 냄새가 난다고 비판받았고, 자만심의 상징이자 욕망을 부추기는 일이라 여겨졌다.[52] 수염을 동그랗게 말아 모양을 내는 것, 수입 향수나 주름 칼라에서부터 화장품, 꼭 맞는 더블릿[재킷], 과하게 큰 코드피스®에 이르기까지 모든 것이 공격을 받았다.[53] 심지어 찰스 1세 재위 기간에 유행했던 파우더를 뿌린 가발조차도 사라졌다. 청교도들은 수수한 색의 소박한 옷을 입고, 장식이 없는 리넨 커프스와 칼라를 착용했다. 심지어 집에서 짠 천으로 옷을 만들어 아무런 장식이나 단추도 없이 입기도 했다. 머리 모양도 수수하고 단순하게 유지했다.[54]

시계는 이미 없어서는 안 될 소중한 도구가 되었기 때문에 매우 엄격한 청교도들마저 포기하지 못했다(크롬웰 자신도 시계를 소유하고 있었던 듯하다). 하지만 디자인을 굉장히 많이 단순화했다. 청교도 시계는 비교적 작아서 지름이 3센티미터, 길이도 최대 5센티미터 정도 되는 타원형이 많았다. 어떠한 장식이나 꾸밈도 없었고, 보석이나 꽃무늬 장식도 하지 않았다. 케이스는 보통 너무 호사스러운 금 대신®®은을 사용해 아무런 장식도 없이 매끈하게 만들었다. 물결과 비바람에 깎여 은

®　　　이 시기 남성들의 바지 앞 샅 부분에 차던 장식용 천 혹은 주머니 – 옮긴이.

®®　　놀랍게도 매우 드물게 금으로 만든 시계가 전해 내려오기는 한다.

전형적인 청교도의 은시계.

수수하고 어떠한 장식도 없다. 이전 시대의 품 위치와는 완전히 대조적이다.

은한 광택을 내는 해변의 조약돌을 연상시키는 외관이었다. 커버 안에 숨겨진 다이얼도 장식 없이 순수하게 기능적인 원형 문자판에 시간을 가리키는 시침 하나만 있었다.

이런 간소화된 형태의 시계로 표현되는 시간에 대한 이해는 이 장의 도입부에 등장했던 해골시계의 그것과 매우 다르다. 개신교에서는 시간을 신의 선물이라 생각해서, 시간 낭비를 죄로 여겼다. 다음 생에 잘 살기 위해서는 이번 생에서 시간을 잘 사용해야 한다고 믿었다.[55] 청교도 가치관에서는 책임감, 자기제어력, 근면성, 효율성을 강조했다. 청교도 신자의 하루에 여유 시간이라고는 있을 수 없었고, 모든 시간은 신을 섬기는데 써야 했다.[56] 심지어 "여가 활동으로 시간을 보내는 것은 주인을 속이는 절도 행위"라는 주장까지 나왔다.[57]

영향력 있는 청교도 지도자 리처드 백스터Richard Baxter는 1673년 펴낸 《기독교 생활 지침》에서 진정한 기독교인이 어떻게 자신의 시간을 관리해야 하는지에 대해 설파했다.

시간은 인간이 삶을 향상시키기 위한 일을 할 수 있는 기회다. 그 일은 창조주가 기대하시는 것이며, 영생이 걸려 있다. 삶을 구원하고 향상하는 일을 인생의 가장 중요한 일로 여겨 마땅하다. 따라서 위대한 성 바울은 이를 지혜로운 자와 어리석은 자를 구별하는 기준으로 삼았다.

시간 관리는 경건함의 표현이었던 듯하다. 리처드 백스터는 "시간을 낭비하는 죄 중에서도 가장 큰 것은 게으름이다"라고 쓰고 다음과 같이 비난했다.

헛된 소망으로 시간을 낭비하는 자는 침대에 눕거나 하릴없이 앉아서 그 일이 노동이기를 바란다. 그는 육신을 만족시키면서 그 일이 절제이기를 바란다. 유희와 쾌락을 따르면서 그것이 기도와 겸손의 삶이기를 바란다. 욕망과 교만, 탐욕을 좇으면서 그것이 천국을 향한 마음이기를 바란다.

⁽…⁾ 그러니 신중하게 걸음을 옮기도록 주의해야 한다고 사도 바울은 말한다…. 시간을 절약하라. 최상의 목적을 위해 가능한 한 모든 시간을 아끼라. 쏜살같이 흐르는 시간의 모든 순간을 죄악과 사탄의 손에서, 나태, 편안함, 쾌락, 세속적인 일에서 구하라.

나는 삶의 많은 시간을 죄책감 속에서 살았다. 열심히 일하지 않았다는 죄책감, 너무 많이 잤다는 죄책감…. 심지어 휴가 중에도 일하지 않는다는 죄책감으로 완전히 휴식을 취하질 못한다. 동굴에 살면서 별자리 지도를 그리던 먼 조상들은 잠깐 쉬더라도 나처럼 죄책감이 날카롭게 가슴을 찌르는 느낌을 받지 않았을 게 분명하다. 시간에 관한 죄책감은 사회화에 뿌리를 두고 있다. 일요일 아침에 조금 늦잠을 잔다고 해서 달라지는 일은 별로 없을 것이다. 아이를 품에 꼭 껴안고 소중한 몇 분을 더 보내거나, 정원에서 잠시 멈춰 서서 얼굴에 닿는 햇살을 즐기는 순간이 임무를 완수하거나 설거지를 해치우는 데 도움이 되지 않는 건 사실이지만 많은 사람들이 실제 영향보다 훨씬 과장된 죄책감을 느끼곤 한다. 우리 문화적 역사 속의 무엇인가가 우리로 하여금 일하지 않는 자 죄책감을 가지라 가르친 것이다. 한순간이라도 즐거움을 느끼는 것의 치명적 위험에 대한 백스터의 글을 읽으면서 나는 가톨릭 성당의 의례들이 나를 늘 감동시키는 것과 마찬가지로 16

세기 청교도 정신 역시 내 무신론적인 혈관을 흐르고 있음을 의심하지 않을 수 없었다. 기독교 신앙에 대한 이런 극단적인 해석이 주류에서 제외된 지도 300년 이상 지났지만 그 가르침은 여전히 시간에 대한 우리의 경험에 스며들어 있다. 청교도 정신은 '일과 삶의 균형'의 종말의 시작이었다.

✦────◆────✦

크롬웰의 청교도 공화국은 오래가지 못했다. 1658년 그가 죽고, 그의 아들 리처드의 통치가 일 년도 못 가 끝난 후, 영국은 다시 왕국이 되었다. 예상대로 퇴폐적인 시계들이 다시 등장했다. 찰스 2세는 시계제작의 예술성을 크게 찬양한 인물이었다. 침실에 적어도 일곱 개의 시계를 둬서 서로 맞지 않는 종소리에 보좌관들이 매우 괴로워했다고 전해진다. 전실에도 시계가 하나 있었는데 그 시계는 풍향까지 기록했다. 재위 동안 시계제작이 번성하자 찰스 2세는 시계제작 기술이 새로 발명될 때마다 제일 먼저 자기가 보겠노라 고집하기도 했다.[59]

프랑스에서는 앙리 4세가 등극하며 서명한 '낭트 칙령'*

---

* 1598년 앙리 4세가 선포한 칙령으로 일정 지역 안에서 위그노의 종교적 자유를 인정하고, 가톨릭교도와 동등한 정치적 권리를 보장한 내용으로, 이 칙령으로 위그노 전쟁이 종결되었다 - 옮긴이.

으로 위그노들은 몇 년간 비교적 평화로운 시대를 맞이했다. 그러나 1680년대에 접어들면서 루이 14세는 낭트 칙령의 약속을 지키겠다고 맹세했음에도 불구하고 프랑스에서 개신교도들을 몰아내려는 작전을 다시 개시했다. 강제 개종, 선동, 위그노 가정의 자녀들을 부모로부터 분리시키고 개신교 교회를 파괴하는 방법을 동원해 위그노들의 삶을 점점 더 어렵게 만든 것이다. 마침내 1685년, "영구적이고도 되돌릴 수 없는" 약속이라 했던 칙령이 무너지고 말았다. 그에 따라 또 한 번의 위그노 대이주가 일어났다. 낭트 칙령 폐기 이후 몇 년 사이 20만에서 25만 명에 달하는 위그노가 탈출했고, 70만 명이나 되는 사람들이 자신의 신앙을 포기하고 가톨릭으로 개종했다.[60] 난민의 대다수가 네덜란드 공화국으로 향했지만 두 번째로 인기 있는 목적지는 5만에서 6만 명의 난민이 이주한 것으로 추산되는 영국이었다.[61] 스위스도 대규모 위그노 정착민들에게 피난처를 제공했다. 이 위그노 이주민들은 영국과 스위스의 시계 산업 발달에 중심적인 역할을 했고, 그 영향은 지금까지도 강하게 느낄 수 있다.[62] 시계를 사랑하는 군주가 있고, 새로운 인재의 유입이라는 호재까지 겹친 영국은 이제 시계제작의 황금기로 접어들 준비를 완벽하게 갖췄다.

4

황금기

오른쪽 주머니에 멋진 은색 체인이 달려 있고 그 끝에 신기한 기계 같은
것이 달려 있었다…. 그는 그것이 자신의 신탁이며 살면서 하는
모든 행동의 시간을 알려준다고 말했다.

⬤

조너선 스위프트, 《걸리버 여행기》 1726년.

시계제작 견습생이 되어서 맨 먼저 하는 일은 도구를 만드는
작업이다. 오랫동안 사용할 튼튼한 물건을 먼저 만들어 본 다
음 엄청나게 섬세한 기계장치인 시계 무브먼트 근처에 가까
이 가는 것을 허락받는 순서는 꽤 납득이 가는 단계이다. 영국
시계학회에서 주관하는 3년 과정에 들어간 후 내 첫 프로젝트
는 '센터 커터 겸 스크라이버'를 만드는 일이었다. 연필 모양
의 강철 막대인 이 도구에는 두 가지 기능이 있다. 나는 막대
한쪽을 일자 드라이버 모양으로 면도날처럼 날카롭게 다듬고

(스크라이버), 다른 한쪽은 세 개의 면이 끝에서 만나는 구조(센터 커터)로 만들어야 했다. 우리는 이 도구로 금속 표면에 작은 홈을 만들어 드릴 비트가 물릴 수 있는 자리를 만든다. 시계제작자들은 구멍을 뚫을 일이 매우 많다.

첫 번째로 만든 도구는 다음 도구를 만드는 데 사용한다. 바로 무브먼트 고정장치다. 무브먼트 작업을 할 때 그것을 고정하는 아주 작은 바이스 같은 도구이다. 정밀한 설계도에 따라 손으로 깎아서 고정장치를 만들고, 완성된 결과물은 설계도에 명시된 치수에서 0.3밀리미터 이상 벗어나지 않아야 했다. 이런 식으로 허용되는 아주 작은 수치를 '허용 오차' 혹은 '공차'라고 한다. 당시에는 믿을 수 없을 정도로 정밀한 기준을 요구한다고 생각했지만, 돌이켜보면 초급자가 시계제작의 미세한 세계에 입문하는 첫 단계에 불과했다. 요즘은 밀리미터의 1,000분의 1 단위인 마이크론 단위의 오차만 허용되는 작업을 할 때도 많다.

이런 식의 훈련이 계속되었다. 정작 실제 회중시계의 무브먼트를 처음으로 만져본 것은 과정이 시작된 지 일 년쯤 지난 즈음이었다(내가 직접 제작한 무브먼트 고정장치를 사용해서 작업했다). 그사이 몇몇 동기는 일 년이 거의 다 되도록 줄과 금속 조각만 가지고 작업하는 데 지쳐서 자퇴를 했다. 반면 나는 무브먼트 고정장치를 만드는 일이 마치 보석이나 은세공 작업과 비슷하면서도 그보다 더 제어된 형태라는 점이 마음에 들어

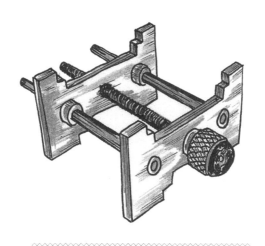

황동 무브먼트 고정장치. 작업을 하는 동안
시계 무브먼트를 잡아주는 역할을 한다.

서 즐거웠다. 하지만 그 와중에도 이 기본 중의 기본인 도구에
도 약간의 장식을 보태고 싶은 마음을 억누를 수가 없었다. 나
는 표면을 일정한 방향으로 연마하지 않고 보석 세공을 공부
할 때 배운 무작위 방향 연마 방식을 시도해 불규칙하고 매트
한 질감을 낸 다음 도금을 하고, 고정장치 개폐를 조절하는
레버 손잡이 끝에는 지역의 보석 세공사에게 라피스라줄리를
가공해 달라고 의뢰해서 붙였다. 두 번째 프로젝트에 불과했
지만 나는 이미 지시받지 않은 일을 하고 있었다.

두 번째 해로 접어들면서 우리는 시계 부품을 만들기 시
작했다. 처음에는 강의자료로 제공된 도면을 참고해서 크고

확대된 부품들을 만들었지만 기술이 늘면서 점점 더 작고 정교한 실제 시계의 부품 작업을 해나갔다. 회중시계에서 시작해 서서히 크기를 줄여나가 남성용 손목시계를 거쳐 마침내 여성용 손목시계의 메커니즘을 다루는 과정을 밟았다. 자동으로 감기는 태엽 장치나 달력 메커니즘과 같은 가장 간단한 부가 기능에서 일어난 단순 고장의 수리 방법을 익히는 데서 시작해 크로노그래프의 세상으로 나아갔다. 교과 과정에는 버지, 실린더, 영국과 스위스식 레버 이스케이프먼트를 능숙하게 다루는 것도 포함되어 있었다. 레버 이스케이프먼트 말고는 이제는 어느 것도 현대식 시계제작에 필요하지 않지만, 복원가에게는 절대적으로 필요한 지식이다. 기초 과정을 마친 후에는 시계제작 작업실에서 초보 직원으로 일을 시작할 자격이 주어진다. 거기서 긴 세월의 고된 노력과 운이 따라야 시계제작 장인이 될 수 있다. 손재주도 좋아야 하고, 세심한 부분까지 주의를 기울일 줄 알아야 하지만 무엇보다도 인내심을 배우는 과정이다.[*]

　　18세기의 상황도 결코 더 쉽지 않았다. 런던에서 시계제작자로 일할 수 있는 법적 자격을 갖추려면 거의 수도승 같은

---

[*]　당시까지 몰랐던 사실은 내가 이 과정을 밟은 마지막 학생들 중 하나가 되리라는 것이었다. 몇 년 후, 그 과정은 이론에 더 큰 무게를 둔 시계학 학사 과정으로 대체되었다.

치열함으로 시계제작 견습생 생활을 7년이나 해야 했다(견습생은 훈련 도중 결혼이 금지되어 있었다). 견습생 훈련을 마친 후에도 장인 밑에서 2~3년을 더 일하면서 기술을 연마한 후 '마스터-피스', 다시 말해 처음부터 끝까지 혼자서 시계를 완성한 다음에야 시계제작자라는 칭호를 얻을 수 있었다.

고도의 기술과 창의성을 갖춘 최고의 시계제작자들에 대한 수요가 엄청나게 높았기 때문에, 이들은 높은 지위와 명성을 구가했다. 영국 시계제작의 황금기가 열린 것이다. 유럽 최고의 시계제작자들이 아이디어를 교환하고, 서로 더 정확하고 복잡한 시계를 만들고 발전시키기 위해 경쟁했다. 당시의 유명한 시계와 시계제작자들은 1631년 창립된 시계제작자 길드를 통해 서로 알고 지냈을 것이다. 길드에서 보낸 한 편지의 서명란에서 시계제작 업계의 거장들의 이름이 한꺼번에 쭉 나열된 것을 발견한 적이 있다. 마치 시계학계의 유명인사들이 모인 학급의 출석부 같았다. 그중에는 '영국 시계제작의 아버지'라 불리는 토마스 톰피언Thomas Tompion, 그리고 그와 함께 일하면서 밸런스 스프링을 장착한 시계를 처음 만들기 시작한 로버트 훅Robert Hooke도 있었고, 톰피언의 제자이자 계승자이면서(그는 톰피언의 조카 엘리자베스 톰피언과 결혼했다), 에드먼드 핼리Edmond Halley가 주문하는 과학 기구를 만드는 한편 태양계 모형을 발명하고 시계 진자 디자인을 상당히 발전시킨 조지 그레이엄George Graham의 이름도 보였다. 거기에 더해 리피터 시계° 분야의 달인인 다니엘 퀘어Daniel Quare, 조지 그레이엄 아래에서 견습 생활을 한 후 나중에 조지 3세의 왕실 시계제작자가 되었으며 혁명적인 레버 이스케이프먼트를 발명한 토마스 머지Thomas Mudge도 있었다. 이들은 모두 시계제작계의 스타들이었다. 이들을 모두 함께 고용한 작업장은 환상의 프리미어리그 팀에 필적할 것이다. 피아노, 증기기관, 열기구, 방적기, 증기선 등이 발명된 당대 흐름에 발맞춰 시계도 혁신을 거듭하면서 동시대의 주요 과학적 문제들을 해결하는 데 중요한 역할을 해냈다.

✦━━━◆◆◆━━━✦

18세기 초에 접어들 즈음 시간 측정 장치는 모든 사람에게 익숙한 물건이었다. 비싼 가격 때문에 모두가 개인적으로 소유하지는 못했으나 물리적으로는 접근이 가능해졌다. 대부분의 영국 교구는 교회 종탑에 공공시계를 갖추고 있었고, 숙박업소, 학교, 우체국, 빈민 보호소 등도 시계를 구비한 곳이 많아졌다. 18세기가 끝날 무렵에는 영국 전역의 펍과 선술집에 시계가 걸려 있었다. 런던이나 브리스톨 같은 도시의 거리에서는 시계가 보이지 않거나 시계 소리가 들리지 않는 곳이 거의

●   일정한 시간 간격으로 시간을 소리로 알려주는 시계 – 옮긴이.

없었다. 가정집에도 점점 시계가 많아졌고, 심지어 개인적으로 시계를 살 돈이 없는 하인들조차 시계에 익숙했다. 시계를 가진 집에서 가장 흔히 시계를 두는 장소는 부엌이었다. 부엌이야말로 가진 재산이나 지위와 상관없이 어느 집에나 있는 공간이었기 때문이다.

시계는 대중의 의식에 침투했을 뿐 아니라 열띤 철학적 논쟁의 주제가 되었다. 아이작 뉴턴은 시간이 "절대적이고 진실되며 수학적"이라 믿은 데 반해, 데이비드 흄이나 존 로크 같은 철학자들은 시간은 상대적 개념이며, 그것을 보는 사람의 인식에 달려 있다고 주장했다(이 아이디어는 20세기에 아인슈타인의 상대성 이론에 의해 한층 더 진보했다). 같은 시기의 작가 로렌스 스턴Lawrence Sterne은 시간이 수축하고 확장하고 앞으로뿐만 아니라 뒤로도 가는 이야기를 만들어 시간이라는 개념을 흥미롭게 가지고 논《트리스트럼 샌디》를 발표했다.

17세기 후반 이후 시계는 부자들의 삶에서 특별히 유용하거나 실용적이지는 않더라도 점점 더 중요한 역할을 차지했다. 새뮤얼 피프스Samuel Pepys°는 1665년 5월 브릭스라는 공증인에게 받은 새 시계에 완전히 매료되고 ("매우 좋은 시계라고 하지 않을 수 없다") 정신이 팔려서 시계의 지배를 받게 되고

° 17세기 영국의 행정관. 정치인이었지만 1660년대에 쓴 일기에 런던 대화재, 역병 등의 시대상을 기록해 좋은 사료로 쓰인다 – 옮긴이.

만다. 요즘 우리가 새 스마트폰을 산 후 보이는 증상과 전혀 다르지 않다. "집으로 가서, 서재에 늦게까지…"[63] 그는 자주 이렇게 일기에 썼다.

하지만 맙소사, 나는 얼마나 어리석고 유치한지! 오늘 오후 내내 마차 안에서 시계를 손에 들고 몇 시인지 백 번쯤 확인했다. 그리고는 지금까지 어떻게 그토록 오랫동안 시계 없이 지냈는지 의아해 했다. 하지만 한때 시계를 가지고 있었고, 너무 문제가 많아 평생 다시는 시계를 가지고 다니지 않기로 결심했던 일이 기억났다.

두 달 후 그의 시계는 벌써 수리에 맡겨졌다. 정확성을 갖춘 시계가 되기까지는 아직 갈 길이 멀었다.

피프스에게는 다행이게도 1660년대 말, 시간에 집착하는 세기의 등장을 촉발한 두 번의 놀라운 도약이 일어났다. 1657년, 네덜란드 수학자 크리스티안 하위헌스가 1637년 갈릴레오가 내놓았던 등시성 이론을 성공적으로 적용한 진자 시계를 발명했다. 등시성 이론은 추, 다시 말해 진자의 진동 주기는 진폭에 상관없이 일정하다는 이론이다. 정확히 규칙적으로 진동하는 진자는 이스케이프먼트도 일정하게 잡았다 놓을 수 있다는 이론을 기반으로 역사상 가장 정확한 시계를 만들어낼 수 있는 길이 열린 것이다. 무브먼트 아래에서 흔들리는 진자, 다시 말해 기다란 시계추가 사용되면서 영어권에서는 '할아버지 시계'라고 불리는 괘종시계 디자인이 등장했고, 그 후 몇 십 년 동안 점점 더 인기를 끌었다. 1675년에는 박식가이자 과학자인 로버트 훅이 금속 헤어스프링을 발명했다. '밸런스 스프링'이라고도 부르는 이 장치는 시계추가 벽시계에 가져온 혁신에 버금가는 변화를 손목시계 분야에 일으켰다. 훅의 법칙이라고도 부르는 탄성의 법칙, 다시 말해 "변형의 크기는 힘에 비례한다*ut tensio, sic vis*"는 원리에 입각해서 매우 가느다란 철사를 나선형으로 만든 것이 바로 금속 헤어스프링이다. 스프링에 힘이 가해지면, 스프링은 그와 동일한 힘으로 밀어낸다. 스프링을 자연스러운 상태보다 더 조였다가 놓으면 반대 방향으로 확 퍼질 것이다. 이때 퍼지는 힘으로 인해 스프링이 너무 많이 늘어나지만 즉시 원래의 자연스러운 모양으로 다시 돌아가려 할 것이다. 이 원리로 인해 스프링은 밸런스 휠의 진동에 맞춰 과도하게 조여졌다가 과도하게 풀리는 작용을 리드미컬하게 반복하는 '호흡'을 시행하면서 이스케이프먼트 휠의 톱니를 일정한 간격으로 하나씩 놓아준다. 이 장치는 시계의 정확도를 극적으로 향상시켰다. 이 발명은 최초로 시계에 분침을 추가할 이유를 제공했고, 기계식 시계제작의 역사에 중요한 이정표가 되었다. 시계에 대한 애정을 점점 더 키워가고 있던 대중들은 금속 헤어스프링을 곧바로 받아들였다. 금속 헤어스프링이 발명되기 전에 제작되어

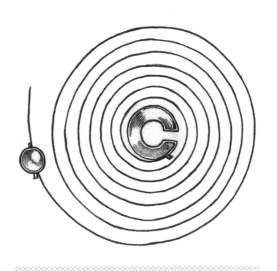

초기 헤어스프링은 납작한 용수철로 제작되었다.
중앙에 있는 콜릿[받침]은 헤어스프링을 밸런스
축에 고정시키는 역할을 한다.

조절 기능이 거의 없던 시계에 뒤늦게나마 이 장치를 추가하는 일도 매우 흔했다. 얼마가지 않아 피프스는 울위치와 그리니치 사이의 산책 시간을 분단위로 재기 시작했다.

당시 런던은 시계제작의 심장부였다. 1665년 런던을 휩쓴 대역병에 수많은 사람이 희생되었지만(18개월 사이에 런던 인구의 4분의 1에 가까운 10만 명이 죽었다), 1685년 낭트 칙령 폐기 후 영국으로 유입된 위그노 장인들로 인해 인구가 다시 불어났다. 18세기 영국의 시계제작은 장인이 이끄는 도제와 견습생들로 이루어진 소규모 작업실에서 이루어지면서 금세공, 판각 장인, 체인 제조공, 용수철 제조공 등의 지역 공방과 협력했다. 이 시기에 만들어진 시계를 분해해 보면 여러 장인의 마크와 서명이 무브먼트 안팎 전체에 걸쳐 네다섯, 혹은 그보다 많이 숨겨져 있는 것을 발견하기도 한다.[64] 그럴 때면 런던의 클러크넬 지역처럼 시계제작의 중심지에 존재했던 창의적인 공동체 내에서 시계와 시계 부품들이 몇 블록 내의 공방들 여러 곳을 왔다 갔다 하는 광경을 머릿속으로 그려보곤 한다. 등록된 제작자들의 주소를 오래된 지도에서 찾아보면 그 중심지에 선술집이나 여관이 있는 경우가 많다. 장인들 여럿이 연기 자욱한 술집에서 둘러앉아 아이디어를 교환하고 사업을 논의하는 장면을 상상하는 것이 즐겁다. 내가 지금 일하고 있는 버밍엄 주얼리 쿼터에서는 지금도 그런 전통의 유산을 느낄 수 있다. 품질 보증 마크를 받기 위해 손수레에 금 장신구를 잔뜩 싣고 근처 금 시금소로 달려가는 심부름꾼들은 이제 없지만, 우리는 여전히 서로를 돌본다. 서로 무슨 일을 하고 있는지 알고 있고, 가끔 만나 리얼 에일[전통 영국 맥주] 한 잔씩을 나누기도 한다.

시계제작 도구, 부품, 그리고 후에는 심지어 무브먼트 전체(케이스에 들어 있지 않아서 소매용은 아니었다)에 이르기까지 랭커스터, 특히 리버풀에서 동쪽으로 15킬로미터 정도 떨어진 프레스콧의 작업실에서 제작된 경우가 많았다. 풍부한 석탄과 오랜 금속 가공 전통, 그리고 런던과의 교통이 편리한 이 점들 덕분에 가내수공업이 발달했지만, 이 산업 분야에서도 가장 진보된 부문은 런던에 집중되어 있었다.

런던 밖에서는 시계나 도구 제작자들이 견습 과정을 완수하는 일이 별로 없었지만 런던 내에는 매우 엄격하게 관리되는 견습 제도가 마련되어 있어서 운 좋게 자리를 얻는 견습생에게는 귀중한 기회를 제공했다. 시계제작의 명장들과 그들의 정식 견습생들은 여러 도시를 돌아다니면서 잠재적 후원자와 고객층을 확장했다. 시계 가격은 상품의 질뿐만 아니라 제작자의 사회적 위상도 반영해서 결정이 되기 때문에 더 부유한 집안 출신의 시계제작자와 견습생은 처음부터 성공할 확률이 더 높았다.[65] 현대 영국의 사립학교 출신들이 누리는 특권을 그 시절 부자 시계제작자나 견습생들도 누렸던 것이다. 무엇을 배우는가는 물론이고 누구를 만나는가 하는 것도 큰 재산이었다.

데번의 한 사립학교 교장의 아들이었던 토마스 머지는 열다섯 살이 되었던 1730년 봄 유명한 벽시계 및 손목시계 제작자였던 조지 그레이엄의 견습생으로 들어갔다. 1738년 시계제작자 길드의 회원이 된 후에는 하숙집에 살면서 다른 시계제작자들이 주문받은 엄청나게 복잡한 시계를 대신 제작해주고 자기 이름이 아니라 그들의 이름으로 서명을 하는 식으로 그늘에서 활동하며 커리어를 시작했다. 그 시대의 표준적인 관행이었다. 어쩌면 당시 유명했던 또 다른 시계제작자 존 엘리콧John Ellicott을 위해 만든 시계가 아니었다면 계속 이런 식으로 일했을지도 모르는 일이다. 그가 만든 시계는 태양의 위치에 따라 변화하는 진태양일과 이러한 변화를 평균내어 만든 평균 태양일 사이의 차이를 나타내는 '균시차E.O.T'를 표시할 뿐 아니라 다양한 달력 표시 기능을 갖추고 있었다. 이 시계는 스페인의 페르디난드 6세에게 팔렸는데 전해 내려오는 이야기에 따르면 왕궁의 누군가가 시계를 떨어뜨려 심하게 손상이 되었다고 한다. 시계를 엘리콧에게 돌려보냈지만 그는 수선을 할 수가 없었다. 어쩔 수 없이 원래 시계를 만든 머지에게 시계가 도착했고, 그는 시계를 정상으로 복구했다. 이 사실을 알게 된 왕은 그 후부터 시계 주문을 머지에게 직접 해야겠다고 고집했다. 왕을 고객으로 확보한 머지의 위상은 하늘 높이 치솟아 1748년 런던의 플릿 스트리트에 '다이얼 앤드 원 크라운Dial and one crown'이라는 이름의 작업실을 차릴 수 있게 되었다.

머지는 혁신적인 메커니즘을 장착한 휴대용 시계들을 제작해 이름을 날렸다. 그는 페르디난드 왕을 위해 지팡이 손잡이의 머리 부분에 세팅한 '그랑 소네리 시계grande sonnerie watch'를 제작했다. 그랑 소네리 시계는 15분 단위로 종을 울리거나 사용자가 원할 때마다 소리로 시간을 알려주는 메커니즘을 보유한, 가장 정교한 시계 중 하나로 알려져 있다. 머지는 최초로 시계에 '퍼페추얼 캘린더perpetual calendar'를 장착한 시계제작자로도 유명하다. 이 명칭은 달과 연도의 길이 변화를 보정해서 시계의 소유자에게 '영구히perpetually' 올바른 날짜를 보여준다고 해서 붙은 이름이다. 앞서 토마스 톰피온과 조지 그레이엄도 1695년에 같은 기능을 벽시계에 도입했지만 이 메커니즘을 회중시계처럼 작은 물건에 장착시킬 수 있을 정도로 작게 만든 공은 머지에게 돌아갔다.° 소송 Su Song 시대에 기계식 대형 시계의 발달이 권력자와 부자들의 후원으로 이루어진 것과 마찬가지로 점점 더 정교해지는 소형 시계의 기술적 발전도 그런 시계를 원하는 부자들의 재정적 후원 덕분에 가능했다. 요즘 사람들이 테크 스타트업에 투자하는 것과도 같은 일이었다. 투자는 기업의 혁신을 돕고, 혁신은 투자의 가치를 높인다. 현대의 투자는 주식의 형태를 띠

● 퍼페추얼 캘린더는 어쩌면 가장 눈에 띄지 않으면서도 복잡한 시계 기능 중 하나일 것이다. 현대인들은 당연시하는 시계의 날짜 표시를 (거의) 영구적으로 정확히 표시하는 기능이며 이를 위해서는 날과 달뿐 아니라 해와 윤년까지 셀 수 있는 일련의 기어가 필요하다. 휠의 이빨로 각 달의 날짜 수를 기억하고, 가장 느리게 움직이는 휠은 4년에 한 번 회전한다. 현재까지 남아 있는 머지의 퍼페추얼 캘린더 기어는 1762년에 제작된 것으로 기능적이면서도 읽기 쉬운 문자판을 만들기 위해 애쓴 흔적이 보인다. 문자판 가장 바깥쪽에 자리 잡은 회전 디스크의 숫자를 가리킬 수 있도록 만든 금색 날짜 바늘은 12시 자판 위쪽에 붙어 있다. 문자판 중앙에는 달의 순환 주기가 표시되는 창과 요일과 월을 보여주는 두 개의 초승달 모양 창이 있다. 2월은 윤년 여부를 나타내기 위해 전용으로 사용하는 문자판 안의 문자판을 가지고 있다. 이렇게 많은 정보를 보여주는 시계임에도 불구하고 전체적인 디자인은 전혀 복잡다단하지 않다.

지만 당시에는 주식 대신 착용할 수 있는 아름다운 시계를 받았고, 그 시계는 (이상적으로는) 시계제작자의 명성과 함께 가치가 상승했다.

　머지가 또 다른 후원자인 폴란드–작센 연합의 정치가 폰 브륄 백작Count von Brühl과 교환한 서신을 보면 후원자와 장인 사이의 상호 호혜 관계를 엿볼 수 있다. 유럽에서 가장 큰 시계 컬렉션을 보유했다고 알려진 브륄 백작과 머지는 시계 제작 과정 내내 주기적으로 연락을 주고받았다. 브륄 백작에게 보낸 편지에서 머지는 공학적 원칙과 재료, 온도 계수를 비롯해 해결해야 하는 다양한 기술적 도전에 대해 놀라울 정도로 세부적인 내용들을 논의한다. 시계 산업의 후원자들에게 시계제작 의뢰는 단순히 아름다운 물건 하나를 구입하는 것 이상의 의미를 지니고 있었다. 후원자는 완성된 제품뿐 아니라 제작 과정 자체에 참여하는 역동적 관계를 유지했다. 많은 경우 후원자는 시계의 작동 원리를 완전히 이해하고 그 창조 과정의 일부가 되고자 하는 순수한 열망을 가진 사람들이었다.

　우리 작업실에서도 수집가와 후원자의 참여는 제작 과정에서 중요한 요소로 작용한다. 맞춤 제작은 제작자에게 고객의 구체적인 요구를 반영하고 제작 기간 동안 요청이나 변경 사항을 조정할 수 있는 기회를 제공한다. 고객의 손목 인체공학에 맞춰 태엽을 감는 와인딩 크라운winding crown을 다시 만들거나 크기를 조정하기도 하고, 관절염이 있어서 태엽 감기가 어려운 고객에게는 거기에 맞춰 변화를 주었고, 시계를 왼쪽 손목에 차느냐 오른쪽 손목에 차느냐에 따라서도 세부 사항들을 조절했다. 더 쉽게 시계를 볼 수 있도록 색상과 비율을 조절하고, 자신이 소유한 다른 시계와 비교해서 어떤 느낌인지 피드백을 주는 고객을 위해 시계의 케이스를 여러 차례 다시 만든 적도 있다. 창작 과정에서 발생하는 수많은 작은 결정에 고객이 직접 참여하는 일은 우리에게도 매우 유용한 창의적 작업 과정이며, 고객에게도 우리 작업실의 일부가 될 여지를 준다. 그런 과정을 통해 의뢰인도 우리의 손만큼이나 완성된 제품의 커다란 일부가 된다.

시계제작을 의뢰하는 후원자나 수집가는 제작자인 우리에게 더 넓은 시야를 제공한다. 시계제작자의 어려움 중 하나는 우리가 만드는 물건을 살 수 있을 만큼 돈을 버는 경우가 적다는 사실이다. 그래서 우리는 그다지 대단한 컬렉션을 소장할 수 없다. 우리를 후원하는 고객들이 보유하고 있는 컬렉션의 수준에는 확실히 이르지 못하는 것이다. 바로 그 이유에서 나에게 고객들의 의견이 너무나 소중하다. 그들이야말로 실제 세상에서 물건을 찾아다니는 사람들이기 때문이다. 그들이야말로 자신이 무엇을 왜 선택하는지, 실제로 어떤 작품을 소유하고 날마다 사용하기를 원하는지 제일 잘 아는 사람들이다.

머지 시대의 후원자는 최신 과학 발전과 연관되고 싶어 했다. 머지는 브륄 백작과의 인연으로 1770년 조지 3세로부터 아내인 샬럿 왕비에게 선물할 시계제작을 의뢰받았다. 이 시계는 그야말로 획기적인 발명품인 분리형 레버 이스케이프먼드가 최초로 장착된 시계라고 알려져 있다. 브륄 백작과 마찬가지로 조지 3세 역시 자신이 제작 의뢰를 한 크고 작은 시계에 대해 적극적으로 관심을 보였고 본인도 아마추어 시계 제작자이기도 했다. 영국 왕실의 소장품을 모아서 관리하는 '왕실 컬렉션Royal Collection'에는 왕이 친필로 쓴 원고들이 남아 있는데, 시계를 조립하고 분해하는 과정을 설명한 부분도 있다. 샬럿도 열렬한 시계 수집가이자 반짝이는 것을 좋아하고 모으는 취미가 있었다. 샬럿의 친구인 일기작가 캐롤라인 립 포이스Caroline Lybbe Powys는 1767년 "보석으로 화려하게 장식한 시계 25개"를 담은 상자가 버킹엄 하우스의 왕비 침대 옆에 놓여 있는 것을 봤다고 기록했다. 왕비가 자신의 수집품을 그토록 가깝고 사적인 공간에 두고 밤마다 그 옆에서 잠들었다가 아침에 그 옆에서 눈을 떴다는 사실에서 큰 의미를 읽어내지 않을 수 없다. 샬럿은 틀림없이 자신의 시계들을 무척 사랑했으리라.

머지가 '여왕의 시계'라고 부른 샬럿 왕비를 위한 시계 덕분에 조지 3세는 아내로부터 높은 점수를 땄을 게 분명하다. 머지는 나중에 그 시계를 "지금까지 만들어진 주머니에 넣고 다닐 수 있는 시계 중 가장 완벽한 작품"이라 묘사했다. 시계제작자 입장에서 이 시계의 진짜 주인공은 머지의 분리형 레버 이스케이프먼트다.°

시계의 정확성을 해치는 가장 큰 적 중 하나는 마찰이다. 이스케이프먼트의 정확성을 방해하기 때문이다. 버지 이스케이프먼트에서는 진동하는 밸런스 휠이 꾸준히 트레인 휠과 맞물려 다양한 정도의 마찰을 일으킨다. 밸런스 휠에서 '분리된' 이스케이프먼트를 발명한 것이 바로 머지가 이루어낸 위대한 혁신이었다. 그의 레버는 진동하는 밸런스 휠의 아래쪽에 고정된 핀에 의해 앞뒤로 움직인다. 휠과 그 아래 있는 핀이 앞뒤로 진동할 때마다 중심축에 고정된 레버도 동시에 앞뒤로 움직인다. 레버의 다른 쪽 끝에서는 두 개의 팰릿이 이스케이프 휠의 톱니를 '똑딱' 소리를 내며 잡았다 놓는다. 이로 인해 진동하는 밸런스에 일어나는 마찰은 레버가 전진하는 아주 짧은 순간에만 일어난다.

머지 자신은 이 발명품이 가진 잠재력에 대해 겸손한 태도를 보였다. 아마도 극도의 기술적 복합성 때문이었을 확률이 크다. 그는 브륄 백작에게 보낸 편지에서 레버 이스케이프먼트에 대해 이렇게 선언한다.

---

⑩　　머지는 이 레버 이스케이프먼트를 1754년에 개발했지만, 샬럿 왕비의 시계에 처음으로 사용했다.

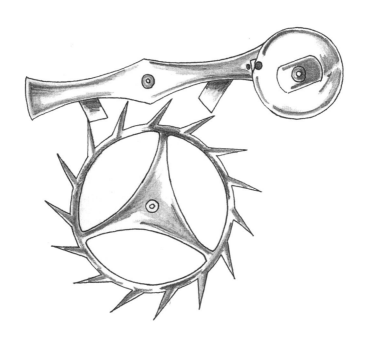

잉글리시 레버 이스케이프먼트.
토마스 머지의 분리형 레버를 상업화 한 모델. 이 디자인을 19세기에
정교하게 다듬은 스위스 레버 이스케이프먼트는 (나라 간의 경쟁심이 엿보이는
부분이다) 현재까지도 거의 모든 기계식 시계에 사용된다.

레버 이스케이프먼트를 제작하고 장착하는 데 필요한 섬세함을 갖춘 제작자는 별로 없고, 그런 수준에 도달하기 위해 고생을 감수하며 애를 쓰는 제작자는 더 드물 것입니다. 그런 점에서 레버 이스케이프먼트의 장점이 많이 깎인다 생각합니다. 사실 이 장치의 발명가로서의 영예에는 별로 관심이 없다고 말씀드리려 합니다. 누군가 이 아이디어를 훔쳐서 따라 한다면 저에게는 오히려 더 영광스럽겠습니다.

머지가 이 작업을 하면서 골치를 썩은 것도 놀라운 일이 아니다. 레버 이스케이프먼트 제작은 엄청난 수준의 정밀도를 요구하는 작업이어서 심지어 현대적인 공학 장비를 갖춘 지금도 제작하기가 쉽지 않다. 그럼에도 우리는 그의 아이디어를 "훔쳐서 따라 하여" 그에게 영광을 돌린다. 지금도 거의 모든 기계식 시계가 그의 발명품을 사용하고 있다.

이렇게 높은 수준의 기술 혁신을 이룬 시계제작자들은 다른 산업 부문의 발전에도 중요한 역할을 하기 시작했다. 시계제작자 새뮤얼 왓슨Samuel Watson 은 의사 존 플로이어 경Sir John

Floyer (1649~1734)을 도와 의사들이 환자의 맥박을 측정할 때 사용하는 맥박시계를 최초로 고안했으며 제작과 판매를 도왔다. 머지는 존 스미턴John Smeaton (1724~1792)을 위해 온도 보정 기능을 갖춘 시계를 제작했다. 고온과 저온 사이를 오갈 때 금속의 팽창, 수축을 상쇄하는 기능을 갖춘 시계였다. 세계 최초로 스스로를 "토목공학자"라 칭했던 스미턴은 영국의 등대 건설 방식을 개선하기 위해 새로운 종류의 시멘트를 개발한 것으로 유명하다. 그는 머지가 제작한 시계를 측량 작업에 사용했다 (온도차를 상쇄하는 장치는 머지가 샬럿 왕비를 위해 제작한 시계에도 등장한다). 1777년, 시계제작자 존 위크John Wyke 는 매튜 볼턴 Matthew Boulton 이 고안한 최초의 만보기pedometer 에 들어갈 기어, 피니언, 골조를 제작했다. 장치를 착용한 사람의 걸음 수를 재는 이 장치는 말하자면 과거의 핏비트였다.[66] 시계제작자들은 공장의 설비를 개선하고 유지하는 데도 도움을 주었다. 칼라일에 위치한 한 공장의 1798년 작업일지에는 이런 내용이 나온다. "…면방직과 모방직 제조 라인은 시계제작자들이 아니었으면… 지금의 성공을 거두지 못했을 것이다. 방직에 필요한 기계를 지금 수준으로 완벽하게 만들어준 것은… 다수의 시계제작자들이 몇 년 전부터 이 기계들을 발명하고 제작하는 일뿐만 아니라 관리와 사용을 지휘하는 일까지 맡아준 덕분이다…"[67] 그러나 18세기 시계 산업 분야가 맞닥뜨린 도전 중 가장 잘 알려진 것은 '경도 측정 문제'였다. 이 시기 영국 해군은 폭발적으로 성장했으나 여전히 별자리와 추측항법®, 모래시계 그리고 짐작에 의존해 항해 좌표를 잡고 있었다.

경도 탐구에 대한 영국의 열정을 알리는 신호탄이 쏘아올려진 것은 18세기 초, 영국 해군 역사상 최악의 해상 재난이 터진 때이다. 1707년 안개가 자욱이 낀 어느 날 밤 클로디즐리 쇼벨 경이 지휘하던 네 척의 왕립 해군 전함이 실리 제도 해안에서 좌초했다. 프랑스 툴롱에서 포위 작전을 수행한 후 지브롤터에서 돌아오는 중이었던 이 전함들의 침몰로 대부분의 승무원이 익사했고, 그 후 며칠 내내 시신이 주변 해안으로 떠내려왔다. 자그마치 2,000명이 목숨을 잃었다. 앞이 잘 보이지 않았던 점과 경도를 잘못 파악해서 항로 계산에 실수를 범한 것이 이 비극의 원인이었다. 항로에 암초가 도사리고 있다는 사실을 알 길이 없었던 것이다.

배들은 자기가 있는 위치, 다시 말해 '항해 위치'를 파악하는데 늘 어려움을 겪었다. 육지에서는 지형지물을 참조하면 현재 위치를 파악하는 것이 상대적으로 쉽다. **바다 위는** 상황이 다르다. 위도, 즉 적도에서 남쪽이나 북쪽으로 얼마나 떨어져 있는지는 하늘에 뜨는 해를 보고 파악할 수 있었다. 그러나 동서 위치, 다시 말해 북극에서 남극을 잇는 가상의 선

®   주로 나침반과 속도계를 사용하여 출발점에서부터 이동한 거리를 측정하고, 그 정보를 바탕으로 현재 위치를 추정하는 항법. 49쪽 참고 - 옮긴이.

인 경도를 몇 개나 건넜는지를 계산하려면 주어진 위치와 주어진 시간(보통 출발한 항구와 출발한 시간)부터 어떤 방향, 어떤 속도로 여행해 왔는지를 계산할 수 있어야 한다. 바람, 해류, 조수간만 등이 모두 이 계산에 영향을 주고 시간 측정 장비의 정확성 또한 배의 움직임, 온도 등에서 영향을 받는다. 계산이 틀리면 치명적인 결과를 초래할 수도 있다.

경도를 정확히 찾으려는 노력은 수천 년 전까지 거슬러 올라간다. 지금도 항로를 찾기 위해 사용되는 별자리 중 몇몇은 호머의 《오디세이아》에서도 언급된다. 여신 칼립소는 우리의 주인공 오디세우스에게 파이아키아로 가려면 큰곰자리를 왼쪽에 두고 항해하라고 알려준다.[68] 바다의 위치를 처음 경도로 표현하기 시작한 것은 수천 년 동안 거침없이 바다를 항해했던 폴리네시아인들로 알려져 있다. 1769년 쿡 선장은 인데버함으로 '테라 아우스트랄리스 인코그니타 *Terra Australis Incognita*', 미지의 땅 오스트랄리스[오늘날 오스트레일리아]를 탐험할 때 폴리네시아 타히티인이었던 투파이아Tupaia를 고용했다. 그는 별자리와 추측항법만으로 배의 위치를 정확히 알아내는 거의 본능적인 능력을 발휘해 승무원들을 놀라게 했다. 또 투파이아는 본인이 가진 정보와 기억에만 의존해서 태평양 지도를 그렸다. 이제는 유명해진 이 지도는 유럽 쪽 러시아를 포함해 유럽 전체 넓이와 맞먹는 광대한 지역을 포괄하며, 74개의 섬 이름과 복잡한 태평양의 풍계風系에 대한 자세한 설명까지 곁들인다.[69] 이 지도에서 나에게 가장 인상적인 점은 투파이아와 같은 폴리네시아 항해사들이 바다에서 길을 찾는 방법이 우리가 처음 시간의 개념을 발견하고 그것을 측정했던 방법만큼이나 자연에 의지했다는 사실이다. 그러나 18세기의 유럽인들은 자연과 너무 동떨어진 생활을 하고 있어서 기계의 도움이 필요했다.

　　실리 제도 해군 참사는 결국 발전의 촉매가 되었다. 1714년, 경도법이 제정되었고 경도 측정 문제 해결에 현재 화폐 가치로 150만 파운드[약 28억]에 해당하는 2만 파운드의 상금이 걸렸다. 영국의 과학, 공학, 수학 분야의 최고봉들에게 도전장을 던진 것이다. 위원회는 이미 일흔둘 나이로 원로가 된 아이작 뉴턴과 그의 친구이자 별자리를 지도화하는 여행을 한 것으로 이름을 날린 에드먼드 핼리에게 자문을 구했다. 앞으로 해결해야 할 과제와 자신의 의견을 발표하는 자리에서 뉴턴은 "제대로 사용하기 힘들지만" 현재 있는 방법들을 먼저 열거했다. 그중 한 방법으로 "시계를 사용해서 정확한 시간을 측정하고 경도를 계산하는 방법"을 언급했다. 그러나 배의 움직임, 온도와 습도의 극심한 변화, 그리고 위도에 따른 중력의 차이를 감당할 정도로 정확한 시계는 아직 만들어지지 않았다고 밝히며, 그런 시계는 앞으로도 만들어질 가능성이 없다는 자신의 의견도 덧붙였다.[70]

　　뉴턴과 그의 동시대인들은 이 문제의 해결책을 천문학

에서 찾아야 한다고 확신했다. 목성의 위성들이 목성에 가려지는 현상이나 달 뒤로 별이 숨는 현상, 혹은 일식과 월식 등을 관찰하면 해결책이 나올 수도 있다고 생각한 것이다. 낮에는 달과 태양의 거리, 밤에는 달과 특정 별 사이의 거리를 재서 경도를 계산하는 월거리법lunar distance method도 성공 가능성이 크다는 의견이 있었다. 이러한 피드백은 참여하는 모든 과학자와 장인들이 출품한 발명품은 "영국에서 출발해 위원회가 지정하는 서인도제도의 특정 섬까지 항해하면서 바다에서 측정한 정확도를 기준으로 1, 2, 3등이 결정될 것"이라는 심사 기준을 결정하는 데 영향을 끼쳤다(달리 표현하자면, 카리브해에서 영국을 잇는 대서양 노예무역 삼각형이다…).

　　이 시대 가장 유명한 인물들이 소매를 걷어붙이고 나선 와중에, 견습 과정도 거치지 않은 요크셔 출신의 제작자가 출품한 시계가 해결책이 되리라고는 아무도 예상하지 못했다.

슬쩍 보면, H4는 이 시기의 전형적인 회중시계처럼 보인다. 물론 지름이 16.5센티미터나 되니 여간해서는 이 시계를 넣을 만큼 큰 주머니를 찾기가 힘들겠지만 말이다. 외관도 회중시계와 비슷하다. 장식 없이 광택만 낸 은색 케이스를 열면 하얀 법랑 바탕에 검은색으로 숫자를 쓰고 그 주변에 검은색 선으

로 아칸서스 잎 장식을 넣은 문자판이 보인다. 그러나 이 물건은 평범한 시계와는 거리가 멀었다. 무게가 1.5킬로그램이나 되는 (베이크드 빈스 통조림 네 개를 합친 무게와 맞먹는다) 이 장치에는 놀라운 무브먼트가 장착되어 있었다.

1759년에 완성된 H4는 경도 위원회가 내건 조건을 충족시키기 위해 존 해리슨John Harrison 이 만든 다섯 개의 실험용 해상시계 중 네 번째였다. 이전 모델인 H1, H2, H3는 크고 다루기 어려운 장치들이었지만, 충분한 가능성이 보이고 기술적으로도 뛰어나서 머지의 옛 스승 조지 그레이엄의 관심과 지원을 받을 수 있었다. 큰 도움이 되었던 그레이엄의 지원에도 불구하고 해리슨의 작업은 길고 고독했다. 누구보다 엄격하게 자신을 비판하는 태도를 가졌던 해리슨은 H2의 결함을 발견한 후에는 이 장치에 대한 테스트조차 허락하지 않았다. H2를 제작한 후 H3가 나오기까지 20년이 흘렀고, 그동안 해리슨은 기술적 어려움을 극복하기 위해 고군분투했다. 이전 장치들보다 더 가볍고 상대적으로 아담한 크기인 60센티미터 높이에 30센티미터 너비로 제작된 H3가 완성되었을 때는 해상시계가 도달할 수 있는 가장 작은 크기인 것처럼 보였다.

그래서 H3 완성 후 불과 일 년 만에 탄생한 H4가 휴대용 시계처럼 작은 모습으로 완성된 것은 실로 놀라운 일이었다. 해리슨의 H4 메커니즘에는 전례 없는 공학적 성취가 구현되어 있었다. 그는 버지 이스케이프먼트와 같이 당시 이미

상용된 장치들을 사용했지만, 지금도 보기 드문 수준으로 정교하게 만들었다. 그는 마찰을 줄이고 내구성을 높이기 위해 버지의 처음과 끝 팰릿을 구성하는 철 플래그를 다이아몬드로 대체했다. 원형 밸런스 휠은 다른 18세기 시계보다 훨씬 컸지만, 이것은 배의 움직임에 시계가 영향을 받는 정도를 줄이기 위한 기술적 조정 사항이었다. 메인스프링도 더 길게 만들어 완전히 태엽을 감으면 30시간 작동할 수 있게 했다.

H4는 1761년 포츠머스에서 자메이카 킹스턴을 향해 출항한 뎃퍼드함에서 처음 테스트되었다. 해리슨은 이 항해에 아들 윌리엄을 보내 H4를 돌보게 했다. H4는 중간 기항지인 마데이라 항구에 도착하는 시간을 선원들보다 더 빠르고 정확히 계산해 곧바로 좋은 반응을 얻었다. 이에 깊은 인상을 받은 선장은 곧바로 해리슨이 만드는 다음 시계를 사겠다고 제안했다. 81일 5시간에 거친 항해 도중 H4는 불과 3분 36.5초가 느려지는 데 그쳤다. 그렇게 해서 까다로운 위원회의 조건을 통과했고, 두 번째 테스트에 들어갈 수 있었다. 해리슨이 점점 더 엄격해 지기만 하는 위원회의 조건과 씨름하는 동안 H4는 후속 모델인 H5의 견본이 되었다.

해리슨이 만든 최초의 항해용 크로노미터는 현재 영국의 왕립 그리니치 천문대에 안치되어 있다. H4와 H5는 장식적인 면에서는 당시의 회중시계보다 훨씬 검소하다. 해리슨의 H4에도 아칸서스 잎 각인과 당시 인기를 끌었던 천공 장식이 되어있기는 하지만 19세기 초로 접어들면서 이런 식의 장식은 시계제작 과정에서 사라졌다.

시계의 정확도가 높아지고 기능이 좋아질수록 그 존재를 정당화하기 위한 화려한 장식은 필요성을 잃어간 듯하다. 그럼에도 과학적 도구로 태어난 초기 시계들은 다른 의미에서 그들 나름의 아름다움을 지니고 있다. 바로 기능성에 깃든 아름다움 말이다. 이 시계들이 나 같은 시계제작자가 접할 수 있는 현대 기술의 도움 없이 만들어졌다는 사실을 깜빡 잊을 때도 있다. 오늘날 시중에서 팔리는 대량생산된 기계식 시계보다 훨씬 더 정확한 시계들이기 때문이다. 이런 시계를 다룰 때면 마감에 들어간 세심한 정성에 경외감을 느끼게 된다. 한때 챔퍼링chamfering 이라고 불렀고 요즘은 스위스 프랑스어로 앵글라주anglage 라고 부르는 기법도 자주 만난다. 챔퍼링이란 플레이트에서부터 브리지, 심지어 트레인 휠의 바퀴살에 이르기까지 시계의 날카로운 모서리를 모두 45도 각도로 정성스레 다듬어서 더 가볍고 더 정교해 보이게 만드는 기법을 말한다. 챔퍼링이 된 부분은 반짝반짝 윤이 나서 그 옆 평평한 부분의 결을 낸 불투명한 표면과 대조를 이루고 메커니즘을 빛 아래서 움직이면 광이 난다. 이제는 기계로 거의 완벽하게 흉내낼 수 있지만 빛을 받으면 다른 종류의 광택이 나서 수작업이라는 것을 알 수 있다. 나는 또 시계제작자들 사이에서 '블랙 폴리싱black polishing'이라고 부르는 기법을 초기 크로노미터에서 발견하면 흥분하곤 한다.

블랙 폴리싱은 보통 강철처럼 매우 강한 금속에만 시도한다. 표면을 흠집이나 자국 하나 없이 거울처럼 완벽하게 연마하고 나면 그림자가 비칠 때 오닉스처럼 검게 보인다. 블랙 폴리싱은 예나 지금이나 수작업으로 이루어지고, 엄청나게 시간이 걸리는 작업이다. 부품을 연마하는 것은 마찰을 줄인다는 의미에서 유용하지만, 이런 수준으로 연마를 하는 것은 제작자의 기술 수준을 과시하는 일이기도 하다. 시계의 유일한 목적이 정확성과 기능성이 된 후에도 작품을 마감하는 과정에서 제작자들이 자신의 개성과 정체성을 드러내고자 노력을 기울인 흔적을 찾으면 정말 기쁘다.

내가 볼 때 크로노미터는 시계가 과학 장비 이상의 그 무엇임을 보여주는 가장 좋은 예시다. 크로노미터는 인간의 손으로 만든 과학적 장비로 어떨 때는 제작에 몇 년이 걸리기도 한다. 마감 처리는 마치 서명처럼 독특하고, 그 작품에 제작자가 쏟아부은 개인적 애정을 보여주는 자긍심의 표현이어서 시계를 순수한 기능성을 넘어선 예술 작품으로 올려놓는다.

✦ ——— ⬩⬩⬩ ——— ✦

시계제작을 공부하면서 나는 존 해리슨이 바다에서 셀 수 없이 많은 생명을 살린 시계 산업의 영웅이라는 믿음과 함께 성장했다. 이는 여러 면에서 사실이었다. 해리슨은 진정으로 뛰어난 발명가였고, 그의 시계는 선박 운항에 극적인 영향을 끼쳤다. 그러나 H4는 전설로 알려진 것처럼 완벽한 해결책은 아니었다.

1831년, 비글함은 22개의 소형 시계와 크로노미터, 그리고 이제 막 대학을 졸업한 젊고 열정적인 찰스 다윈Charles Darwin이라는 젊은이를 싣고 남아메리카의 남단 해안을 조사하기 위한 두 번째 항해를 시작했다. 1836년 비글함이 귀환했을 때, 제대로 작동하는 시간 측정기는 절반에 불과했다.[71]

초기 크로노미터의 문제 중 하나는 장거리 항해에서 부정확성이 점차 누적된다는 점이었다. 부정확하더라도 그것이 일관적이라면, 가령 특정 크로노미터는 매일 5초씩 빨라진다는 사실을 알고 있다면 계산과 오차 보정이 쉬웠을 것이다. 하지만 일이 그렇게 단순한 경우는 거의 없다. 1840년, 영국 해군 중위이자 항법계의 권위자였던 헨리 레이퍼Henry Raper는 평소 크로노미터의 장점을 극구 칭찬하는 사람이었음에도 불구하고 "크로노미터들은 항해 초반에는 잘 작동하지만, 점점 불규칙해져서 쓸모가 없어지는 경우가 많고, 어떤 것들은 완전히 고장나버린다. 또 갑자기 속도가 변했다가 며칠 후 다시 원래 속도로 돌아갈 때도 많다"고 말했다.[72]

먼바다의 혹독한 환경은 문제를 더 악화시켰다. 크로노미터를 포함한 대부분의 근대 항법 장비들은 극심한 온도 변화, 소금기 섞인 바람, 습도, 심지어 배에 실린 철제품에서 나오는 자기장의 영향을 받아 불규칙해지기 일쑤였다.[73]

당시 배에서는 크로노미터를 보호하기 위해 나무 상자 안에 보관했는데, 나무의 특성상 휘어질 위험이 있었다. 그래서 크로노미터의 태엽을 감을 시간이 되었는데 상자를 열지 못하는 코미디 같은 상황이 벌어질 때도 있었다. 태엽을 감고 관리하는 일은 경험 많은 상급 장교들에게만 맡겨졌고, 호기심 많은 손을 타서 문제를 일으키는 것을 방지하기 위해 자물쇠가 채워졌다. 하지만 자물쇠라는 물건에는 인간이 저지르기 가장 쉬운 실수가 따라다니기 마련이다. 바로 열쇠를 잃어버리는 실수 말이다. 남극과 태평양 항해에 두 번째로 나선 쿡 선장의 어드벤처호에 동승했던 천문학자 윌리엄 베일리 William Bayly는 배의 크로노미터를 상자라는 감옥에서 구출해야 했던 몇 번의 사건을 기록했다. 첫 사건에서는 한 장교가 실수로 자물쇠의 걸쇠를 구부리는 바람에 걸쇠를 톱으로 잘라서 수리해야 했다. 그 후 얼마 지나지 않아 열쇠가 자물쇠에 꽂힌 채 부러져 버렸다.[74] 그리고 한 달 후에는 누군가 열쇠를 가지고 배를 떠나버려서 베일리는 다시 한번 상자를 부수고

●　해리슨이 온도 변화를 상쇄하기 위해 엄청난 노력을 기울였다는 사실은 언급되어야 한다. 기온 변화에 대한 우리의 이해와 상쇄 방법에 큰 발전을 이룬 것은 시계제작 역사에 길이 남을 해리슨의 중요한 업적이다.

크로노미터를 구출해야만 했다.

그리고 아무리 온도 조절을 잘하고 여벌 열쇠를 준비해도 고양이라는 무서운 위협은 피할 수가 없었다. 탐험 역사에서 가장 유명한 고양이 중 한 마리인 트림Trim은 매슈 플린더스 선장 소유였다(고양이와 살아본 경험으로는 선장이 트림의 소유라고 하는 쪽이 더 맞겠지만). 트림은 플린더스 선장이 오늘날 오스트레일리아로 알려진 대륙 주변을 처음으로 일주할 때 함께 한 고양이였다. 플린더스는 그 경험을 다음과 같이 기록한다.

트림이 항해 천문학에 관심을 보인다. 담당 장교가 달을 비롯한 천체 관측을 할 때면 트림은 크로노미터 옆에 자리 잡고 시곗바늘의 움직임과 이 장비의 쓰임을 매우 유심히 관찰한다. 초침을 만지려고 하고, 똑딱거리는 소리에 귀를 기울이고, 그 주변을 돌면서 그것이 살아 있는 동물인지 아닌지 확인하려 한다.[75]

● 트림은 디스커버리함의 고양이보다는 더 점잖았던 듯하다. 1791년에서 1795년 사이에 조지 밴쿠버 선장의 지휘 아래 북아메리카 대륙 서해안의 지도 작성을 위한 탐사 항해를 나선 디스커버리함은 다수의 크로노미터와 천문 관측용 시계, 육분의, 그리고 초침을 구비한 회중시계를 보유하고 있었다. 항해 초기에 호기심 많은 아기 고양이의 희생물이 된 것은 회중시계였다. 탐사에 동참한 천문학자 윌리엄 구치는 배의 최신 시간 측정 장비를 망가뜨린 이 장난꾸러기 고양이를 용서하면서 이렇게 썼다. "녀석은 매우 어린 고양이인데 아마도 똑딱거리는 초침이 호기심을 자극한 것 같다."

장난꾸러기 고양이 문제를 제외하면 초기 크로노미터의 성공 가능성에 가장 큰 걸림돌이 된 것은 비용이었다.* 시간이 지나면서 가격이 조금씩 떨어지기는 했지만 18세기 말까지도 크로노미터는 63파운드에서 105파운드 사이에 팔렸다. 당시 영국 해군 중위의 최고 연봉이 48파운드였다는 사실을 감안하면 대부분의 선원들은 감히 꿈도 못 꿔볼 비싼 물건이었다. 그리고 설령 크로노미터를 살 돈이 있다 하더라도 항법사들은 위치를 계산하는 옛 방식을 계속 사용했다. 크로노미터에만 의존하기에는 그 정확성을 신뢰할 수 없었기 때문이다. 그래서 크로노미터와 함께 거울을 사용해 두 물체 사이의 각거리를 측정하는 휴대용 장비인 육분의를 사용했다. 육분의는 특히 선원들이 한 번도 가보지 않은 곳으로 미지의 항해를 할 때 천체를 관측해 위치를 확인하는 방식에 도움이 되었다. 거기에 더해 육지에 도착할 때마다, 다시 말해 평평하고 고정된 표면을 이용한 매우 정확한 측정이 가능할 때마다 크로노미터의 시간이 정확한지를 확인하는 데에도 사용되었다. 이 과정은 요즘 우리가 하는 공장 초기화처럼 크로노미터에

●　　초기 크로노미터들은 결코 싸지 않았다. 1769년, 시계제작자 라컴 켄달은 H4의 첫 복제품을 만드는 비용으로 450파운드를 받았다. K1이라는 이 장비는 제작에 2년이 걸렸고, 완성 후 추가로 50파운드의 보너스를 받았다. 그가 받은 합계 500파운드는 인데버함 전체를 구입하는 비용의 5분의 1에 약간 못미치는 큰 돈이다. 인데버함의 구입 가격은 2,800파운드였다.

필수적인 보조 수단이 되었다.

내가 볼 때 해리슨의 가장 뛰어난 업적은 H4 제작이나 경도 문제 해결 포상금이 아니었다(경도 위원회는 그가 조건을 충족했는가 여부에 대해서 끝까지 애매한 입장을 취했으나 결국 추가로 최종 상금 8,750파운드 지급했다). 그의 진정한 업적은 기계식 시간 측정기, 그것도 소형 시계가 당대 최고의 난제를 해결할 수 있는 능력을 가지고 있음을 최초로 보여준 것이었다.

한계가 있기는 했지만 크로노미터는 매우 유용한 도구였고, 다른 방법을 함께 사용해서 오대양의 해도를 제작하는 것이 가능해졌다. 크로노미터는 광대한 바다에서 선원들이 길을 찾는 것을 도왔을 뿐 아니라 그런 항해를 통해 지리학자들이 세계 지도를 더 정확히 작성할 수 있도록 도왔다. 가령 영국의 포츠머스 항구를 떠나 미국 뉴욕까지 항해할 때 미국 해안선이 어떤 모양인지, 목적지 항구의 위치가 어디인지 정확히 모른다면 얼마나 위험할지 상상해 보자. 우리가 아는 지금의 세상은 18~19세기의 모험과 탐험을 통해 만들어진 것이다. 그리고 그 탐험은 많은 부분 시간 측정 기술의 발달이 있었기에 가능했다.

그러나 이렇게 세상의 지평이 확장된 데에도 어두운 면이 있었다. 옛 시계를 연구하는 학자들은 이 발명품들이 역사가 나쁜 방향으로 전개되는 데 어떤 식으로 일조했는지에 대해 솔직하게 인정하지 않을 때도 많았다. 우리가 경도 위원회의 역사를 배울 때의 초점은 보통 위험한 장거리 항해에 나선 선원들의 생명을 보호하고, 크로노미터가 지도 제작에 공헌한 부분에만 맞춰져 있다. 18세기 대서양 횡단 무역의 안전을 목표한 것이 부분적으로 서양 국가들이 추구하고 있던 '또 다른' 이익을 위한 것이었으며, 항법의 개선이 수백만 명의 아프리카인을 체계적으로 노예로 만들어 아메리카 대륙으로 수송하는 데 도움이 되었다는 사실은 별로 언급되지 않는다. 오스트레일리아를 서양 국가들이 '발견'한 후 그곳에 살던 선주민들이 받은 영향이 어떤 것이었는지, 크로노미터의 발전에 힘입어 강해진 해군을 앞세운 서구 문명이 어떻게 인도와 남아메리카를 식민지로 삼았는지에 대한 인식도 거의 없다. 그리고 경도 위원회가 왕립 해군을 지원하기 위해 존재한 것은 사실이지만, 크로노미터의 높은 가격 때문에 동인도 회사처럼 고수익을 올리는 상업적 무역 업체들이 이 장비를 사용할 확률이 더 높았다. 이런 회사들은 동아프리카와 서아프리카 지역에서 강제로 노예가 되어 거래된 사람들의 노동력에 의존해서 이익을 내고 있었다.[76] 1802년, 크로노미터가 발명된 지 30년이 지난 후에도 크로노미터를 보유한 왕립 해군 선박은 전체의 7퍼센트 밖에 되지 않았다.[77]

크로노미터의 개발은 정확성에 도약적인 발전을 이루어냈고 이로써 완전히 다른 종류의 시계와 시간 개념이 가능해졌다. 이 점에 관해서는 해리슨과 머지가 함께 영광을 나눠야 한다. 영국 시계의 황금기를 함께한 동시대 시계제작자들은 거의 모두 해리슨의 전설에 가려져 버렸지만, 사실 토마스 머지만큼 소형 시계 무브먼트의 발전에 지워지지 않을 족적을 남긴 인물은 없다. 머지의 레버 이스케이프먼트 시계는 심지어 해리슨의 시계보다도 더 정확하고 신뢰도가 높은 것으로 판명이 되었다. 그가 이 장치를 크로노미터 제작에 적용하고 있는 사이 해리슨이 경도상을 수상했다. 머지가 몇 년만 더 일찍 성공했더라면 해리슨을 이기고 상을 탄 후 오랜 명성을 누렸을 것이다. 그러나 그의 유산은 시계 안에 계속 살아 있다. 머지의 레버 이스케이프먼트의 후손은 지금도 우리 손목에서 째깍거리고 있으니 말이다.[78]

5

시간을 위조하다

결국 우리는 모방의 세계에 살고 있어. 예술도 따지고 보면 모두가 볼 수
있는 하나의 거대한 진리를 모방하려 하는 것이지. 그 웅장함을 재현하려
노력하는 것이 인간이라는 야수의 영원한 본능이라고 생각해.

버지니아 울프가 친구에게 보낸 편지에서 발췌, 1899년.

2008년, 나는 버밍엄의 한 경매장에서 카탈로그를 작성하는
일을 하고 있었다. 시계제작 전문대학을 졸업한 나는 말단에
서 시작해 그 경매장의 수석 시계전문가 자리까지 올라갔다.
업무는 항상 변화무쌍했고, 놀랄 일이 많았다. 어떤 날은 개인
소유의 은행 금고에 잠시 바깥 나들이를 나온 말할 수 없이
귀중한 시계를 다뤘고, 어떤 날은 폐품이 뒤죽박죽 섞인 상자
를 뒤적이며 가치 있는 물건이 섞여 있는지 찾기도 했다. 어느
날 아침, 나는 골동품 은제 식기가 담긴 상자 안에서 **1783년**

이라는 날짜가 찍힌 은제 이중 케이스 시계를 발견했다. 내부 케이스 안에 메커니즘이 들어 있었고, 뒤쪽에 태엽 감는 용도의 구멍이 뚫려 있었다. 앞쪽에는 돔형으로 볼록한 크리스털 아래로 문자판이 보였다. 이런 식의 돔형 크리스털은 커다란 눈알 모양으로 생겼다고 해서 황소눈 크리스털이라고도 부른다. 이 모든 것이 섬세한 메커니즘을 보호하기 위해 더 튼튼하게 만들어진 외부 케이스 안에 꼭 맞게 들어 있었다. 나는 그 시계를 밝은 작업용 조명 아래 놓고 확대경으로 들여다보았다. 문자판은 장식적인 무늬가 각인된 은판에 상감 기법을 써서 검은색 유약으로 숫자를 새겨 넣은 형태였다. 샹플레베champlevé로 알려진 기법이었다. 문자판의 중앙은 아칸서스 잎 문양을 섬세하게 투각해서 안에 든 블루드 스틸 심blued steel shim*이 언뜻언뜻 빛을 발하며 엿보이게 처리되어 있었다. 문자판 중앙 바로 위에 장식적인 글자체로 '존 윌터, 런던John Wilter, London'이라는 시계제작자의 서명이 새겨져 있었다.

여기까지는 크게 내 주의를 끌지 못했다. 나는 외부 케이스를 벗기고 내부 케이스를 열어 무브먼트를 확인했다. 도금된 황동으로 제작되었고, 역시 판각과 투각으로 세부 장식이 되어 있었다. 그런데 여기에도 '존 윌터, 런던'이라는 서명이 있었다. 호기심이 발동했다. 18세기 영국 시계치고 디자인

---

* 강철을 산화시켜 푸른색으로 만든 얇은 금속 조각 – 옮긴이.

146

146

5장

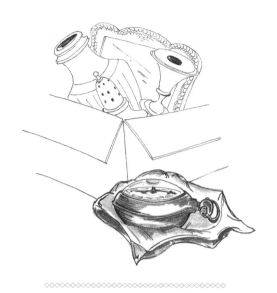

감정과 경매 목적으로 상자에 담겨
경매장에 보내진 은 식기들.

이 매우 특이했다. 아케이드 형태의 문자판은 당시 네덜란드
에서 인기를 끌었지만 영국에서는 거의 볼 수 없는 디자인이
었다. 아케이드 형태란 보통은 문자판이 완전히 원형이지만,
분을 나타내는 숫자 주위에 아치형 무늬로 부채꼴 모양의 장
식을 하는 것이다. 무브먼트의 부품도 대륙풍이었고, 런던에
서 제작된 진품 시계에 비해 질이 낮았다. 내가 가장 신뢰하는
참고 서적인 룸스Loomes의 《세계의 시계제작자들》을 꺼내
들고 페이지를 뒤져 결국 찾고자 하던 이름을 찾았다. "월터,
존―가상의 이름일 확률이 높다."

알고 보니 이 물건은 내가 그때까지 한 번도 들어보지 못한 종류의 시계였다. 소위 "네덜란드 위조품Dutch forgery"이라고 부르는 것이었다. 이 시계들은 대부분의 시계제작자가 무시하거나 비난하는 저질 제품들이었다. 대부분 영국제를 사칭했지만 스타일은 네덜란드풍이었다. 왜 영국제 시계의 모조품을 만들면서 네덜란드 스타일을 고집했을지 궁금해졌다. 그리고 존 월터는 누구였을까? 나는 시계제작자는 물론이고 그런 이름을 가진 사람이 당시 존재했었다는 증거를 하나도 찾지 못했다. 당시에는 몰랐으나 그 후 내 인생의 10년을 몽땅 이 존 월터라는 사람을 찾는 데 보낼 운명이 나를 기다리고 있었다.[*] 이 여정에서 나는 어떻게 시계가 모든 사람이 가질 수 있는 물건이 되었는지에 대해 많은 것을 배웠다.

나는 대영박물관의 시계학 연구실에서 조사를 시작했다. 셀 수 없을 만큼 긴 시간을 자원봉사와 연구로 보낸 곳이라 여러 면에서 내 정신적 고향 같은 곳이었다. 그 방까지 가려면 전시관을 둘러보는 관광객들을 이리저리 피하고, 다른 언어로 웅성웅성 들려오는 소음을 헤쳐나가야 했다. 고백하자면 보안을

---

[*]   존 월터와 네덜란드 위조품은 나의 박사 논문 주제가 되었다.

'월터, 런던'이라는 서명이 된 아케이드 디자인의 샹플레베 시계 문자판.
중앙의 아칸서스 잎 문양은 문양을 남기고 나머지를 모두 제거하는 방식
으로 투각되어 아래에 있는 푸른색 금속이 드러나도록 만든다.

시간을 위조하다

위해 막아놓은 장애물 옆을 돌아 웅장한 떡갈나무 더블도어를 열고 전시관을 빠져나가는 나를 지켜보는 관광객들의 호기심 어린 눈길을 받는 것이 늘 즐거웠다. 내 키보다 몇 배나 큰 문을 여는 것은 묘하게도 힘이 나는 일이었다.

대영박물관 그레이트 코트의 대리석 바닥에는 테니슨의 인용구가 새겨져 있다. "수천 년 후 너의 발이 지식의 중심에 서게 하라." 물건의 감촉을 즐기고 사물 중심으로 사고하는 나 같은 사람에게 대영박물관은 진정한 지식의 성전이다. 아무리 자주 방문해도 문을 열 때마다 비밀의 세계로 통하는 문을 여는 느낌이다. 숨겨진 보물의 방대한 네트워크의 세계.

훌륭하고 규모가 큰 박물관은 방대한 컬렉션의 극히 일부분만 대중에 공개된다는 점에서 빙산과 같다. 마치 안심시키는 듯한 철커덕 소리를 내며 웅장한 문이 내 뒤로 닫히면 빙산의 일각은 내 뒤로 사라진다. 그리고 즉시 소리의 느낌이 달라진다. 바닥에서 천장까지 귀중하고 오래된 책들이 그득 꽂혀 있고 골동품 유리문이 달린 책장이 죽 늘어선 길고 조용한 복도를 걸어간다. 지하실로 한 계단 한 계단 내려가면서 온도가 떨어지는 것을 감각한다. 이제 벽은 밝은 흰색 타일로 덮여 있어서 런던 지하철역과 빅토리아 시대의 병원을 섞어놓은 분위기다. 청동시대 토기들이 보관된 캐비닛 사이에 내 목적지가 있다. 종이 달린 눈에 띄지 않는 문. 문을 열어준 큐레이터는 괘종시계가 가득 늘어선 방으로 나를 안내해 준다. 그리고 맨 끝에 기다란 마호가니 케이스 두 개가 등을 맞대고 서 있다. 거기에는 대영박물관이 소장하고 있는 4,500개의 시계가 수백 개의 견본 서랍에 줄 맞춰 보관되어 있다. 이 컬렉션은 소형 시계가 발명된 16세기부터 현재까지 시계의 역사를 망라한다. 거의 모든 유명 제작자의 작품은 물론 역사의 뒷골목으로 사라져버린 무명의 장인들이 만든 작품들도 있다. 그리고 수십 개의 네덜란드 위조품도 있다.

시계 컬렉션은 박물관의 모든 컬렉션 중 유일하게 큐레이터가 보존 작업도 함께 진행하는 분야다. 연구 대상을 돌보기 위해 이론가가 실무자도 되어야 하는 드문 분야 중 하나가 시계학이기 때문이다. 나는 큐레이터-보존가 사이에서 마음이 맞는 이들을 많이 만났다. 내가 2008년 자원봉사를 시작했을 당시 수석 큐레이터였던 데이비드 톰슨David Thompson은 내 비공식적 멘토 역할을 해주었고, 후에 내 박사 학위 지도교수가 되었다. 그는 1990년대 말에 문을 닫은 옛 해크니 시계학 칼리지에서 공부한 후 33년 동안 대영박물관의 시계 컬렉션을 돌보았다. 내가 시계학적 탐구의 맛을 알게 된 것은 그 덕분이다. 그의 사무실은 몇 백 년 된 시계학 문헌으로 북적거리는 책장들 너머에 놓인 책상 하나였다. 그는 사서의 기억력을 가지고 있었고 즉답할 수 없는 질문과 맞닥뜨리면 (그런 일은 매우 드물었다) 둘러싼 책장에서 바로 관련 정보를 찾아내곤 했다. 내 연구실은 데이비드의 사무실을 모델로 하고 있다.

데이비드가 은퇴한 후 폴 벅Paul Buck이 그 자리를 맡았다. 그는 지구상에서 가장 흥미로운 사람 중 한 명일 것이다. 그는 매번 내가 놀라서 입을 다물지 못할 이야기를 해준다. 내 남편이 "털모자를 쓰고, 옛날 과자를 먹으면서, 양말 위에 샌들을 신고, 창고에서 오래된 물건이나 뒤적거리는 괴짜들"이라고 묘사하는 사람들로 가득한 분야에서 그건 쉬운 일이 아니다. 우리 시계제작자들은 보통 사람들이 말하는 '쿨'한 부류는 아니다. 지나간 시대의 엔지니어들로, 실내에 틀어박힌 채 다른 인간과의 접촉은 거의 없이 눈이 쏙 빠질 정도로 작은 물건들을 가지고 작업을 한다. 그러나 펑크 록 밴드 999의 드러머 파블로 라브리탱으로도 알려진 폴은 예외다. 그의 전문 분야는 골동품 뻐꾸기시계(정식 명칭은 '블랙 포레스트 시계Black Forest clocks')지만 그는 오랫동안 점심시간에 박물관의 라듐실에서 드럼을 연습해 왔다. 그곳은 방사성 물질이 포함된 모든 물체를 배기구 달린 철제 화학용품 저장 캐비닛에 넣어 보관하는 방이다. 방사능 방에서의 드럼 연주보다 더 '펑크'한 일이 또 있을까.

폴은 재능 있는 드러머인 동시에 뛰어난 복원가이자 스승이다. 섬세한 퓨제 체인을 수선하는 힘든 과정을 내게 가르쳐준 사람도 폴이다. 그는 원형 바늘의 끝을 삼면 커터로 다듬어서 각 링크를 잡고 있는 작은 핀들과 연결된 리벳을 자르는 방법을 가르쳐 주었다. 그는 파손된 곳 양쪽의 핀과 링크를 잘라내고 남은 부분을 다시 연결하는 법도 보여주었다. 그리고 현대식 탄소강 바늘 대신 바느질할 때 쓰는 보통 바늘을 사용하라고 했다. 오랜 작업 경험 끝에 수백 년 전에 그 시계들을 만든 사람들이 사용한 금속과 더 비슷한 것은 평범한 바늘이라는 사실을 깨달았기 때문이다.

폴과 데이비드는 내게 네덜란드 위조품 시계들을 분해해도 좋다고 허락해 주었다. 나는 법의학자처럼 현미경과 엑스레이, 엑스레이 형광 스캐닝 등을 사용해서 이 시계들이 태어나고 살아온 삶이 어떤 것이었는지 재현하는 작업을 시작했다. 모든 시계가 월터의 시계처럼 버지 시계였다.[79]

✦━━━━◆◆◆━━━━✦

학생 시절, 버지 시계를 처음으로 복원할 때 선생님에게 어느 정도 수준의 시간 측정을 목표로 해야 할지 물었다. 그다지 용기를 북돋아주지 않는 대답이 돌아왔다. "그냥 다시 작동하게 하는 것만으로도 큰 성과야." 현대의 많은 복원가가 이런 시계들의 수선 작업을 거부한다. 무엇보다 수백 년에 걸쳐 수없이

●   폴의 은퇴 후 (여전히 999와 투어를 다니기는 한다) 그 자리를 올리버 쿡과 로라 터너가 물려받았다. 두 사람의 끊임없는 인내와 지지에 깊은 감사를 보낸다.

임기응변으로 보수되어 온 시계들이 많아 제대로 복원하려면 그 엉터리로 수선된 부분부터 조심스럽게 원상복구 해야 하는 경우가 많다. 나도 네덜란드 위조 시계 작업을 한 적이 있다. 외부 케이스에 트로이의 헬레네 납치 사건을 레푸세*repoussé* 기법®으로 묘사해 놓은 장식이 많이 닳아 있었다. 하지만 이전에 복원 작업을 했던 사람이 헬레네의 얼굴이 닳은 부분을 서툴게 복원하는 바람에 1,000척의 배가 전쟁에 뛰어들게 만든 미인이 아니라 뭉크의 〈절규〉에 가까운 모습이 되고 말았다. 한편 무브먼트는 녹과 먼지, 그리고 옷에서 떨어진 실오라기 등으로 막혀 있어서 모두 조심스럽게 제거해야 했다. 베어링의 경우 당시의 고급 시계나 현대 시계에는 내구성이 강한 인조 루비 같은 재료가 사용되지만 이 위조품 시계들에는 보통 황동이 사용되었기 때문에 작동을 하면서 마모가 된다. 표준화된 무브먼트가 아니기 때문에 부품도 구할 수 없다. 동시대에 만들어진 다른 시계에서 부품을 빼오더라도 고치려는 시계에 들어맞게 하려면 힘든 수작업으로 맞춤 작업을 해야 한다. 부서진 것은 모두 손으로 직접 다시 만들어야 한다. 하지만 나는 이 시계들과 사랑에 빠지지 않을 수 없었다. 모두 저마다의 독특한 개성을 가지고 있었다. 하나같이 나름의 별스러움을 지니고 있었다. 마치 멈추기 직전의 낡은 자동차나 다 떨어져

®　　얇은 금속판을 아래에서 두들겨 양각이 되도록 무늬를 새기는 기법.

가는 최애 청바지처럼 버릴 수 없는 사랑스러움이 있었다.

　　그러나 애초에 시계가 비싼 물건이었던 이유가 바로 이 손으로 만드는 부품들 때문이었다. 시계제작은 복잡하고도 시간이 많이 소요되는 작업이었다. 시계 하나를 만드는 데 서로 다르면서도 연결된 기술을 가진 약 서른 명의 인원이 필요했다.[80] 그 결과 18세기 영국에서 규모가 가장 큰 작업실에서조차 일 년에 몇천 점 이상의 시계를 만들지 못했다. 그럼에도 세월이 흐르면서 더 저렴하고 새로운 종류의 시계들이 전당포 창문과 시장 가판대에 등장하기 시작했다. 처음에는 한두 개씩 드문드문 보였지만 18세기 말에 이르러서는 영국의 기존 시계 산업이 생산할 수 있는 수량을 훨씬 초과한 물량이 시장을 휩쓸었다. 누군가, 어디에선가 시계를 더 빠르고 저렴하게 만들고 있었던 것이다.

⚜ ━━━━━━ ⚜

앞에서도 언급했듯이 런던의 시계제작 분야는 일종의 엘리트 남성 클럽과도 같았다. 시계제작자 길드가 요구하는 길고도 비싼 런던 내에서의 견습 과정을 감당할 수 있는 것은 소수 특권층에 한정되어 있었고, 이를 통해 런던에서 생산될 수 있는 시계 생산량을 제한했다. 그 결과 시장은 런던의 적은 시계 생산량을 보완하기 위해 다른 곳과의 무역에 눈을 돌리게 되었다. 늘어가는 시계 수요에 발맞추기 위해 제작자들은 이제는 에보쉬*ébauches*라 부르는, 다른 제작자가 마감 처리를 하고 브랜드만 넣을 수 있도록 준비된 가공 전 무브먼트에 점점 더 의존하게 되었다. 에보쉬는 처음에는 랭커셔, 후에는 코번트리의 작업실에서 공식 견습 과정을 거치지 않은 장인들 손으로 제작되었다. 북쪽 지역의 한 노동자는 이렇게 말했다. "명장이 되려는 사람들만 정식 수습 과정을 밟았고, 보통의 노동자들은 그런 과정에 발을 들여놓은 적도 없다."[81]

　　그러나 최고 수준의 시계제작 장비, 시계 부품, 그리고 에보쉬가 생산되던 랭커셔 프레스콧 지역의 일화들을 통해 견습 과정을 거치지 않은 제작자들이 뛰어난 수준의 솜씨를 발휘하고 있었음을 알 수 있다. 기하학 용어 '에피사이클로이드 커브'를 이야기하면 바보처럼 멍하게 쳐다보기만 하는 장인이 확대경도 없이 맨눈으로 미세한 '월계수' 형태 톱니바퀴를 척척 제작해 내곤 하는 일화가 전해 내려온다.[82] 이런 식의 시계제작은 부업인 경우가 많았다. 자신과 가족이 먹고 살기에는 충분한 땅을 가지고 있지만 다른 수입원이 전혀 없는 농부들이 방직, 직조, 시계제작 같은 일에 참여해 수입을 보충하는 경우가 흔했다. 이 지역의 일부 제조업자들은 소규모 농장에 작업실을 차리고 본업과 병행해서 운영하기도 했다.[83] 이런 곳에서 솜씨 좋게 제작된 시계 부품들은 런던과 영국 전역의 시계제작자들에게 팔려 나가 완제품 시계로 탄생했다.

영국의 시계 생산량과 가격 경쟁력은 노동시장의 여성 배제 때문에 더욱 한계가 있었다. 장인 문화는 항상 배타적으로 남성 중심이었다.[84] 시계제작 길드에 마스터와 견습생으로 등록된 여성들이 있기는 했지만 대부분 모자제작자였다(모자제작자들은 당시 그들만의 길드가 없어서 다른 업종의 길드에 등록했다). 모든 직종에서 정식 견습생으로 등록된 여성의 수는 엄청나게 적어서 1~2퍼센트에 그쳤다.[85] 지금까지도 진행 중인 한 연구에 따르면 17세기부터 20세기 사이에 시계제작과 관련이 있었던 것으로 확인된 여성을 1,396명밖에 찾지 못했다. 많은 수처럼 들릴지 모르지만 1817년 한 해에만, 그것도 런던 안에서 시계제작에 관여한 인원이 2만 명에 달했다는 사실을 감안하면 절대로 많은 숫자가 아니라는 사실을 실감하게 된다.[86]

다른 곳, 가령 스위스나 이후 미국 같은 곳에서는 여성들을 두 팔 벌려 환영하는 시계제작 작업실이 많았다. 이런 상황이 직장 내 성평등을 고려한 것이라고 말하고 싶긴 하지만, 사실은 여성에게는 더 낮은 임금을 지불할 수 있었으니 그들이 만든 시계 또한 더 저렴하게 팔 수가 있어서였다.

여성 시계제작자의 수는 지금도 많지 않다. 나는 이 분야에서 희귀한 존재였고, 지금도 그렇다. 이는 불안증이 있고, 만성적

인 가면증후군을 가진 사람에게는 축복이자 저주였고, 지금도 그렇다. 다르면 쉽게 눈에 띈다. 눈에 띄면 장점도 있지만, 단점도 있다. 나는 훌륭한 친구들과 멘토들의 지원을 받는 행운을 누렸다. 그들이 없었다면 훈련 과정을 끝내기 힘들었을 것이다. 그러나 공격도 많이 받았다. 맨 처음 들어간 작업실의 동료들은 내가 여자라서 성별 비례를 맞추고자 고용된 것일 뿐이라고 확신했고, 그 생각을 내게도 확연히 드러내는 사람이 있었다. 내게 여름 방학 인턴십을 제안한 사업장에 그 제안을 철회하고 대신 자신의 남학생 세자에게 그 자리를 제공하라고 탄원서를 낸 강사도 있었다. 여성을 시계제작자로 훈련하는 건 소용이 없다며, 결국 아기를 낳고 나면 직업을 포기할 게 뻔하다고 한 사람들도 있었다. "당신, 전혀 특별하지 않아, 알지?"하는 말도 여러 차례 들었다. 그럴 때마다 나는 되뇌었다. 어떻게 내가 스스로를 특별하게 여긴다고 믿는 사람이 있을까? 아마도 나는 평생 외부인이라는 느낌을 가지고 살 것이다.

어느 날 아침, 작업실로 가는 차 안에서 BBC 라디오의 〈위민스 아워Women's Hour〉를 듣고 있었다. 케임브리지 대학교의 모건 시그Morgan Seag 교수가 1983년까지 영국 남극조사단BAS이 여성의 남극 방문을 금지한 이유에 대해 설명하고 있었다. 뻔한 핑계는 많았다. 그때는 시대가 그랬다, 화장실도 적고, 가게도, 미용실도 없으니 여성들은 관심이 없을 것이라 생각했다, 남성의 세계에 여성이 들어가서 끼칠 영향이 염려

되었다… 등등. 하지만 가장 내 주의를 끈 것은 얼음을 남성성의 무대로 보고 여성이 그 무대를 약화시킬지 모른다는 두려움이 존재했다는 설명이었다. 로버트 스콧과 어니스트 섀클턴 같은 개척 탐험가들이 영웅의 환상을 만들어냈다. 끔찍한 빙하의 크레바스들과 극한의 날씨, 굶주림을 헤치고 미지의 세계로 나아가는 용감한 남성 영웅. 리즈 모리스Liz Morris 교수는 1987년부터 1988년까지 남극 대륙 내륙에서 연구한 최초의 여성이다. 그는 자신이 연구에 참여하는 것을 반대하는 남성들이 있었고, 미국측 남극 탐험 지도자 조지 J. 듀펙George J. Dufek 의 견해를 빌어 "특별한 신체적 기술도 없는 중년 여성이 해낼 수 있는 일이라면 남자들이 어떻게 영웅이 될 수 있겠는가?"라고 말하는 남성이 여럿 있었다고 전했다.

문득 똑같은 일이 내가 몸담은 분야에서도 일어나고 있다는 생각이 들었다. 젊은 시계제작자들도 영웅담을 들으며 성장한다. 하위헌스, 톰피온, 그레이엄, 머지, 해리슨 등은 모두 자기 시대의 가장 큰 과학적 난제를 해결하기 위해 놀라운 공학적 작품을 고안해 낸 시계제작 황금기의 천재들이었다. 이 남성들―그들은 모두 남성이었다―은 귀족들과 어울리고, 기발한 기계로 청중들을 열광시키고, 마법에 걸린 것처럼 혼자서 움직이는 작디 작은 물건을 만들어냈다. 사회적으로 시계의 메커니즘은 너무도 완벽하고 복잡한 것의 전형으로 받아들여져서 (다시 한번 늘 남성으로 인식되는) 신의 존재를 반박하는 논쟁에 사용되기까지 했다. 1631년에 시계제작 길드가 설립되었을 때, 이들은 "시계제작의 기술과 신비함을 공유하는 조합"을 돌보고 감독하겠다는 헌장을 선언했다. 지금까지도 시계제작은 특별한 소수의 사람만이 이해할 수 있는 주술 같은 이미지를 가지고 있다. 그러나 여기 내가 있다. 사회적으로 미숙하고, 문신이 있고, 노동 계급 출신의, '특별한' 구석은 한 군데도 없지만 시계제작자인 나 말이다. 나 같은 사람이 시계제작 장인이 될 수 있다면 누구라도 그렇게 될 수 있다.

내가 수상쩍은 존 윌터 같은 인물이 그토록 매력적이라 생각한 것도 무리가 아니다. 흙수저인 내가 또 다른 흙수저에게 끌렸던 것이다.

나는 대영박물관에서 동일한 에보쉬 제작자의 서명(제판업자 서명이라 부르고 문자판 아래에 숨겨져 있다)이 된 무브먼트를 사용하고 다양한 가짜 브랜드 이름을 새긴 시계를 여러 개 발견했다. 소수의 작업실에서 당시 영국에서는 찾아보기 힘든 규모의 엄청난 수량의 시계를 만들어내고 있었던 듯하다. 영국 북부에서 가장 활발하게 돌아가던 작업실에서조차 따라갈 수 없는 속도였다. 언뜻 보면 이 시계들은 네덜란드제인 것처럼 보인다. 분을 표시한 문자 주변을 부채꼴 모양으로 장식한 점이나 밸런

스 브리지의 모양, 그리고 밸런스 휠의 상단 피벗을 고정하는 부품 등이 모두 영국풍이 아니라 네덜란드풍이었기 때문이다. 그러나 납득이 가지 않는 수량이었다. 당시 네덜란드 공화국에도 다수의 재능 있는 시계제작자들이 존재했으나 런던에 비하면 네덜란드의 시계 산업은 소규모에 불과했고, 시장에 나오는 엄청난 수의 '네덜란드 위조품'을 생산할 만큼의 규모가 전혀 아니었다.

이 시계들에 숨겨진 서명과 흔적들을 연구하고, 기록보관소의 기록과 비교해 본 후 나는 당시 무슨 일이 벌어지고 있었는지 추리해 낼 수 있었다. 네덜란드 상인들이 실제로 네덜란드풍의 시계를 주문했지만, 소비자들이 런던에서 제작된 시계를 선호한다는 것을 알고 있었기 때문에 높은 가격을 받겠다는 기대를 안고 영국식 이름을 새겨 넣게 한 것이었다. 요즘 우리가 독일제 자동차, 일본제 사진기, 벨기에제 초콜릿을 선호하는 것과 비슷하다. 그러나 흥미롭게도 이 위조 시계들이 만들어진 곳은 네덜란드도 영국도 아니었다. 품질보증 마크, 숨겨진 서명, 동시대 증언 기록, 신문 기사, 심지어 이 시계들이 태어난 곳에서 발견된 기록 등을 살펴볼 때 의심할 여지가 없다. 이 시계들의 고향은 스위스였다. 스위스에서는 18세기 초부터 시계 생산에 대한 새로운 접근법이 발달하고 있었다. 바로 '에타블리사주 *établissage*'라고 알려진 방식이다.

전통적으로 시계제작은 숙련된 장인들로 이루어진 소

규모 집단에 의지해 다양한 종류의 작업장들 사이에서 제품이 왔다 갔다 하면서 완성되는 방식으로 이루어졌고, 영국의 비공식적인 시계 거래는 가내 수공업에 의존했다. 그런데 에타블리사주는 더 많은 수의 노동자를 한 지붕 아래 모아서 일하게 하는 방법이었다. '제조장manufactory'이라 부르는 이곳에서는 체인 제조, 스프링 제조, 휠 커터, 피니언 제조 등 특정 업무를 담당한 장인들이 나란히 일을 하는 조직화된 생산 라인을 사용했다. 사용하는 기술과 장비는 전통적인 제조 방법과 같지만, 에타블리사주 시스템은 단일 기업의 관리 아래 극적으로 생산을 능률화했다. 대단히 효율적인 이 방식 덕분에 제조장에서는 엄청난 숫자의 시계를 생산할 수 있었던 것이다. 영국에서 가장 규모가 큰 작업장에서 일 년에 생산할 수 있는 시계가 몇천 개에 불과했던 데 비해, 스위스의 제조장에서는 일 년에 4만 개까지 생산할 수 있었다. 이 작업 방식은 시계 산업 분야에 혁명적인 변화를 가져왔다. 에타블리사주 덕분에 유럽의 시계 생산량은 18세기를 거치는 동안 극적으로 향상되어 1750년경 이후로는 일 년에 4만 개, 어쩌면 그 이상에 이르렀다.[87]

스위스는 지리적으로 국제적 시계 거래에 완벽한 위치에 있었다. 유럽 대륙을 횡단하는 무역 경로가 스위스를 거치고 있었던 것이다. 유럽 대륙 북쪽의 발트해와 남쪽의 지중해를 연결하는 수송 경로인 라인강과 론강 사이를 끊임없이 오

두 발 밸런스 브리지. 18세기 영국 시계에서 흔히 쓰인 한 발 밸런스 브리
지와는 다르지만 네덜란드와 스위스 등 유럽 대륙에서 인기를 끌었다.

가는 네덜란드, 프랑스, 영국 상인들이 모두 스위스를 거쳤
다.® 두 강을 잇는 육로에 시계 제조장이 촘촘하게 형성된 것

®   나는 이 시계들이 어떻게 전 세계로 퍼졌는지에 관한 수많은 문헌을 읽었
다. 위조 시계 판매 시장은 최종 소비자가 있는 곳까지 물건들을 밀수하는
지하 범죄 조직의 활동으로 그늘졌다. 시계는 크기가 작아서 트렁크의 옷
가지 아래나 빈 와인 박스 등에 숨겨 많은 양을 쉽게 운반할 수 있었다. 심
지어 사나운 개에 묶어서 운반하는 방법도 언급된다. 1842년, 프랑스 세관
국장은 국경에서 일하는 직원들이 '광란 상태'에 빠진 개 떼의 습격을 받았
다고 보고했다. 밀수꾼들은 개들에게 먹이도 주지 않고 매질한 후 몸에 시
계를 묶어 산악 지대인 프랑스와 스위스 국경을 넘게 했다. 최대 12킬로그
램의 시계를 묶고 국경을 넘은 개들은 먹이와 좋은 대우가 기다리는 주인
의 집으로 서둘러 돌아갔다. 나는 마치 마조히스트적인 전서구처럼 '야생'
개들이 가학적인 주인을 찾아 산을 넘도록 훈련했다는 이런 이야기에 대
해서는 다소 회의적이다. 다정하고 대충 훈련된 스태퍼드셔 불테리어 믹
스견인 우리 아치는 한눈팔지 않고 작업실 한쪽에서 다른 쪽 끝까지 가는

은 이 산업이 상인들의 주도로 발달했다는 강력한 증거다. 유럽 전역, 그리고 그 너머까지 교역을 위해 빈번한 여행을 하는 상인들은 변화하는 유행을 훨씬 더 빠르게 파악했고, 가내수공업적인 작업 방식에서 벗어나지 못하고 밤낮으로 일에 매여 있는 장인들보다 시장의 수요에 훨씬 더 민감했다. 이로 인해 시계제작의 패러다임이 변화했다. 시계를 만든 장인들을 대신해 상인들이 물건을 팔아주던 관행에서 상인들이 장인들에게 무엇을 만들지 요청하는 방식으로 바뀐 것이다.

대영박물관의 시계 컬렉션을 뒤질 때 나는 늘 네덜란드 위조 시계들이 가상의 원산지를 어디로 표기했는지 살폈다. 존 월터 시계도 몇 개 더 발견했다. 흥미롭게도 그중 소수는 매우 좋은 품질의 영국풍 시계들이었지만, 대부분은 저급한 네덜란드풍의 위조품이었다. 이에 더해 무브먼트에서 온갖 종류의 철자 오류를 발견했다. 스팸 메일에서 자주 보이는 의심스러운 오타와 비슷한 실수들이었다. 유명한 부자父子 시계 제작자인 조셉 윈드밀스와 토마스 윈드밀스를 '윈트밀스, 런던'이라고 표기한 시계도 있고, '조스 윈드미엘스, 런던'이라고 표시한 시계도 발견했다.[88] '빈드밀' '윈트밀' '윈더밀' '빈더

것도 힘들어한다. 매년 스위스 밖으로 유출되는 수십만 개의 시계는 그보다 좀 더 신뢰할 만한 방법으로 운송되었을 것이다. 수레에 실어 인적이 드문 산길을 통하거나 론강과 라인강을 오가는 선박과 상인들을 통해 옮겨졌을 것이다.

밀'이라고 새긴 시계도 발견했다. 존 월커와 존 빌터도 있었는데, 윈드밀스 부자와는 달리 이 위조품 제작자들이 모방하려고 했던 존 월터라는 인물은 여전히 누구인지 밝혀내지 못했다. 아마도 네덜란드어를 쓰는 상인들이 영국식 이름을 가진 시계를 프랑스어를 사용하는 스위스의 제조장에 주문 제작하는 통에 뭔가가 번역 과정에서 누락되었던 듯하다.

　　그러나 네덜란드 위조품에는 굉장히 큰 의미가 있다. 런던에서 제작된 진품의 반값 이하로 판매되던 이 시계들은 최초의 대량생산된 시간 측정 기구이다. 휴대 가능한 시계가 극도로 부유한 사람들만의 전유물이 더는 아니게 된 시점이 바로 이때다. 이 시계들은 정확도나 신뢰도 향상에 기여하거나 기술적, 미학적으로 혁신적이지도 않았지만 값이 저렴했다. 이 시계들이 흥미로운 것은 바로 이 점 때문이다. 휴대용 시계가 발명된 후 처음으로 보통 사람도 시계를 살 수 있는 길이 열린 것이다. 18세기가 저물어갈 무렵 휴대용 시계는 더 넓은 계층의 사람들이 흔히 착용하는 장신구가 되어가고 있었다.

내가 발견한 월터 시계는 18세기에 벌어진 가장 의미 있는 사회경제학적 발전, 즉 모방이라는 현상을 보여주는 증거물이다. 1760년대 이후 산업혁명의 물결을 타고 탄생한 신흥 중산

층은 그들의 재정적 한계를 넘어서는 열망을 가지고 있었다. 극장, 공원, 무료 박물관과 미술관들은 부유층과 그들을 닮고 싶다는 열망을 가진 신흥계층이 접촉할 기회를 제공했다. 문해율이 향상되고 인쇄물이 비교적 흔해지면서 사람들은 신문을 통해 상류층의 생활과 소유물들을 엿볼 수 있게 되었다. 이는 사치품을 소유하고자 하는 욕망에 부채질했다. 그러나 사치스러운 물건을 살 수 있는 사람은 거의 없었으므로 등장한 해결책이 바로 가짜를 만드는 것이었다.

동양 문화에서 영감을 얻어 푸른색을 칠한 도자기에서부터 금속을 절단, 연마, 도금해서 다이아몬드처럼 보이게끔 만든 장신구에 이르기까지 급속도로 늘어나는 새로운 수요에 맞춰 가짜 사치품을 생산하는 독립된 산업 분야가 생겨났다. 1742년경에 발명된 셰필드 플레이트Sheffield Plate❿는 계층 상승의 의지가 있는 사람들 사이에서 큰 인기를 누렸다. 조지 시대[1714~1830년]의 저녁 파티에서 밝지 않은 촛불 아래 포도주까지 몇 잔 마시고 나면 손님들은 도금된 포크, 나이프가 아니라 매우 값비싼 순은 식기를 사용한 식사를 했다고 쉬이 착각했다. 이와 비슷하게 청동이나 황동에 금박을 입힌 오르몰루

---

❿ 훨씬 값싼 구리 기저 금속 위에 얇은 은판을 압연, 프레싱 가공하는 기법으로 촛대와 기타 식탁 용품에서 디너 세트 전체에 이르는 모든 제품에 사용되었다. 제작자들은 환상을 더 현실적으로 연출하기 위해 놀라울 정도로 진품과 유사한 로고와 상표를 고안해 냈다.

ormolu 제품 또한 집안 전체에 순금 장식품이 가득한마냥 손님들을 속일 수 있었다. 조지 시대의 산업가들은 모든 면에서 이웃에 뒤처지지 않으려 애를 썼고, 그런 일이 가능했다. 물론 손님들이 너무 자세히 관찰하지 않아야 하겠지만 말이다.

네덜란드 위조품 시계는 그저 이 큰 시대적 흐름의 일부분일 뿐이었다. 18세기에는 대부분의 시계가 허리띠 부분에 연결된 화려한 장식의 체인에 달린 회중시계 형태였고 소유자의 부와 지위를 과시하는 상징이었다. 이는 너무도 널리 받아들여지는 개념이어서 1797년 영국 총리 겸 재무장관 윌리엄 피트는 '시계소유세'를 도입했다. 그는 시계 소유가 사치의 표현이며, 추가 세금을 낼 능력이 있다는 증거라고 선언하여 이 새로운 세금을 정당화했다.[89] (말할 필요도 없이 이 세금에 대해서는 원성이 자자했다. 중산층은 반발했고, 일부는 심지어 금으로 된 시계 케이스를 떼어내고 더 저렴한 금속으로 새 케이스를 만드는 방법까지 동원해서 세금을 피하려 했다.)

한 세기 전까지만 해도 공공장소에 있는 대형 시계를 기준으로 생활하는 것이 일반적이었지만 이제 개인 소유의 휴대용 시계를 어디에서나 찾아볼 수 있게 되었다. 시각 예술에서도 그 증거를 찾아볼 수 있다. 가령 윌리엄 호가스William Hogarth

는 연작에 등장하는 인물들의 변화를 추적하는 도구로 시계를 사용한다. 그의 유명한 연작 〈매춘부의 일대기 *A Harlot's Progress*〉는 순진한 시골 소녀 몰 해커바우트의 타락을 그린다. 최후에 가까워질수록 (몰은 투옥된 후 성병으로 사망한다) 그의 판화에 등장하는 시곗바늘도 '마지막 순간'을 상징하는 11시에 가까워진다.[90] '매춘부'인 몰이 비싼 '리피터 회중시계'를 소유하고 있다는 사실은 꽤 흥미롭다.

시계가 널리 확산 되면서 그에 못지않게 거리에서 소매치기나 강도를 당하는 일도 잦아졌다.[91] 존 게이John Gay 의 〈거지 오페라〉(1728)에서는 소매치기들이 가장 선호하는 전리품이 시계라고 묘사된다. 시계는 도둑들 사이에서도 인기가 있어서, 매춘과 같은 서비스의 대가로 지불하거나 도박 빚을 갚는 데 널리 사용되었다. 윌리엄 호가스의 〈난봉꾼의 편력〉(1735)의 네 번째 판화에서도 이런 정황이 그려진다.[92] 올드 베일리°의 기록을 보면 여관, 선술집, 가판대 등이 소매치기들의 주무대였고, 보통 저녁 8시부터 밤 11시 사이가 가장 도난이 많이 벌어지는 시간대였으며(이 시간대에 도난 신고의 거의 절반이 들어왔다), 자정이 지나면 잠잠해 지다가 아침 7시 경부터 다시 증가했다. 술에 절어 있다가 숙취로 깨질 듯한 두통 때문에 일어난 사람들이 시계를 도난 당했다는 것을 깨닫고 신고를

●   영국의 중앙 형사 법원 – 옮긴이.

하는 시간이 바로 아침 7시경이었을 것이다.[93] 훔친 시계는 전당포와 중고 상점을 통해 런던의 어두운 범죄 세계에서 빠르고 쉽게 유통되었다. 부도덕한 보석상들은 장물 취급도 주저하지 않았고, 상표나 홀마크를 수정해서 주인이 알아보지 못하도록 손 대는 일을 하는 시계제작자들까지 있었다. 1722년 다니엘 디포Daniel Defoe가 발표한《몰 플랜더스》의 활력 넘치는 주인공은 문학 역사상 가장 유명한 소매치기 중 하나로 순진한 행인에게서 소매치기한 것이리라 추정할 수 있는 시계를 자주 사용한다.

올드 베일리의 기록을 살펴보면 시계 소유와 도난이 증가했다는 사실뿐 아니라 시간에 대한 인식 수준이 높아졌다는 것도 알 수 있다. 18세기에는 어떤 일이 구체적으로 몇 시에 일어났다는 목격자 증언이 범죄 보고서에 포함되는 경우가 점점 더 많아졌다. 1775년 햄스테드와 런던 사이에서 강도를 만나 은제 이중 케이스 시계를 도난당한 후 법정에 나선 토마스 힐리어Thomas Hillier는 해당 사건이 밤 9시 15분경에 발생했고, 그 험한 일은 1분에서 1분 15초 정도 걸렸다고 진술했다. 힐리어의 진술이 특히 구체적인 편이기는 하지만 그는 이 시기 런던에서 범죄 신고를 하면서 구체적인 날짜, 시간, 그리고 사건 지속 시간을 진술한 수천 명의 런던 시민 중 한 사람이었다. 시간에 대한 인식이 서서히 그러나 확실히 자라고 있었던 것이다.[94]

18세기의 휴대용 시계와 시간에 관한 이야기는 완전히 다른 두 가지 측면이 있다. 해상 크로노미터의 등장, 고등교육을 받은 과학자들이 제작한 시계 등 한편으로는 시계제작의 영광스러운 황금기가 펼쳐지고 있었지만 다른 한편으로는 위조 시계와 모조 시계가 제작되고 판매되는 부패 현상도 벌어지고 있었다. 나는 이 어두운 면도 밝은 면 못지않게 흥미롭다고 생각한다. 네덜란드 위조품은 장인 시계제작자와 부유한 후원자 사이의 관계를 교란했다. 그 덕에 저렴한 시계제작에 엄청난 발전이 이루어졌고, 이후 등장한 회사들이 진정 모든 사람이 소유할 수 있는 시계를 개발할 수 있는 길을 열었다. 그런 이유에서 내게는 위조 시계도 해리슨의 크로노미터 만큼이나 시계학의 역사에서 중요한 의미를 지닌다. 소수의 엘리트에게만 허락되는 혁신이라면 그것이 진정으로 세계를 변화시켰다고 주장할 수 있을까? 값싼 휴대용 시계는 시간에 대한 접근성을 확장함으로써 부자와 가난한 사람들, 귀족과 민중 사이의 격차를 좁혔다. 시간을 민주화한 것이다.

하지만 존 월터는? 월터라는 인물도 그냥 만들어낸 가짜였을까? 몇 년 전, 나는 우연히 1817년 하원 청문회 기록을 뒤적이다가 동시대인이 그의 이름을 언급한 기록을 발견했다. 존 월

터 신화의 배후 세력을 알고 있다고 주장한 사람의 증언이었다. 종이 위에 쓰인 그 이름, 오랫동안 내 뇌리를 떠나지 않았던 그 이름을 본 순간 온몸이 잠깐 얼어붙었던 것을 기억한다. 나는 서류에서 잠시 눈을 돌리고 숨을 깊게 들이쉰 다음 다시 읽기 시작했다. 또 다른 시계제작자였던 헨리 클락이라는 증인은 이미 세상을 떠났다는 그 인물에 대해서 존경하는 어투로 묘사하고 있었다. 그 인물은 상인이 주문한 시계를 만들었는데, 주문에 따라…

'윌터스, 런던'이라는 가짜 이름이 새겨진 시계 브랜드를 만들었습니다. 그 시계들은 매우 잘 만들어져서 제작자는 칭찬받아 마땅하고, 본인 이름을 새겨야 하는 제품들이었습니다. 다른 사람들이 재빨리 그 시계의 외양을 본 딴 제품을 만들기 시작했지요… 〔그러나〕 그 시계들의 날짜 표시는 엉터리였고, 바늘을 움직이는 기어도 없었으며 피벗 홀에 보석이 박힌 것처럼 보이게 만들어진 것들이었습니다. 마지막으로 그런 가짜 시계를 봤을 때는 34실링에 판매되고 있었습니다. 하지만 아무 쓸모도 없는 엉터리 물건들이었습지요. 그렇지만, 맨 처음 그 이름으로 가짜 시계를 만든 사람의 제품은 한 개에 8기니를 받아도 과하지 않은 정도였습니다.[95]

나는 월터가 진짜인 동시에 가짜라는 사실을 깨달았다. 월터는 아마 적당히 영국풍으로 들리지만 추적할 수 없는 이름을 원했던 네덜란드 상인이 지어낸 가명이었을 것이다. 하지만 그 상인이 시계제작을 주문한 사람은 상당한 기술을 가진 진짜 영국인 시계제작자였다. '존 월터'는 일종의 브랜드가 되었다. 그리고 그 상인은 월터 시계를 유럽 대륙에서 더 싸게 제작하면 수익을 더 올릴 수 있다는 사실을 깨달았을 것이다. 이 각본을 적용해 보면 내가 대영박물관에서 발견한 매우 좋은 품질의 월터 시계 몇 점과, 같은 이름을 가진 전형적인 네덜란드 위조 시계 몇 점들의 사연을 완벽하게 설명할 수 있다. 이 짧은 증언은 내가 그전까지 설명할 수 없었던 공백을 채워주었다. 이 시계들은 왜 우리가 가짜를 깔보지 않아야 하는지 잘 알려주는 좋은 예다. 가짜라 할지라도 해당 산업 분야, 심지어 경제에 이르기까지 세상에 대한 우리의 이해를 도울 수 있는 엄청난 가치를 지니고 있기 때문이다. 학자로서 나는 위조품들을 연구했고, 몇 개는 직접 소장하고 있다. 그중 악명 높은 존 월터 시계가 내게 가장 소중하다.

혁명의 시간

때로 마음은 우리를 속이고 실망시킨다. 방심하지 않는 자들이 결국 옳다.
신, 브레게 시계처럼 위대한 신은 우리에게 믿음을 주었고, 그것이 좋다고
보시고, 시계처럼 방심하지 않는 눈watchful eyes 을 우리에게 주시었다.

빅토르 위고, 〈노래들Les Chansons〉, 1865년.

2006년 8월, 예루살렘의 L.A. 마이어 이슬람 예술 박물관의
예술감독 레이철 하손Rachel Hasson 은 텔아비브의 시계제작자
시온 야쿠보프Zion Yakubov 의 전화를 받았다. 도난당한 골동
품 시계들이 발견되었는데 그녀가 와서 봐야 할 것 같다는 내
용이었다. 하손은 이런 전화를 이전에도 종종 받았지만 늘 장
난전화로 판명이 났었다. 하지만 이번에는 달랐다.

　25년 전, 이 박물관의 견줄 데 없는 시계 컬렉션이 도난
당한 사건이 있었다. 이 사건은 경찰부터 이스라엘 정보부, 심

지어 이스라엘 최고의 탐정 사무엘 나흐미아스까지 모두를 당혹시킨 미제 사건으로 남았다. 1983년 4월 15일 밤, 무엇으로도 대체할 수 없는 중요한 소형 시계와 대형 시계 106점이 사라졌다. 그중에는 감정가 3,000만 달러의 고가 시계도 포함되어 있었다. 대규모 수사가 시작되었지만, 어떤 각도의 조사도 결실을 맺지 못했다. 시간이 흐르면서 그 물건들은 세상에서 흔적도 없이 사라져버린 듯했다.

수사관들은 멀리 모스크바와 스위스까지 단서를 쫓아 다녔었지만, 결국 알고 보니 도난당한 시계들은 텔아비브의 한 창고에 보관되어 있었다. 원래 있던 곳에서 한 시간밖에 떨어지지 않은 곳이었다. 하손과 박물관 이사회 임원 중 한 명인 엘리 카한이 그 시계들을 익명으로 반환해 달라는 고객의 요청을 받은 변호사 힐라 에프론-가바이의 사무실로 갔다. 두 사람은 고유 번호로 시계들이 모두 진품임을 확인했다. 온전히 잘 보존된 것도 있었고, 손상된 것도 있었다. 하지만 그중 한 시계를 보고 하손은 눈물을 흘리지 않을 수 없었다. 누렇게 변색되어 가는 종이에 싸여 있던 그 물건은 아브라함-루이 브레게Abraham-Louis Breguet가 마리 앙투아네트를 위해 만든, 시계 역사상 가장 부가 기능이 복잡하고, 아름답고, 귀중한 작품이었다. 바로 '시계의 모나리자'라고 불리는 보물이었다.

경찰은 마침내 이 도난 사건의 범인이 이스라엘의 악명 높은 도둑 나아만 딜러Na'aman Diller였다는 사실을 밝혀냈다.

하지만 그는 아내에게 이 범죄가 자기의 소행이었다고 임종 직전에 자백하고 세상을 뜬 후였다. 경찰은 '자기만의 독특한 스타일'을 가진 도둑이었던 그를 취조할 기회를 놓친 것을 아쉬워했다(1967년 그는 텔아비브의 한 은행 뒷벽까지 90미터가 넘는 땅굴을 파서 금고를 폭파하는 범행을 감행했다. 땅굴을 파다가 6일 전쟁에 참전하고 오기까지 했다). 딜러는 언제나 혼자서 일했다. 시계를 훔치기 위해 그는 유압식 잭을 사용해서 박물관의 쇠창살을 벌리고, 밧줄 사다리와 고리를 이용해 3미터가 넘는 벽을 타고 올라갔다. "젓가락처럼 마른" 딜러는 45센티미터 너비의 작은 창문을 통해 내부로 침입해 값을 가늠하기 어려운 귀중한 시계 컬렉션을 훔쳐 달아났다.

이 사건은 약 200년 전 시작된 '여왕의 시계'를 둘러싼 여러 이야기 중 비교적 최근의 일화다.[*] 내 누추한 존 월터 위조 시계가 조립된 해인 1783년, 마리 앙투아네트를 동경한 익명의 자산가가 당시 유럽에서 가장 유명했던 한 시계제작자를 찾았다. 그야말로 특별한 선물을 주문하기 위해서였다. 그 사람이 이 선물로 이미 브레게의 열렬한 후원자였던 왕비의 호감을 얻고자 했음은 의심할 여지가 없다. 그는 그때까지 만들어진 어떤 시계보다 더 복잡한 메커니즘을 가진 시계를 의

---

[*]　　마리 앙투아네트의 시계는 샬럿 왕비의 토마스 머지 시계와 마찬가지로 줄여서 '여왕의 시계'로 불렸다.

뢰했다. 비용은 전혀 걱정하지 말고 가장 선진적이고, 가장 복잡한 메커니즘을 모두 포함하라는 주문과 함께. 의뢰자는 메커니즘 자체를 포함해 가능한 모든 부분에서 금을 사용하도록 했다. 시계는 그 시대를 상징하는 시계로 앙시앵 레짐*ancien régime*의 가장 좋은 면과 가장 나쁜 면을 모두 보여주는 작품이 될 터였다.

가장 좋은 점은 다음과 같다. 루이 16세 궁정의 화려한 취향 덕분에 시대는 창의성을 무궁무진하게 발휘할 수 있었다. 의뢰받은 시계를 비할 데 없는 작품으로 만들어내기 위해 브레게에게는 돈과 시간이 무제한으로 주어졌다. 시계제작자에게 자신의 기술과 창의력을 극한까지 몰고 가서 시험할 수 있도록 백지 수표와 시간의 자유 두 가지 모두가 한 번에 주어진다는 것이 얼마나 신나는 일인지는 말로 표현하기가 힘들다. 이미 루이 16세의 '어용 시계제작자*Horloger du Roy*'로 임명받을 정도로 성공한 시계제작자였던 브레게에게도 현금 흐름 관리는 가장 어려운 난제 중 하나였다. 인간이 수작업으로 만든 정교하고 아름다운 시계는 제작에도, 구매에도 말도 안 되는 수준의 막대한 돈이 들었다. 현대의 우리도 가끔 억대의 가격이 나가는 시계를 제작하기는 하지만 관리비, 세금, 재료비, 외주 비용 등을 공제한 돈을 제작에 들어간 햇수만큼 나누면 제작자의 생계비도 겨우 건질 수 있는 정도의 임금이 남는다.

약 4만 4,000년 된 레봄보 뼈는 사람 손가락 하나 정도 길이가 되는 비비의 종아리뼈에 눈금을 새긴 것으로 지금까지 발견된 것 중 가장 오래된 시간 측정 기구일 확률이 높다. 29개의 눈금을 그어 만든 30개의 칸은 음력 한 달의 평균 일수와 동일하다. 남아공의 국경 동굴에서 발견된 이 유물은 조상들이 계산을 했다는 명백한 증거이고, 닳은 패턴으로 볼 때 규칙적으로 사용되었다는 사실도 알 수 있다.

1   1525년에서 1550년 사이 독일에서 만들어진 원통 모양의 소형 시계 메커니즘. 제작자 미상. 이 시기 시계제작자들이 자기 작품에 서명하지 않는 것은 통상적인 일이었다. 철로 만들어진 이 시계는 아마도 시계제작과 유사한 기술을 가진 열쇠제작자나 갑옷제작자가 만들었을 것이다. 이런 소형 탁상시계는 손안에 들어올 정도로 작고 휴대가 가능해서 휴대용 소형 시계로 옮겨가는 중간 단계라고 볼 수 있다.

2   메커니즘은 도금하고 판각으로 장식한 원통 모양의 용기에 들어 있다. 용기는 지름 7센티미터에 높이가 5센티미터도 되지 않는다. 매 시각을 표시하는 작은 쇠 구슬 덕분에 어둠 속에서도 시간 확인이 가능했을 것이다. 분침 없이 시침 하나만 있는데, 부분적으로 이 시기의 작은 탁상시계들은 분침이나 초침을 달 정도로 정확하지 않았기 때문일 가능성이 있다. 또한 분침과 초침이 없다는 사실은 당시 시계 소유주들에게 시간 단위 이상의 정확한 시계가 필요 없었다는 의미이기도 하다.

폼 워치form watch는 글자 그대로 다른 물체의 형태를 띠고 있어서 붙은 이름이다. 17세기 중반에 인기를 누렸다. 손바닥 위에 놓을 수 있는 크기의 이 작은 은사자 폼 워치는 1635년경 제네바의 시계제작자 장바티스트 뒤불Jean-Baptiste Duboule의 작품이다. 사자의 배를 열면 문자판이 보여서 시간을 확인할 수 있다. 17세기 제네바가 이런 식의 장식적인 물건을 금지한 칼뱅파 지역이었던 점을 고려하면 이 시계는 오스만 제국 등 국외 수출용이었을 것이다.

시계 메커니즘은 사자 몸통 안에 들어 있어서 뚜껑을 열고 꺼낼 수 있다. 플레이트는 도금하고 판각을 한 황동으로 만들어져 있다. 일부에 '블루드 스틸blued steel'이 사용되었다. 블루드 스틸은 열을 이용해 철을 산화시켜 외부 색을 변화시키는 과정으로 지금까지도 사용되는 장식 기법이다.

1 1770년경에 제작된 시계 메커니즘. '존 윌터John Wilter'라는 가명이 제작자 이름으로 찍혀 있고 런던에서 생산된 것으로 통했던 물건이다. 경매장에서 이 이름이 찍힌 시계를 발견한 후 나는 윌터라는 인물에 집착하게 되었다. 이 이름을 가진 시계제작자가 존재했었다는 증거가 전혀 없고, 시계 자체도 런던에서 제작되던 스타일이 아니었다. 소위 '네덜란드 위조품'이라고 부르는 시계들은 시계 산업의 역학 관계를 영원히 바꾸는 촉매가 되었고, 보통 사람들도 시계를 소유할 수 있도록 하는 여정이 시작되었다.

2 레푸세repoussé 기법으로 제작한 시계 케이스는 18세기 중반부터 후반에 큰 인기를 끌었다. 디자인을 찍거나 망치로 두들겨서 부조를 만든 다음 판각을 하는 방법으로 제작되었다. 보통 고대 그리스, 로마 시대 혹은 성경의 장면들을 묘사했다. 이 기술은 이중 시계 케이스의 바깥쪽 케이스에 많이 사용되었다. 안쪽 케이스에 무브먼트가 들어 있고, 바깥쪽 케이스가 안쪽 케이스를 보호하는 형식이었다.

'타츠, 런던Tarts, London'은 18세기 위조품 시장에서 악명 높았던 또 다른 가짜 시계의 이름이었다. 이 사진은 바로 앞 레퓨세 기법 시계의 앞쪽이다. 시간을 표시하는 문자 사이의 분 표시에 부채꼴 문양이 들어 있는 문자판은 당시 네덜란드 시계제작자들 사이에 인기를 끌었던 스타일이다. 시계에 샤틀랑(장신구 휴대용 체인)이 달린 것으로 봐서 허리 밴드에 매달아 골반 정도 높이에 매달리도록 착용했을 것이다.

1   아브라함-루이 브레게Abraham-Louis Breguet의 페페튜엘perpétuelle 초기 작품. 자동 태엽 감기의 페페튜엘 메커니즘을 장착한 이 시계는 1783년 파리에서 제작된 시계 중 하나다. 시계제작 역사상 가장 위대한 제작자로 꼽히는 브레게의 발명품은 지금까지도 사용되고 있다. 그의 페페튜엘은 착용자의 움직임을 이용해 자동으로 태엽이 감기는 최초의 자동 시계였다. 문자판 왼쪽 위에 있는 바늘과 시계 반대 방향의 눈금은 현재 태엽 상태로 메커니즘이 몇 시간이나 작동할 수 있는지 보여준다.

2   방패 모양의 추는 착용자가 움직일 때마다 앞뒤로 흔들리고, 이에 따라 일련의 바퀴가 스프링을 감아 시계에 동력을 제공한다. 브레게는 이 시계에 자신이 발명한 장치를 또 하나 장착했다. 바로 강철 와이어로, 피아노 줄처럼 정교하게 튜닝된 이 와이어들은 메커니즘 외부를 둘러싸고 있는데 정시와 15분마다 울려서 시간을 알렸다. 브레게의 와이어 종은 이전에 사용되었던 종들을 대체해서 리피터 시계의 두께를 줄였다. 그 결과로 얻은 더 납작하고 날씬한 시계는 당시 유행하던 옷차림과 잘 어울렸다.

이 회중시계는 '남극의 스콧'으로 알려진 탐험가 로버트 팰콘 스콧Robert Falcon Scott 대장의
것이었다. 남극점을 향한 비운의 '테라 노바' 원정(1910~1913)에서 스콧 대장과 함께한 이 시
계는 주인의 시신과 함께 발견되었다. 스콧 대장과 에드워드 윌슨, 헨리 바워스 등의 시신은
그들이 사망하고 8개월 후 수색대에 의해 발견되었다. 대원들의 소지품과 기록과 함께 이
시계도 영국으로 돌아왔다.

롤렉스 레베르크는 1920년경 롤렉스사의 주문으로 레베르크 제조소에서 만들어진 초기 메커니즘이다. 롤렉스가 자체적으로 무브먼트를 만들기 시작하기 전에 사용되던 것들로 크레이그와 내가 가장 즐거운 마음으로 복원하는 빈티지 시계 중 하나다. 대부분 기계로 만들어졌지만, 마감과 조립은 수작업을 거쳤기 때문에 현대에 기계로 대량생산된 시계에서는 볼 수 없는 약간의 차이와 개성들을 찾아볼 수 있다.

우리가 본 것 중 제일 좋았던 시계 중 하나이자 매우 희귀한 초기 롤렉스 레베르크는 빌스도르프Wilsdorf가 처음 특허를 받은 시계이기도 하다. 러그가 하나만 있는 회중시계 형태로 리본이나 밴드를 이용해 간호사 제복에 달 수 있도록 만든 것이다. 1924년경 제작되었다. 시계 양옆은 기계식 시계가 작동하는 속도를 제어하는 스프링의 시간을 재는 '진동기'들이다.

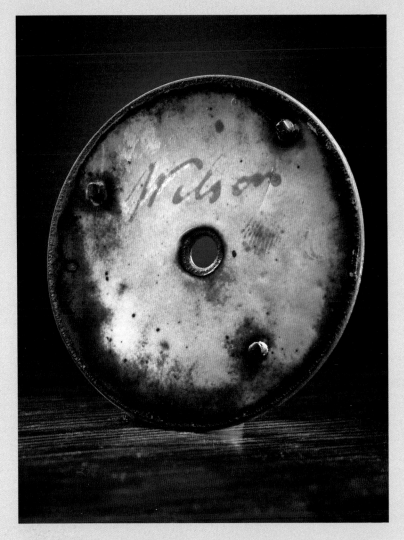

시계 문자판 뒷면의 법랑에 새겨진 1780년의 지문. 문자판 뒷면에 법랑을 입히는 이유는 앞면에 장식용 법랑을 입힐 때 문자판이 휘지 않도록 하기 위해서였다. 뒷면은 보이기 위한 부분이 아니었고, 이 지문을 남긴 사람은 이런 자국이 현대의 우리에게 얼마나 특별한 것인지 짐작도 하지 못했을 것이다. 이런 자국은 우연히 남겨졌을 확률이 거의 100퍼센트다. 문자판에 법랑을 입히는 일은 시계제작과는 별개의 기술이었다. 사진의 문자판은 런던 킹 스트리트에 작업실을 가지고 있던 제임스 윌슨이 주문한 것이다. 양복점에서 주문한 고객의 이름을 옷에 표시해서 누구의 옷인지 구분하는 것처럼 윌슨의 이름도 문자판 뒷면에 잉크로 적혀 있다.

무제한의 시간과 예산을 허락받은 브레게는 평생의 커리어를 단 하나의 시계에 쏟아 넣을 수 있었다. 이 시계는 시간을 알려주는 기능 이외에도 총 23개의 부가 기능을 가지고 있었다. 자동으로 태엽이 감기고, 와이어로 만든 섬세하게 조정된 소형 징으로 60분, 15분, 1분 단위로 시간을 알려주는 소리를 낼 수 있었고, '시간 방정식'*을 보여주었다. 잔여 동력을 알려주는 지표(완전히 태엽이 감긴 때로부터 48시간 작동 가능했다)와 크로노그래프, 온도계 및 머지 스타일의 퍼페추얼 캘린더도 있었다. 총 823개의 부품이 지름 6센티미터의 케이스 안에 들어간 이 회중시계는 지금까지도 세상에서 부가 기능을 가장 많이 가진 다섯 가지 시계 중 하나로 꼽힌다. 공학적 설계가 너무도 놀랍고 정교해서 유리 문자판과 케이스 안에서 무브먼트 전체가 작동하는 것을 눈으로 볼 수 있도록 되어 있다.

가장 나쁜 점은 다음과 같다. 브레게가 비용을 아끼지 않은 이 극도로 호화로운 시계를 제작하고 있던 시기에 다른 한쪽에서는 사람들이 굶어 죽어가고 있었다. 여전히 봉건제도에서 벗어나지 못하고 있던 프랑스는 인구의 96퍼센트를 구성하는 농민들에게는 정치적으로도 경제적으로도 전혀 힘이 없었으며 이들에게 부과한 세금으로 성직자와 귀족 계층

⦿　　평균 태양시와 진태양시의 차이를 나타내는 부가 기능으로 특정 날짜의 태양 시간과 시계 시간을 비교할 수 있다 – 옮긴이.

이 혜택을 누렸다. 1787년부터 1789년 사이에 프랑스는 흉작과 가뭄, 가축의 질병, 그리고 급등하는 빵 가격으로 고통받았다. 정부 또한 파산 지경이었다. 미국 독립 전쟁에 개입하면서 엄청난 비용을 지불해야 했고, 루이 16세의 사치스러운 궁정 생활이 국가 재정에 큰 타격을 준 것이다. 그런 와중에 세금을 인상하자 파리 시민들의 분노가 폭발했고, 결국 1789년 프랑스 혁명으로 절정에 이르렀다.

마리 앙투아네트는 시계를 보지 못했다. 세간에 벌어진 일들로 브레게는 작업을 중단했고, 1827년에서야 시계를 완성했다. 정치적으로 무감각했을지 모르지만 아름다웠던 이 시계의 진짜 주인이 단두대에서 운명을 다한지 34년이 지난 후였다.

진정한 시계제작의 명장은 과거나 지금이나 매우 드문 존재다. 드니 디드로Denis Diderot는 자신의 저서 《백과전서》에 실린 시계제작에 관한 해설에서 유명한 시계제작자 페르디낭 베르투Ferdinand Berthoud (1782~1807)가 이 일의 어려움에 관해 한 말을 인용했다. "시계제작을 완전히 익히려면 **과학적 이론, 수작업 기술, 그리고 디자인 재능**을 모두 갖춰야 한다. 이 세 가지는 한 사람이 동시에 갖기 힘든 자질이다." 나는 이 자질이

한 사람 안에서 융합되기 힘들다는 사실을 그가 인정했다는 사실이 좋다. 우리 부부는 늘 우리 각자도 괜찮은 시계제작자지만, 힘을 합치면 매우 훌륭한 시계제작자가 된다고 말하곤 한다. 우리는 상호보완적인 강점을 가지고 있다. 크레이그는 일러스트레이션 작업을 하고, 미적인 면을 디자인한다. 나는 수학적인 성향이 더 강해서 그가 손으로 그린 아름다운 일러스트레이션을 제작 가능한 정확한 기술적 도면으로 만들 수 있다. 크레이그는 손상된 헤어스프링 같은 섬세한 부품 작업에 능한 뛰어난 손재주를 가지고 있고, 나는 조그만 줄로 기어휠, 스프링, 플레이트 등에 각을 잡아 연마하는 마감 작업을 좋아한다. 나는 휠 제작을 즐긴다. 시계에 들어가는 휠의 톱니 하나하나의 위치를 잡고 자르는 작업 말이다. 커터를 앞뒤로 감았다 폈다, 감았다 폈다 하는 반복적인 동작을 통해 거의 최면 상태에 가까운 경지에 이르는 것이 좋다. 크레이그는 이 일을 단조롭다 느끼지만 그는 아주 작은 밸런스 축을 손으로 깎아서 거울처럼 반짝이게 마감하는 일을 해내는 사람이기 때문에 괜찮다. 그러나 브레게는 이 모든 기술을 다 가지고 있었다.

시계제작 분야에서 아브라함-루이 브레게를 가장 존경한다고 고백하는 건 다소 상투적인 일이다. 우리 분야에서 그는 가장 위대하고 유명한 인물 중 한 사람이다. 1762년 파리에서 열다섯 나이로 견습 생활을 시작한 그는 1823년 세상을 떠날 때까지 시계제작 분야에 혁명적인 변화를 일으켰다. 변호사이자 시계 애호가로 한때 '여왕의 시계'를 포함해 L.A. 마이어 박물관 도난품 중 많은 시계를 소유했던 데이비드 라이오넬 살로먼스 경은 "브레게 시계를 몸에 지니는 것은 천재의 두뇌를 주머니에 넣고 다니는 것이나 마찬가지다"라는 유명한 말을 남겼다.[96]

브레게의 비범한 기술과 독창성은 시계제작계에서 전설로 전해진다. 우리 분야에서 현재까지 사용되고 있는 장치를 브레게보다 많이 발명한 사람은 아무도 없다. 그는 최초의 자동 태엽 감기 메커니즘인 '페페튜엘*perpétuelle*'을 발명했다. 착용자가 움직이면 시계 내부의 무게추가 진자 운동을 해서 메인스프링이 감기는 원리였다. 그는 와이어로 만든 작은 징을 발명해 리피터 시계에 넣었다. 소리로 시간과 분을 알리는 이 와이어 징은 전통적인 종보다 훨씬 작아서 시계의 부피를 대폭 줄이는 데 한몫했다. 그는 또 '브레게 오버코일 헤어스프링'이라 부르는 장치를 개발해서 이전에 사용되던 평면 나선형 디자인을 기술적으로 향상시켰다. 브레게는 평면 스프링의 제일 바깥쪽 원을 다른 부분보다 높이면 등시성, 다시 말해 각 주기의 길이를 일정하게 하는 정도를 향상시켜 시계의 정확도를 높인다는 것을 발견했다. 이 모든 장치가 어떤 것은 조금 더 발전된 형태로, 어떤 것은 200년 동안 거의 변화 없이 그대로 오늘날까지 사용되고 있다. 그가 이루어낸 혁신 덕분에 휴대용 시계의 무브먼트가 더 얇아졌다. 이전에 사용되던 조약돌처럼 보이던 이중 케이스의 회중시계는 자취를 감추었다. 브레게의 시계는 당시 신사들 사이에 유행한 맞춤복의 주머니에 쏙 들어갈 정도로 얇았다.

브레게는 '지나침'을 시대정신으로 하는 시기를 살았으나, 역설적이게도 그는 자신의 디자인에서 군더더기를 모두 제거했다. 그의 작품은 절제된 형태로 순수한 목적만을 담았다. 그가 사용한 간결하고도 우아한 시곗바늘 스타일은 지금도 '브레게 바늘'이라고 불린다. 강청색 금속이나 금으로 제작된 이 시곗바늘은 길고 늘씬하며, 끝부분은 가운데가 빈 원형에 화살처럼 뾰족한 모양이어서 문자판의 시간과 분을 정확하게 가리킨다. 그는 또 엔진 터닝 혹은 기요쉐 패턴이라고 알려진 판각 기법을 선호했다. 귀금속으로 만든 문자판에 숫자를 손으로 새기는 대신 수동으로 작동하는 로즈 엔진과 직선 엔진을 써서 섬세한 기하학적 패턴을 만든 것이다. 내 생각에 이 기계들은 지금까지 발명된 가장 아름다운 기계들에 속한다. 로즈 엔진은 서로 다른 모양의 원판을 천천히 회전시켜서 시계 문자판 위에 패턴을 새긴다.° 가령 팔각형의 바퀴가 달린 자전거를 상상해 보자. 이 자전거를 타면 바퀴의 모양에 따라 자전거 안장이 오르락내리락 할 것이다. 로즈 엔진에서는

° 직선 엔진도 비슷한 원칙을 사용하지만, 원을 그리며 회전하는 대신 위아래로 왔다 갔다 한다.

고정된 커터 위를 움직이는 시계 문자판이 자전거 안장이다. 문자판을 커터 위로 여러 번 지나가게 하면서 커터의 위치를 약간씩 조정하면 금속 표면에 질서 있는 무늬가 새겨진다.[97] 로즈 엔진이 작동하는 신기한 모습을 보고 있자면 최면에 걸리는 듯한 느낌이다. 이 과정을 통해 작은 체스판처럼 보이는 바구니 짜임 패턴에서부터 연못에 돌을 던지면 퍼져나가는 잔물결처럼 중심에서 바깥으로 다양한 모양의 무늬가 그려지는 로제트 패턴까지도 새길 수 있다. 그밖에도 가장자리가 깔쭉깔쭉한 원형을 새길 수 있는데, 이 패턴은 홈이 파진 동전 가장자리와 비슷하게 문자판의 숫자 주변에 테두리를 두르거나 케이스의 메인밴드를 장식하는 데 사용한다. 정교한 동시에 점잖고 품위 있는 효과를 내고, 문자판에 은은한 광택을 준다. 절제된 고급스러움의 절정이다. 이 기계들을 구하기란 이제 하늘의 별따기처럼 어려워졌다. 나는 가끔 이런 작업을 전문가에게 의뢰하지만, 이 기계를 손에 넣을 수 있다 하더라도 그 스타일을 자주 사용하지는 않을 것이다. 한 눈에 브레게를 떠올리게 하는 스타일이라 어쩐지 그의 영역을 무단 침해하는 느낌이 들기 때문이다.

브레게의 시계에는 특유의 마법 같은 기계공학이 존재한다.

고전적인 풀 플레이트˚를 사용하는 대신, 그는 플레이트를 해체하고 일련의 '바'를 설치해서 그 아래 있는 무브먼트 메인스프링의 동력을 기어처럼 감속하는 트레인 휠이 돌아가며 이스케이프먼트가 똑딱거리는 것을 눈으로 볼 수 있게 했다.˚˚ 브레게는 여전히 도금한 황동으로 무브먼트를 제작했지만 꽃과 이파리 문양을 새기는 전형적인 관습을 따르는 대신 서리가 낀 듯한 반투명 처리를 택했다. 빛을 받는 각도에 따라 색이 변하는 동시에 매트한 느낌을 주는 효과를 낸 것이다. 산을 바르거나 짧고 뻣뻣한 털을 가진 붓(스티플 브러시)을 사용해서 가공하는 방법도 있고, 현대의 시계제작자들처럼 실리콘 샌드 블라스팅을 사용하는 방법도 있다(우리 작업실에서 사용하는 블라스팅 기계는 치아 틀의 찌꺼기를 제거하는 용도로 치과에서 쓰던 기계를 중고로 구입한 것이다).˚˚˚ 위조품 제작자들이 브레게의 디자인을 모방하기 시작하자, 그는 문자판에 복제가 거의 불가능한 작은 비

˚   샌드위치처럼 무브먼트를 위아래로 감싸서 감추는 두 개의 동그란 원판.

˚˚   브레게가 이 무브먼트 디자인의 발명가가 아니라는 점을 짚고 넘어갈 필요가 있다. 이 디자인은 그가 명성을 얻기 전부터 인기를 끌고 있었고, 브레게 자신도 본인이 발명했다고 주장한 적이 없다. 그러나 그가 한 다른 혁신들과 유명세 덕에 이 디자인은 '그의 것'으로 인식되었다.

˚˚˚ 치과의사와 시계제작자들이 사용하는 도구는 겹치는 부분이 많다. 양쪽 모두 펜치를 많이 사용하고, 작고 정밀한 작업을 하는 데 익숙하다. 사실 17세기에서 19세기 사이에는 일부 시계제작자들이 치과 시술을 하기도 했다. 하지만 브레게는 재능이 넘쳤음에도 불구하고 그렇게 하지 않았다.

밀 서명을 새겼다. 제대로 보려면 돋보기를 사용해야 한다.

브레게의 시계들은 정밀과학 장비였지만, 기능적 목적이 전혀 없는 독특한 디자인 요소도 많았다. 순수하게 즐거움을 위해 존재한 이 디자인 요소들 덕분에 공학적 기술은 흥겹게 기계 예술로 승화되었다.

브레게에게 시계제작을 처음 소개한 이는 파리의 시계제작자 가문 출신인 의붓아버지 조제프 타테Joseph Tattet 였다. [98] 1747년 스위스 뇌샤텔의 위그노 가정에서 태어난 브레게는 5남매 중 장남이자 외아들이었다. 아버지를 열한 살에 여의고, 2년 후 학교를 그만두었다. [99] 어머니의 재혼 후, 1762년 어린 브레게는 다른 많은 선배 장인들과 마찬가지로 거의 명목상으로밖에 존재하지 않던 프랑스-스위스 국경을 넘어 의붓아버지 가족이 운영하는 파리의 작업실에서 훈련을 시작했다.

브레게는 마자랭 대학Collège Mazarin 의 야간 수학 강좌를 수강했는데 그를 가르친 조제프 프랑수아 마리Joseph-François Marie 수도원장이 궁정을 출입하는 사람들에게 그의 재능을 크게 칭찬했다. 그러다 보니 이 총명한 젊은이의 소문이 프랑스 왕과 여왕의 귀에까지 들어갔다. 도버 해협 건너 영국의 조지 3세처럼, 프랑스의 루이 16세도 시계제작의 기계학에 매료되어 있었다. 브레게는 불과 열다섯 나이에 베르사유 궁정의 시계제작 명장 밑에서 견습을 시작했다.

브레게는 스물여덟 되던 해, 파리 중심부 시테섬의 퀘드

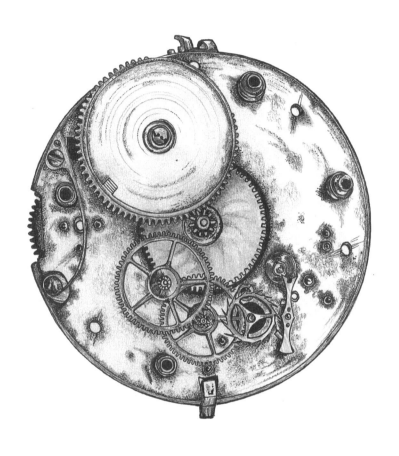

위쪽의 메인스프링 배럴과 아래 오른쪽의 이스케이프먼트
사이에서 트레인 휠이 작동한다.

올로지Quai de l'Horloge 39번지 1층에 작업장을 열었다. 파리의 시계제작자들이 모여 있던 곳으로 매우 활기찬 지역이었다. 파리의 명망 있고 부유한 가문 출신인 약혼녀 세실 마리-루이즈 륄리에Cécile Marie-Louise Lhuillier 의 지참금 덕분에 가능한 일이었다. 시계제작자들은 결혼이 늦어지는 경우가 많았다. 부분적으로는 견습생 훈련 기간에 이성과의 교제가 엄격히 금지되어 있었기 때문이었고, 당시 재능 있는 남성 장인들이 신부의 지참금을 받아 독립적인 사업을 처음 시작하는 것도 드문 일이 아니었다. 두 사람은 같은 해 결혼을 하고 가정을 꾸려 한 건물에서 생활하고 일했다.

브레게는 살면서 비극적인 사건을 자주 견뎌야 했다. 그 후 몇 년 사이에 그의 스승이자 가장 가까운 친구였던 조제프 프랑수아 마리 수도원장이 의심스러운 정황으로 세상을 떠났다. 어머니 수잔-마거리트와 의붓아버지 조제프도 연달아 사망해서 네 명의 여동생을 부양할 책임이 그에게 떨어졌다. 1776년 태어난 아들은 브레게와 세실 부부 슬하의 자녀 중 성인으로 자란 유일한 자식이었다. 부부의 연은 오래가지 못해서 세실은 1780년 사망했다. 그녀가 스물여덟 살 되던 해였다. 브레게는 재혼을 하지 않았다. 이 시기에 브레게의 정신 상태가 어땠는지 알려진 내용은 거의 없다. 죽음이 멀리 있지 않은 시대였다. 어린이와 청소년들이 고아가 되는 일이나 출산 중 아내가 목숨을 잃는 일이 드물지 않았다. 그러나 잇따른

상실이 브레게 자신과 그의 작업에 영향을 주지 않았다고는 생각하기 힘들다. 어쩌면 시계제작이 모든 슬픔을 피할 도피처가 되어 작업에 전념하는 것이 그 나름의 대처법이었을지도 모르겠다. 내 경험으로 보더라도 시계제작이라는 미세한 세계에 깊이 침잠하는 것은 현실과 외부 세계를 차단하는 효과적인 방법이다.

그 모든 역경에도 불구하고 브레게의 작업실은 점점 더 번창했다. 마리 앙투아네트는 브레게의 "빠른 성공과 갑작스러운 인기"를 초래한 장본인으로 알려져 있다. 앙투아네트 왕비는 그의 2호 시계*, 다시 말해 브레게가 독립한 후 제작한 두 번째 시계를 소유하고 있었고, 국내외에 그를 널리 추천했다. 1785년, 브레게는 루이 16세의 공식 시계제작자가 되었다. 마리 앙투아네트는 머지의 후원자 샬럿 왕비와 직접 만난 적은 없지만 편지를 주고받으며 우정을 나누던 관계였다. 나는 두 사람이 시계에 대한 열정에 관해 이야기 나누는 광경을 상상해 보곤 한다. 어쩌면 샬럿과 조지 3세가 이후 브레게에게 시계를 의뢰한 것이 마리 앙투아네트의 추천을 기억해서였을지도 모르겠다. 그리고 물론 인심이 후했던 마리 앙투아네트는 가까운 사람들에게 브레게의 시계를 선물했다. 그녀

───

⑩　　　자동 태엽 감기 장치와 날짜 표시가 되는 리피터 시계였다는 설명이 전해진다.

는 브레게 14호를 가까운 친구이자 스웨덴 백작인 한스 악셀 폰 페르센Hans Axel von Fersen에게 선물했다. 그리고 시계 케이스에 'AF'라는 머리글자를 파란 법랑으로 추가했다. 또한 브레게 46호를 자신을 위해 주문했다. 전해 내려오는 설명으로 볼 때 왕비가 지닌 46호 시계에도 같은 머리글자를 새긴 듯하다. 살짝 의심을 품지 않을 수 없는 사연이다. 두 사람이 연인 관계였을 가능성도 있다. 그렇다면 시계의 '페페튜엘' 장치가 영원한 사랑을 상징했을 것이다. 일부에서는 마리 앙투아네트의 시계를 의뢰한 익명의 자산가가 폰 페르센이 아니었을까 추측하기도 한다.

브레게의 초상화에는 나이에 맞지 않게 머리가 벗겨지기 시작한, 따뜻한 지성을 지닌 동안의 남성이 묘사되어 있다. 궁정과 깊은 인연을 맺고 일을 해도 가발 착용을 별로 좋아하지 않은 사람이었던 것이 분명하다. 그의 성격이 겸손하고 관대했다고 강조하는 기록이 많다. 나는 그가 직원들에게 친절했었다는 사실이 정말 마음에 든다. 그는 "낙담하지 말고, 실패했다고 기죽지 말라"며 견습생들을 격려했다고 한다. 액자에 담아 모든 시계제작 작업실 문 앞에 걸어둬야 할 명언이다. 그는 직원들에게 팁을 자주 주었고, 청구서의 숫자 0에 꼬리를 붙여 9로 만들어 돈을 더 보내곤 했다. 요즘에는 팁을 주는 것이 일반적인 관례이지만 그가 살았던 앙시앵 레짐 시대에는 외주 직원에 대한 존중의 표시로 자발적으로 돈을 더 지

브레게의 파레-슈트 충격 완화 장치. 당시 계속 진행 중이던 장피에르
블랑샤르Jean-Pierre Blanchard의 실험에 영향을 받아 지은 이름인 듯하다.
블랑샤르는 열기구에서 뛰어내리면서 낙하산으로 추락의 충격을 줄이는
실험을 하고 있었다. 블랑샤르의 낙하산과 비슷하게, 밸런스 콕의 왼쪽에
있는 갈고리 모양의 스프링은 시계가 무엇에 부딪히거나 떨어질 때 축이
살짝 튕겨지게 해서 충격을 완화하고, 피벗이 손상되는 것을 방지한다.

불하는 것은 거의 선례가 없는 일 아니었을까.

그는 간혹 쇼맨의 면모를 과시하기도 했다. 1790년경 그는 외부의 충격에서 섬세한 밸런스 피벗을 보호하는, 최초의 휴대용 시계를 위한 충격 완화 장치를 발명했다. 밸런스 피벗이 너무 섬세해서 자주 고장이 났는데, 그때마다 긴 시간을 들인 수선이 필요했기 때문이다. 그는 이 장치에 낙하산이라는 의미로 '파레-슈트 *pare-chute*'라는 이름을 붙였다. 전설에 따르면 브레게는 이 장치가 얼마나 효과적인지를 보여주기 위해 오텅 성당의 주교이자 장차 베네벤토 공국의 초대 공작이 될 샤를모리스 드 탈레랑페리고르의 집에서 열린 파티에서 높은 신분의 손님들을 모아놓고 실험을 했다고 한다. 한 목격자는 브레게가 "시계를 땅에 던졌지만, 전혀 손상이 간 것 같지 않았다"고 전한다. 주교는 "이 악마 같은 브레게, 언제나 한 걸음 더 나아가려고 한다니까!"하고 감탄했다고 한다.[100] 브레게가 바닥에서 다시 집어 든 시계가 여전히 완벽하게 작동하는 것을 본 손님들은 감탄하고 말았다.

브레게는 "심지어 왕들마저도 유행의 노예로 만들어버리는 힘을 가졌다."[101] 그러나 18세기가 저물어갈 무렵에는 왕들과의 인연이 문제가 되었다. 1792년, 많은 사람의 피를 딛고 프랑스 제1공화국이 탄생했다. 그 후 몇 달 동안 공포 정치가 프랑스를 휩쓸었다.[102] 귀족, 성직자뿐 아니라 왕정 시대 프랑스의 지배 계층을 상징하거나 관련이 있다 여겨지는 사람은 모두 체포되어 감옥에 갇혔다. 1794년까지 잇따른 대학살과 대규모 처형으로 수천 명의 남성, 여성, 어린이들이 목숨을 잃었다. 공식 집계만 보면 정식으로 처형된 사람 수가 1만 7,000명이라고 하지만, 후대 역사가들은 투옥 중 사망하거나 재판을 받지 않고 도주하던 중 사망한 수가 자그마치 5만 명에 이를 수도 있다고 추정한다.

가장 유명한 처형 방법이자 공포 정치 시대의 어두운 상징은 단두대였으나 대부분의 희생자는 칼, 소총, 권총 또는 총검에 목숨을 잃었다.[103] 또 초만원을 이룬 더러운 감옥에서 굶주림 혹은 질병으로 사망한 사람도 많았다. 마리 앙투아네트는 처음에는 탕플탑의 감옥에 수감되었는데 거기서 "간단한 브레게 시계" 소지를 허락해 달라고 요청했고, 그 요청이 받아들여졌다. 그 후 그녀는 재판을 앞두고 콩시에르주리로 이송되었다. "오래 고통받지 않도록" 해달라고 간청했지만 그녀는 재판을 받고 결국 1793년 10월 16일 반역죄로 처형을 당하기 전까지 두 달 이상을 습하고 고립된 감방에서 지냈다.

공포 정치 시대를 살아남은 목격자들의 증언은 끔찍하다.[104] 아버지를 석방해 주는 대가로 최근에 처형된 희생자의 피를 마시라는 요구를 받은 젊은 여성에 대한 목격담도 있다. 또 막 흘린 피가 자갈 깔린 중정에 강처럼 흐르고, 처형을 받으러 가는 죄수들이 동료 죄수들의 훼손된 시신을 밟고 지나야 했다는 증언도 있다. 처형은 날마다 공개적인 구경거리로 진행되었고, 이 광경을 보기 위해 혁명 광장Place de la Revolution (현재 콩코르드 광장) 같은 곳에 대규모 군중이 몰려들었다. 이웃 나라의 왕궁과 귀족 저택 등으로 도주한 생존자들이 전하는 끔찍한 목격담이 줄을 잇는 가운데 유럽의 지배 계층은 공포에 사로잡혔다. 프랑스 혁명이 국경을 넘어 퍼질 것이라는 두려움으로 유럽 전체가 떨었다.

왕과 조금이라도 인연이 있었던 사람은 목숨을 잃을 위기에 처했고, 브레게도 예외가 아니었다. 흥미롭게도 브레게는 원만한 성격으로 정말 다양한 이들과 교우관계를 맺고 있었다. 그는 베르사유와 친밀한 관계를 유지했음에도 정치 이론가이자 과학자이며 프랑스 혁명 지도자 중 한 사람인 장폴 마라Jean-Paul Marat 와도 친한 친구였다. 마라는 앙시앵 레짐의 가장 혹독한 비판가에 속했으나 정세가 더 불안해지면서 왕의 재무장관을 공격하는 글을 발표한 후 대중의 지지를 잃었다. 1793년, 성난 폭도들이 처형장으로 그를 끌고 가겠다고 마라의 집을 에워쌌을 때, 친구의 탈출 계획을 세운 이가 바로 브레게였다.[105] 마라는 외모 면에서 운이 좋지 않았다(심한 피부염을 앓고 있었다). 두 사람은 마라의 노안을 이용하는 게 좋겠다는 순간적인 판단을 내렸다. 브레게는 마라에게 숄과 드레스를 입혀 노파로 변장시킨 다음 그를 부축해서 으르렁거리는 군중을 헤치고 안전한 곳까지 데리고 갔다. 두 달 후, 이번에는 마라가 단두대 처형자 명단에 오른 브레게의 이름을 발견했다. 그는 브레게에게 미리 경고하고 그가 스위스로 도주하는 것을 도와 은혜를 갚았다. 브레게가 혁명군에 징집될 위기에 처한 아들 앙투안, 세상을 떠난 아내의 여동생(살아 있는 가족은 둘 뿐이었다)과 함께 출장을 간다는 명목으로 스위스까지 안전하게 도망칠 수 있도록 연줄을 동원한 것이다.[106] 브레게는 다시는 마라를 보지 못했다. 1793년 7월 13일, 마라는 목욕을 하던 도중 지롱드파의 젊은 여성 샤를로트 코르데의 칼에 찔려 숨졌다.[*]

브레게는 이 시기에 이웃 나라로 도주한 수천 명 중 한 사람이었다. 그리고 브레게 같은 이에게도 망명 생활은 쉽지 않았다. 식량을 비롯한 기타 물품 공급이 모두 부족했고, 난민들은 환영받지 못하는 경우가 많았다. 그는 시계제작 장비와 도구를 대부분 두고 떠나야 했을 것이다. 지문 같은 자기만의 고유한 도구를 때로 수만 개까지도 가지고 작업하는 시계제작자들에게는 엄청나게 고통스러운 일이다. 브레게는 자신이 태어난 뇌샤텔에서 그리 멀지 않은 르 로클에 소수의 직원만 데리고 간단한 작업실을 차렸다. 세상에서 가장 유명한 시계제작자가 이웃에 차린 작업실과 경쟁해야 하는 동네 장인들은 어떤 느낌이 들었을까. 그는 나중에 런던으로 여행을 떠났

---

[*] 지롱드파는 혁명가 중에서 더 온건한 쪽이어서, 그들도 공포 정치 기간 중 많은 수가 처형당했다.

고, 거기서 잠시 조지 3세를 위해 일했다. 흥미롭게도 브레게의 가장 위대한 기술적 성과 중 일부가 이 망명 기간에 이루어졌다. 도구는 부족했지만 여전히 자기의 일에 집착적인 열성을 가졌던 브레게는 이 시기에도 새로운 기계적 장치를 발명하는 데 집중했다. 그중 하나가 '투르비용*tourbillon*'이다. 그는 우리가 '위치 오류'라고 부르는 것을 극복하기 위해 투르비용을 고안해 냈다. 위치 오류란 시계를 착용한 사람이 움직이면 시계의 위치가 달라지고, 그에 따라 메커니즘에 미치는 중력의 크기가 변화하면서 생기는 오차를 말한다. 이 오차는 민감한 진동 밸런스에서 가장 많이 발생하는데, 이 부품은 시계의 정확도를 확보하는 데 가장 중요하다. 브레게는 밸런스와 이스케이프먼트 전체를 계속 회전하는 케이스에 넣어 중력의 영향을 균등하게 분산시키는 방법으로 이 문제를 해결했다. 브레게가 이 장치를 사용해서 만든 초기 작품 중 영국의 조지 4세에게 팔린 시계에는 문자판에 투르비용이라는 표시를 새겼을 정도로 중요한 발명이었다.[107] 투르비용이라는 단어를 조지 4세에게 번역할 때는 "소용돌이 조절기Whirling-about regulator"라는 재미있는 표현이 사용되었다.

앙시앵 레짐을 해체하는 과정에서 살아남은 것은 아무것도 없었다. 시간조차도 예외가 될 수 없었다. 시간은 사회적, 정치적, 종교적, 문화적인 연관성으로 가득한, 다양한 의미를 지닌 개념이다. 이제 공화정부는 그레고리력(현재까지 사용되고 있는 달력)이 연상시키는 권위에 도전했다. 그레고리력을 체제의 상징적 연장이라고 본 것이다. 앙시앵 레짐에서 시간이란 여가를 즐기는 부유한 사람들이 그렇지 못한 사람들을 착취해서 누리는 권력과 통제의 상징이 되었고, 따라서 새로운 시대에는 시간의 측정 자체를 재정립해야 한다고 생각한 것이다. 새 공화국은 달, 주, 날, 시간, 심지어 분까지 완전히 새로운 달력을 가져야만 했다.

현대인에게는 이 모든 노력이 얼토당토않은 헛수고처럼 보일 수도 있다. 하루를 10시간으로 나누던, 24시간으로 나누던 우리가 살 날의 수에는 아무런 차이가 없지 않은가. 그러나 혁명가들에게 이것은 새로운 출발을 의미했다. 시간 개념을 재정립해서 이전 체제와 완전히 선을 긋고 정치적으로 다시 태어나려는 시도는 다른 곳에서도 시험된 바 있다. 캄보디아의 크메르 루주Khmer Rouge는 정권을 잡은 해를 '원년'으로 선포했다. 세계 다른 나라에서는 1975년으로 부르던 해였다. 자메이카 철학자 찰스 웨이드 밀스Charles Wade Mills는 프랑스 공화력을 통해 역사적 시계를 다시 맞춘 일은 "앙시앵 레짐의 비이성과 불의를 딛고 이성과 빛, 평등이 승리한 것"이라고 묘사했다.[108]

십진법 시간이라 불리던 이 시스템은 글자 그대로 혁명과 함께 시계를 다시 시작했으며 1792년 9월을 '공화국 원년'으로 재정립했다.[109] 이 새 달력은 여전히 열두 개의 달로 나뉘어 있었지만 각 달은 모두 30일로 이루어졌고, 그렇게 해서 남은 닷새는 연말에 일련의 축제를 여는 기간으로 정했다.[110] 각 달의 30일은 다시 열흘짜리 주로 나뉘었다. 요일과 달도 계절을 더 잘 반영하는 이름으로 바꿨다. 가을은 프랑스어로 박무 혹은 안개라는 뜻의 브림*brum*에서 딴 브뤼메르*Brumaire*라고 명명한 10월로 시작해서, 서리*frimas*에서 딴 프리메르*Frimaire*라 명명한 11월로 끝난다. 겨울은 니보즈*Nivôse*, 플뤼비오즈*Pluviôse*, 그리고 방토즈*Ventôse*로, 각각 눈이 오는 달, 비 오는 달, 바람 부는 달이라는 뜻을 가졌다. 3월로 시작하는 봄에는 싹이 트는 달인 제르미날*Germinal*에 이어 꽃이 피는 달 플로레알*Floréal*, 초원의 달 프레리알*Prairial*이 있었다. 여름에 가까워지면서 라틴어로 '추수'라는 뜻인 메시도르*Messidor*가 6월 말에 시작되고, 더운 달인 테르미도르*Thermidor*, 과일의 달 프뤽티도르*Fructidor*로 이어졌다가 우리가 9월 말이라고 부르는 시기에 포도 수확의 달인 방데미에르*Vendémiaire*가 시작되었다.

혁명가들은 구체적인 경험에 계절을 연결함으로써 그들이 종교와 미신의 억압이라고 생각했던 것들로부터 시간을 해방했다. 로마의 신과 관련된 달 이름이 많은 그레고리력과 달리 (3월은 전쟁의 신 마르스, 6월은 주피터의 아내 주노의 이름과 관련 있다) 새 시스템은 옛 신과의 연결 고리를 완전히 끊어냈다. 새 달력은 이성에 기반을 두고 민중과 자연, 특히 농업에게 시간을 돌려주었다. 어디에선가 들어본 적이 있다는 생각이 든다면 아마도 이 달력은 실제로 일어나는 일에 기반한 시간 측정과 많이 닮았기 때문일 것이다. 물론 이 새 달력은 하루를 산술적 구조로 나누는 데 더 신경을 쏟기는 했지만 말이다.

시간을 바꾸면서 글자 그대로 시계의 얼굴 또한 변했다. 새로운 십진법 시스템에서는 하루를 10시간으로 나누고, 1시간은 100분, 1분은 100초로 나눴다. 그 결과 십진법 체계의 1초는 우리가 현재 쓰고 있는 표준 시간으로 측정하면 0.86초에 지나지 않아 훨씬 빨랐다. 새로 만들어진 크고 작은 시계들은 새 시간 측정법을 따랐고, 이 짧은 기간에 만들어진 시계들이 아직까지도 전해진다. 그중에는 브레게가 만든 것들도 있다. 신기하고 초현실적인 느낌을 주는 시계들이다. 왜 문자판이 이상하게 보이는지 깨닫기까지 조금 시간이 걸리는데, 12시간이 아니라 10시간으로 나뉘어져 있기 때문이다.

브레게가 만든 십진법 시계 중 하나가 뉴욕의 프릭 컬렉션Frick Collection에 소장되어 있는데, 새로운 시스템의 도전에 응했을 뿐 아니라 신화를 없애려는 공화정의 열망까지도 반영한 작품이다. 우리가 아는 12시간으로 분할된 시계의 바늘은 시계 방향으로 움직인다. 북반구의 하늘에서 태양의 궤도를 바라본 조상들의 경험을 반영한 것이지만, 코페르니쿠스 이후 그것이 잘못된 인식이었음을 알게 되었다. 브레게는 완벽한 십진법 시계는 합리성과 사실을 포용해야 한다고 생각했고, 두 개의 원을 가진 시계를 만들었다. 원 하나는 10개로 나뉜 십진법 시간을 표시하고, 다른 원에는 100개로 분할된 십진법 분을 표시했다. 시곗바늘은 시계 방향으로 움직이지만 십진법의 10분마다 시간을 나타내는 문자판의 원은 시계 반대 방향으로 움직여 태양을 중심으로 할 때 지구가 반시계 방향으로 움직이고 있음을 기계적 형태로 표현했다.

결국 습관이 이데올로기보다 강한 것으로 판명이 났다. 십진법 시계는 오래가지 못했고 일 년도 채 되기 전에 폐기되고 말았다. 1792년에 도입된 십진법 달력은 14년 동안 사용되다가 1806년에 역사의 뒤안길로 사라졌고 다시 그레고리력이 채용되었다.[*] 브레게의 망명 생활도 길지 않았다. 사업차 파리를 떠난다는 핑계는 오래가지 못했다. 특히 군에서 그의 아들을 징집하기 위해 찾기 시작하면서부터는 더욱 그랬다. [111] 사업 여행 여권이 만료된 후에도 그가 귀국하지 않자 브레게에게는 반역자, 왕당파라는 낙인이 찍혔고, 시테섬에 있던 그의 작업실은 몰수되어 팔렸다. 브레게는 상황이 안정된 후

---

[*] 리터와 미터 같은 측정 단위는 계속 사용되었고, 화폐 단위인 프랑도 최근까지 사용되다가 2002년 1월 1일 유로화로 대체되었다.

1795년 4월 파리로 돌아왔다. 프랑스 육군과 해군에게 보급하려는 필요뿐만 아니라 과학자 사이에서도 높은 수요가 있었지만 파리라는 도시 내에서의 시계 거래는 거의 이루어지지 않고 있었다. 상황은 그에게 유리한 쪽으로 돌아가고 있었다. 브레게는 겸손했지만 자신의 가치를 잘 아는 사람이기도 했다. 그는 국가를 상대로 퀘드올로지 작업실과 집의 반환은 물론 사업에 입은 피해의 보상까지 요구했다. 영향력 있는 친구들로부터 조금 도움을 받긴 했지만, 놀랍게도 정부는 그의 집을 돌려주고 정부 부담으로 그의 작업실을 복구했다. 거의 선례가 없는 성취였다. 유일한 조건은 3개월 이내에 운영을 재개하는 것이었다. 브레게도 한 가지 조건을 내걸고 그에 동의했다. 바로 작업실에 고용된 직원들은 군 복무에서 면제해 준다는 조건이었다.[112] 거래가 성사되었다.

이제 그는 사업을 유럽 전역으로 확장했다. 브레게의 기발한 아이디어 중 하나는 '수스크립시옹 *souscription* 시계', 다시 말해 '구독시계'를 만든 것이었다. 시계 가격의 25퍼센트를 선지불하는 고객은 신뢰할 수 있고 군더더기 없는 품질의 일상용 시계를 브레게에게 의뢰할 수 있었다. 여전히 소수만이 감당할 수 있는 사치였지만 맞춤 시계보다는 저렴했다. 브레게는 선지불금으로 자본금을 마련할 수 있었고, 비슷한 형태의 시계 여러 개를 비교적 저렴한 대량생산 방식으로 제작하여 더 많은 고객층이 그의 시계를 손에 넣을 수 있게 되었다.

생산 규모는 앞에서 본 네덜란드 위조 시계의 생산량에 비하면 아무것도 아니었지만, 중요한 발전임에는 틀림없었다. 역사상 브레게와 같은 시계제작의 거장이 높은 명성을 얻은 뒤 더 비싼 시계가 아니라 오히려 더 저렴한 시계를 만든 경우는 거의 없다. 18세기 말, 700여 개에 달하는 수스크립시옹 시계의 제작과 판매를 가능하게 한 이 비즈니스 모델은 엄청나게 성공적이었다.

그의 주 고객층은 여전히 엘리트 계층이되 새로운 엘리트 계층이었다. 망명 중 조지 3세를 위해 일했던 그가 이제는 새 공화국의 은행기와 장교들을 위한 시계를 만들었다. 물론 그에 더해 러시아의 차르 알렉산드르 1세를 포함한 유럽 전역의 왕족들에게서도 의뢰를 받았다. 러시아 귀족들 사이에 브레게의 열성 팬들이 있었고, 심지어 브레게 시계는 알렉산드르 푸시킨의 〈예브게니 오네긴〉에도 등장한다.

불바르 대로에서 산책하는 멋쟁이–
여유롭게 산책하는데
불철주야 방심이 없는 브레게 시계가
정오를 알린다.

브레게의 외교적 재능은 시계제작자로서의 재능만큼이나 뛰어나서 친구, 연인, 적을 가리지 않고 그의 고객이 되었다. 왕의 시계제작자인 동시에 마라의 친구였던 것처럼, 이제 그는 나폴레옹과 웰링턴 공작 모두를 위해 일했다. 나폴레옹은 변장을 하고 브레게의 공장에 몇 번이나 방문할 정도로 그의 작품에 반해 있었다. 제1대 웰링턴 공작이었던 아서 웰즐리Arthur Wellesley는 다수의 브레게 시계를 보유하고 있었는데, 그중 최소한 한 개가 '몽트레 아 탁트montre a tact'였다고 전해진다. 몽트레 아 탁트는 주머니에서 꺼내지 않은 채 케이스만 만지고도 시간을 알 수 있는 시계였다. 이는 아브라함-루이 브레게가 워털루 전쟁의 비공식 시간지킴이였을 가능성을 시사한다.

사회 최고위층과 어울렸음에도 브레게는 소박하고 조용한 삶을 살았다. 그리고 나이가 든 후에도 '젊은 정신'을 가진 사람이라 묘사된다. 죽기 전 마지막 몇 년은 귀가 거의 들리지 않았지만 그는 여전히 쾌활함을 잃지 않았다.[113] 그의 궁극적 프로젝트였던 마리 앙투아네트를 위한 시계는 늘 그의 곁에 있었다. 1832년 8월에 작성된 메모를 보면 그가 일흔여섯의 나이로 세상을 뜨기 한 달 전까지도 여왕의 시계가 그의 작업대에 놓여 있었다는 사실을 확인할 수 있다. 그는 끝까지 그 작업을 계속했다. 그리고 작품은 마침내 브레게의 아들이자 계승자인 앙투안-루이Antoine-Louis가 완성했다.

유럽 전체를 뒤흔든 정치적 봉기였던 프랑스 혁명을 떠올리지 않고는 18세기를 생각할 수 없듯, 브레게를 논하지 않고는 시계의 역사를 이야기할 수 없다. 그는 타고난 재능과 정치적 능수능란함으로 격동의 시대를 살아남았다. 그 후 수 세기에 걸쳐 그의 명성과 견줄 데 없는 시계들이 늘 존재감을 자랑해 왔고, 그의 이름은 문학 작품 속에서 인물의 취향, 스타일, 부를 보여주고자 할 때 곧잘 언급되었다. 그는 알렉상드르 뒤마의 《몬테크리스토 백작》에 두 번이나 등장하고, 쥘 베른의 작품과 윌리엄 새커리의 《허영의 시장》에서도 언급되었다. 스탕달은 브레게의 시계가 인간의 신체보다 더 정교한 작품이라고 선언하면서 이렇게 말했다. "브레게는 20년이 지나도록 고장 한 번 나지 않는 시계를 만든다. 하지만 우리가 살아내야 하는 몸이라는 이 몹쓸 기계는 매주 한 번 이상 고장이 나고 여기저기 아파온다." 빅토르 위고는 심지어 한술 더 떴다. 그는 1865년 발간한 시집 《거리와 숲의 노래 *Les Chansons des rues et des bois*》에서 "브레게 시계처럼 위대한 신"이라는 표현을 썼다.[114] 그를 신의 반열에 올려놓는 것은 다소 과장일 수도 있지만, 브레게의 시계가 정확성, 실용성, 신성한 아름다움의 대명사라는 사실은 부인할 수 없다.

7

시간에 맞춰 일하기

…근엄한 분위기의 방에는 치명적으로 정확한 시계가 걸려 있었다. 시계는 단 1초도 거르지 않고 끊임없이 관뚜껑을 두드리는 망치 소리를 냈다.

찰스 디킨스, 《어려운 시절》, 1854년.

크레이그와 함께 주얼리 퀴터에 작업실을 처음 열었을 당시 바로 이웃에 공장이 있었다. 이제는 건설업자들의 손에 철거되고 주거 및 상업 시설을 짓는 공사가 진행 중이지만, 매우 거대한 공간이었다. 붉은 벽돌로 지어진 빅토리아 시대 건물여러 채 사이에 1970년대의 사무실 건물들과 함석 지붕으로대충 지은 비행기 격납고 같은 건물을 모두 이어 붙인듯 어색한 모양새였다. 버스 좌석 제조에서부터 대규모 금속 압착 및성형, 정밀 기계 가공에 이르기까지 실로 다양한 물건을 만들어내던 그 공장은 정말이지 시끄러운 곳이었다. 귀가 먹먹할 정도로. 그리고 끊임없이 웅웅거리며 돌아가는 모터 때문에 우리 작업실은 늘 백색소음으로 가득했다. 결국 소음에 익숙해진 우리는 시끄럽다는 사실 자체를 잊어버렸다. 그러다 어느 날 모든 기계가 동시에 꺼지면 잠시 그 익숙하지 않은 침묵에 깜짝 놀라곤 했다.

공장이 문을 닫기 전에는 일과가 시작될 때와 점심시간의 시작과 끝, 그리고 근무시간이 끝날 때마다 나팔 소리가 울려 퍼지곤 했다. 우리는 아침마다 일을 시작하기 전에 건물 전체에 울려 퍼지는 나팔 소리에 귀를 기울였다. 증기기관차 경적 같은 소리가 울려 퍼진 다음 모터와 중장비가 깊고 느린 소리로 시동을 거는 소리가 들려왔다. 공장에서 나팔 소리로 시간을 알리는 것은 산업혁명 이후 내내 널리 쓰이는 방법이었다. 시끄러운 기계 소리를 뚫는 소리가 나팔 말고는 별로 없었기 때문이다. 이제는 시계를 보면서 나팔이 울리기를 기다리다가 모두가 함께 연장을 내려놓고 멈춰선 기계를 뒤로한 채 공장문을 나서는 경험을 공유한다는 것은 고풍스럽게 느껴지기까지 한다. 요즘은 휴대전화와 원격 이메일 접속 기능, 소셜미디어, 교대 근무, 화상회의, 유연근무제 덕분에 그런 식으로 완전하고도 단순히 모든 일을 멈추는 기업은 거의 없다. 그러나 후기 자본주의와 팬데믹 이후에 '재택근무'라는 개념이 사무실에서 일하던 우리에게 충격을 준 것만큼이나 산업

공장은 산업화된 도시의 스카이라인을
바꿔 놓았다.

혁명 시기의 노동자들에게 시계가 가리키는 시간에 맞춰 일을 하는 관행은 경천동지할 일이었다. 시간을 어떻게 보내야 하는지에 대한 인간의 이해를 바꾸어 놓았기 때문이다.

　　산업화 이전, 영국인들은 자연의 리듬에 따라 하루 일과와 활동을 결정했다.[115] 땅을 일구거나 조수간만에 따라 일을 하던 시절에는 그때그때 해내야 할 일을 해내면 되었고 계절에 따라서 하는 일도 달라졌다. 낮이 긴 여름에는 더 오래 일해서 낮이 짧은 겨울에 잃은 시간을 보충했다. 농부는 여름이면 밀 등을 수확하느라 저녁 늦게까지 고단하게 일하고, 찬바람이 불면서 낮이 짧아지기 시작하면 가축들을 돌보는 데 더 신경을 쓴다. 그러다 날이 따뜻해지면 다시 파종 준비를 한다. 땅을 임대해서 소규모 경작을 하는 소농들은 건축이나 초가 지붕 이기 등의 부업을 했고, 폭풍이 쳐서 바깥 일이 어려울 때는 유아용 침대, 심지어 관 짜는 일까지 했다(글자 그대로 지역 사회를 요람에서 무덤까지 돌봤다). 어부들은 날씨가 좋지 않아 배를 띄우지 못하는 날이면 그물과 배를 수선했다. 삶은 혹독하고 가차 없었다. 그러나 그 순간 꼭 필요한 일에 집중하면서 자연 에 순응하며 생활하는 방식은 비록 노동과 휴식을 명확히 구 분 짓는 하루하루는 아닐지언정, 치열하게 일하는 계절을 지 내고 나면 좀 더 쉬며 즐겁게 지내는 계절이 오는 변화를 누 리는 것을 가능하게 했다. 이런 생활 방식은 오늘날에도 농업 공동체에서 어느 정도 유지되고 있다.

공장이라는 예측 가능하고 기계화된 세상은 이와 극명 한 대조를 이루었다. 1760년경부터 빅토리아 시대에 이르기 까지 영국은 산업혁명의 선두 주자였다. 이 변화는 사람들이 임금 노동자가 되었다는 사실보다, 엄격하게 **정해진 시간**에 노동을 하게 되었다는 측면에서 더 중요하다.[116] 임금 노동이 야 봉건 시대에도 임금을 주고 '일용직' 노동자를 고용하는 관 습이 있었다. 이제 더는 해가 뜨면 일하고 해가 지면 일을 마 치는 일과가 아니었다. 공장식 공정이 개발되고, 업무가 더 전 문화됨에 따라 엄격한 시간 관리를 통해 작업을 동기화하는 것이 매우 중요해졌다. 직원은 생산성을 고려한 예산에 따라 일정 기간 고용한 톱니바퀴의 톱니에 불과했다. 시간을 지키는 것은 수익과 직결되었다.

19세기부터 20세기 중반 정도 시기에 영국에 살았던 권위 있는 인물을 상상해 보자. (아마 거의 100퍼센트 남자일) 그는 산업가나 공장주, 공장 관리자 혹은 정치인, 노조 지도자의 모습을 하고 있을 것이다. 그는 어두운 색 양복에 단추를 목까지 잠근 흰 셔츠 차림이다. 실크햇이나 중산모, 혹은 납작한 모자는 필수. 턱수염이나 콧수염을 길렀을 수도 있고 깔끔하게 면도를 했을 가능성도 있다. 그리고 틀림없이 조끼는 입고 있을 것이다. 돈이 좀 있는 사람이라면 실크 소재에 무늬가 있는 조끼겠지만 그렇지 않으면 더 실용적이고 덜 눈에 띄는 두터운 모직 조끼일 확률이 높다.° 어쩌면 윈스턴 처칠이나 키어 하디Keir Hardie °° 같은 인물일지도 모르겠다. 아니면 앨버트 공이나 아브라함 링컨, 아서 코난 도일의 친구 왓슨이나 하퍼리의 소설에 나오는 애티커스 핀치와 같은 허구의 인물을 떠올리는 독자도 있을 것이다. 신흥 부자든 대대로 명문가 집안 출신이든, 사회적 배경이 무엇이든, 정치적으로 좌파든 우파든 상관없이 이 시대 남성들의 스타일을 하나로 묶는 공통점

° 찜통처럼 더운 보석 세공 작업장 같은 곳에서 힘든 육체노동을 하던 남성들까지도 꼭 조끼를 챙겨 입었다는 사실에 나는 늘 놀라곤 한다.

°° 스코틀랜드 출신 노조 지도자로 노동당을 창당했다 - 옮긴이.

시간에 맞춰 일하기

이 있다. 다음에 이런 사람들의 사진을 보거나 그들을 묘사한 글을 읽을 때면 조끼의 단춧구멍에 고정된 체인 끝에 매달린 회중시계에 주목해 보라(이런 시계 착용 방식을 매우 좋아한 앨버트 공 덕분에 이제는 이 체인을 앨버트 체인이라 부른다). 산업혁명이 급속도로 확장되던 이 시기에 시계는 소유주의 부와 교육 수준에 더해 일에 대한 그의 체계적인 태도를 상징하는 물건이 되었다.

산업혁명 시기 유럽에서, 청교도주의는 이미 주류에서 사라졌지만 산업가들은 근면을 통해 구원을 얻어야 한다고 설파했다. "노는 손에는 악마가 깃든다"는 격언과 함께 말이다. 그러나 이제 구원 못지않게 생산성도 중요한 목표였다. 물론 이 두 개념은 편리하게 융합될 때가 많았다. 시계가 알려주는 시간에 따라 일하는 데 익숙해진 사람들 눈에는 시골 사람들이 일하는 방식이 게으르고 무질서해 보였고, 이는 기독교인답지 않고 나태한 태도라는 인식이 점점 더 확산되었다. 대신 '시간 절약'은 미덕이자, 심지어 건강의 원천이라고까지 격찬받았다. 1757년, 아일랜드의 정치인 에드먼드 버크Edmund Burke 는 "과도한 휴식과 여가는 우울감, 실의, 낙담, 심지어 종종 '자기 살인'을 불러일으키는 데 반해 근면함은 몸과 마음의 건강을 증진하는 데 꼭 필요하다"고 주장했다.[117]

역사학자 E.P.톰슨E.P. Thompson 은 유명한 에세이《시간, 노동규율, 산업자본주의》에서 18세기 영국에서 시계의 역할을 시적으로 묘사한다. 그는 시계를 "이제 산업사회를 사는

앨버트 체인에 연결된 은 회중시계는
조끼가 없이도 휴대가 가능하다.

시간에 맞춰 일하기

사람들의 삶의 리듬을 조절하는 작은 기구"라 불렀다. 이 묘사는 시계제작자로서 내가 특히 즐기는 표현이다. 우리 일상을 '조절'하는 시계의 헤어스프링의 길이 등을 '조절'해서 시계가 정확한 속도로 작동하도록 하는 것이 나의 일이기 때문이다. 그러나 관리 계층에게 시계는 자신의 삶은 물론 직원들의 삶까지도 통제하는 도구였다.

1850년, 던디 출신의 공장 노동자 제임스 마일스James Myles는 방적 공장 노동자로 일하는 자신의 삶을 자세히 묘사한 글을 남겼다. 시골에 살던 제임스는 아버지가 살인죄로 식민지에서 7년간 복역하게 되자 어머니, 형제자매와 함께 던디로 이주했다. 공장에서 일자리를 얻었을 때 그의 나이는 겨우 일곱 살이었지만 식구들이 굶주리고 있었기 때문에 그의 어머니는 크게 안도했다. 그는 "먼지, 소음, 일, 그리고 사람들 사이에서 오가는 비명과 으르렁거리는 소리"로 가득한 공장에 첫발을 들인 순간을 묘사한다.[118] 근처 공장에서는 하루 근로시간이 17~19시간에 달했고, 노동자들의 생산성을 극대화하기 위해 식사 시간도 거의 건너뛰곤 했다. "여자들은 삶은 감자를 바구니에 담아 여러 층으로 나르고, 아이들은 감자 하나를 서둘러 삼켜야 했다… 그 정도의 식사로 밤 9시 반, 종종 10시까지도 버텨야 했다." 감독관들은 노동자들을 공장에 제시간에 출근시키려고 사람을 보내 직원들을 깨웠다. 제임스는 달콤한 잠이 어린 눈꺼풀을 겨우 감싸고 연약한 영혼을 행복한 망각으로 채우자마자 경비원의 지팡이가 문을 두드리고 "일어나! 네 시야!" 외치는 소리에 잠에서 깨어나고 마는 광경을 묘사한다. 그 소리는 그들이 단조로운 노예 생활에 무방비로 희생되는 공장 아이들이라는 사실을 상기시켰다.

'노커-어퍼knocker-upper'라고 부르던 인간 자명종은 산업화된 도시에서 흔히 볼 수 있었다.° 알람은 비싼 부가 기능이었고 그런 시계를 소유하고 있지 않은 사람은 동네 노커-어퍼에게 약간의 비용을 지불하고 원하는 시간에 침실 창문을 긴 막대로 두드리거나 심지어는 장난감 총을 쏴서 소리를 내달라고 부탁할 수 있었다. 노커-어퍼들은 가까운 거리 내에서 가능한 많은 고객을 확보하려고 노력하는 한편, 창문을 너무 세게 두드려 이웃까지 공짜로 깨우는 일을 피했다. 점점 더 많은 공장이 교대 근무제를 채택하면서 노동자들이 불규칙한 시간에 출근하기를 원했고, 이에 따라 노커-어퍼에 대한 수요 또한 늘어났다.[119]

고용주들은 노동자가 일단 일터에 도착한 후에는 시계를 보는 것을 고의적으로 제한하고 조작하는 경우가 허다했다. 공장 측이 제어하는 시계를 제외하고 시계를 모두 없애버리고 나면 노동자들이 언제 일을 시작했고, 얼마나 오랫동안 일하고 있는지를 아는 사람은 공장주뿐이었다. 그렇게 되면

°   노커-어퍼들은 1970년대까지도 영국 북부 지방 일부 소도시에서 활동했다.

점심시간과 정해진 휴식 시간을 조금씩 짧게 만들고, 근무가 끝나는 시간을 여기저기서 몇 분씩 연장하는 것도 어렵지 않았다. 시계가 점점 더 저렴해지자 시계를 소유한 노동자는 공장 주인의 권위에 도전하는 반갑지 않은 방해꾼이 되었다.

19세기 중반의 공장 노동자는 이렇게 말한다. "여름에는 앞이 보이는 동안 내내 일했다. 일을 마친 시간이 몇 시인지 알 수가 없었다.[120] 시계를 가진 사람은 주인과 주인의 아들뿐이어서 우리는 시계를 볼 수가 없었다. 시계를 가진 직원이 하나 있었는데… 그가 몇 시라고 말을 하자 주인은 그의 시계를 빼앗아서 보관했다."

제임스 마일스도 비슷한 이야기를 전한다. "실제로는 정해진 시간이 없었다. 주인과 관리자가 원하는 대로 일해야 했다. 공장에 걸린 시계는 아침에는 앞으로 돌리고, 밤에는 뒤로 돌리는 경우가 많았다. 시간을 측정하는 도구라기보다는 기만과 억압을 은닉하는 도구였다. 우리 모두 그런 사실을 알고는 있었지만 말하기가 두려웠다. 그리고 노동자는 시계를 가지고 다니기를 두려워했다. 시간의 과학을 너무 잘 안다고 생각되는 사람은 해고당하는 일이 흔하기 때문이다."

시간은 사회적 통제의 한 형태가 되었다. 동이 트자마자, 심지어 더 일찍 일을 시작하게 하는 것은 노동자 계층이 못된 짓을 할 가능성을 없애고 생산적인 사회 구성원이 되도록 돕는 효과적인 길이라고 간주되었다. 한 산업가는 이렇게 설명했다. "아침에 일찍 일어나야 하는 가난한 사람은 일찍 잠자리에 들어야 한다. 그러면 '한밤중에 난잡한 일을 할 위험'을 방지할 수 있다."[121] 그리고 가난한 사람들을 시간적 통제에 익숙해지게 만드는 것은 아무리 빨리 시작해도 지나치지 않다고 장려했다. 1770년 영국의 성직자 윌리엄 템플William Temple은 가난한 집 자녀들은 모두 네 살부터 하루 두 시간씩 학교 교육을 제공하는 구빈원으로 보내져야 한다고 주장했다.[122]

> 어린이들이 어떤 방식으로든 적어도 하루 12시간 이상 무언가 하도록 만드는 것은 상당한 장점이 있다. 어린이의 생계유지에 필요한 활동인가와 상관없이 이렇게 끊임없이 뭔가를 하는 습관이 들면 자라나는 세대도 결국 꾸준한 노동을 즐겁고 재미있는 일로 여기게 될 것이다….

네 살짜리 아이가 10시간 중노동을 한 후에 추가로 두 시간 학교 교육을 받는 것을 얼마나 즐거워할지는 우리 모두 상상할 수 있다. 1772년, 《실제적 고충에 대한 견해A View of Real Grievance》라는 제목의 소책자로 교부된 에세이에서 익명의 저자는 이런 식으로 "근면한 습관"을 기르는 훈련을 하면 예닐곱 살 정도의 어린이도 "노동과 피곤을 자연스럽게 여길 뿐 아니라 익숙한 습관처럼 여길 것"이라고 말한다.[123] 어린 자녀를 둔 독자를 위해 이 저자는 어린이들의 "나이와 힘"에 맞는 일로 몇 가지 예를 드는데 농업과 선박 노동을 으뜸으로 친다. 땅 파기, 쟁기질, 울타리 치기, 장작 패기, 무거운 물건 나르기 등도 적절하다는 진단이다. 여섯 살짜리 아이에게 도끼를 쥐어주든 해군에 입대시키든 무슨 문제가 있겠는가?

시계 산업 분야도 아동 노동 착취 대열에서 빠지지 않았다. 바로 '크라이스트처치 퓨제 체인 갱'으로 불리는 사건이었다.[124] 나폴레옹 전쟁으로 인해 대부분 스위스에서 수입되던 퓨제 체인 공급에 문제가 생기자 영국 남부 해안 지역의 시계 제작자 로버트 하비 콕스Robert Harvey Cox가 기업가 정신을 발휘해서 이 위기를 기회로 선환했다. 시계 체인 제작은 복잡하지는 않았지만 매우 섬세한 작업이었다. 자전거 체인과 비슷한 디자인이지만 말털 정도의 두께였고 링크 하나하나를 손으로 찍어낸 후 리벳으로 연결해야 했다. 손가락 한 마디 정도 길이의 체인을 만들려면 각각 75개의 링크와 리벳이 필요했다. 퓨제 체인 완성품은 손 길이 정도 되었다. 시계제작을 다룬 한 책에서는 이 일을 "세계 최악의 작업"이라고 불렀다. 그러나 콕스는 이것이 작은 손을 가진 아이들에게 최적의 작업이라 생각했고, 1764년 크라이스처치 앤드 번머스 유니언 구빈원이 가까운 곳에 문을 열자 즉시 문을 두드렸다. 콕스의 공장은 최전성기에는 40~50명의 어린이들을 고용했고, 그중에는 아홉 살밖에 되지 않은 아이들도 있었다. 그는 아이들이 구빈원에 주는 재정적 부담을 줄여주기 위해서라는 이유까지 마련했다. 임금은 구빈원에 직접 지불했는데, 일주일에 현재 화폐 가치로 3파운드[약 5,000원]에 해당하는 1실링이 되지 않을 때도 많았다. 노동시간은 길었고, 확대경 같은 도구를 이용하였지만 작업을 오래 하다 보면 두통과 영구적 시력 손상을 초래할 수도 있었다. 콕스의 공장을 본 딴 공장들이 더 생겨났고, 영국 남부 해안 지역에 있는 시장이 서는 평범한 소도시에 불과했던 크라이스트처치는 1914년 제1차 세계 대전 직전까지도 영국의 퓨제 체인 제조 중심지로 거듭났다.

산업화 시대의 시간에 대한 태도가 가난한 노동자 공동체에 끼친 영향은 실생활에 바로 나타났다. 긴 근로시간과 강한 노동 강도, 위험하고 오염이 심한 환경, 그리고 극심한 빈곤으로 인한 질병과 영양 부족 등이 모두 합쳐져 치명적인 결과로 이어졌다. 영국 내 제조업이 가장 집중된 지역 일부의 평균 수명은 믿기 힘들 정도로 낮았다. 영국 웨스트미들랜즈 더들리 지역의 블랙 컨트리 교구에서 진행한 1841년 인구 조사에서는 평균 수명이 불과 16년 7개월인 것으로 드러났다.

✦ ——— ✦

일요일 저녁의 우울감, 혹은 월요병에 공감하는 사람이라면 알 것이다. 일하는 날과 쉬는 날을 일주일 단위 리듬으로 정해 놓은 개념이 우리가 일을 하든 하지 않든 시간에 대한 인식을

시간에 맞춰 일하기

지배한다는 사실을. 1937년에 영국 랭커셔의 볼턴에서 진행된 라이프스타일에 대한 획기적인 연구에서는 노동자들이 휴식 시간이 끝나는 시점을 "불안한 마음으로 기다리는" 정도가 주중에 일이 끝나기를 기대하며 기다리는 정도만큼 강하다는 사실이 밝혀졌다. "노동자는 항상 종류와 상관없이 정해진 기간이 끝나는 것을 기다린다"고 연구팀은 관찰했다. 그들은 또 긴 여름 휴가 기간 중에도 "시간에서… 벗어나지 못했다."⁕

1954년 시인 필립 라킨Philip Larkin은 "왜 나는 일이라는 두꺼비가 / 내 인생을 깔고 앉도록 해야 하는가…"하고 울부짖었다. 라킨과 마찬가지로 나도 행복한 직원이 아니었다. 공장 노동자들과 달리 나는 내 열정을 쫓을 자유가 있었고, 시계제작자로서의 커리어를 쌓는 내내 지적이고 관대한 이들의 지원을 받아왔다. 그러나 때로 힘든 순간들도 있었다. 진실을 말하자면 나는 다른 사람을 위해 일할 때면 늘 스트레스를 받곤 한다. 심지어 일이 고되거나 반복 작업이 아닐 때도 나로서는 감지하기 힘든 일터의 숨은 규칙과 타협 같은 것에 적응하기가 힘들었다. 유명 경매장에서 시계 수집가들을 상대로 '사무실의 꽃' 노릇을 해야 하는 일이 되었든, 세상에서 가장 부

⁕ 리서치의 많은 부분이 펌에서 이루어졌다. 연구팀은 노동자 또는 식장인들이 금요일과 토요일에는 술을 훨씬 빨리 마신다는 사실을 관찰했다. 이런 행동 패턴은 금요일이 임금을 받는 날일 뿐 아니라 여가시간을 최대한 늘리고자 하는 욕구가 반영된 것이라고 해석되었다.

유한 사람들의 숨겨진 사회적 규칙에 따르는 일이 되었든 모두 내게는 너무 힘든 일이었다. 하지만 무엇보다도 견딜 수 없었던 것은 누군가의 '밑에서' 일해야 한다는 느낌, 내 시간에 대해 무의식적으로라도 누군가가 영향력을 행사한다는 느낌이었다. 관리를 잘하지 못하고, 계속 목표를 바꾸는 습관 때문에 일 자체와 일에 대한 걱정이 일하지 않는 시간까지 나를 지배했다. 더는 내 시간을 스스로 제어하지 못한다는 느낌이 가중되면서 나는 한계에 도달했다.

2012년 어느 날 잠에서 깨어난 나는 눈물을 터뜨렸다. 온몸이 떨렸고, 숨을 쉴 수도, 말을 할 수도, 움직일 수도 없었다. 누군가 내 심장을 움켜쥐고 쥐어짜는 것 같았다. 그것은 내 첫 불안 발작이었다. 더는 계속할 수 없다는 게 확실했다. 나는 시계제작자 세상의 변종, 부적응자였다. 어떻게든 적응해 보려던 노력이 나를 파괴하고 있었다. 결국 나는 스트레스를 이유로 휴직했다. 그런 상태의 나를 보기가 괴로웠던 크레이그는 이제 그만둘 때가 된 것 같다고 말했다. 하지만 그는 내가 지금까지 쌓아 온 커리어를 내던지는 것도 원하지 않았다. 그래서 아이디어를 냈다. 자영업을 해본 경험이 있는 그에게는 사업자 대출을 받아 우리 사업을 시작하자는 아이디어가 그다지 큰 도약이 아니었을지도 모르겠다. 우리가 우리 자신의 고용주가 되는 것, 이 아이디어는 듣는 순간 곧바로 나를 사로잡았다. 내 시간을 누군가 다른 사람에게 넘겨주는 것을 중단하고, E.P.톰슨이 말한 것처럼 나만의 '필요의 논리'에 따라 일할 기회였다.

자영업을 시작하는 것은 내게 일과 가정을 결합하는 방법이었다. 이 결합이 쉽지만은 않다는 사실은 나도 인정한다. 모든 소규모 사업은 소유주 개인의 연장선에 있기도 하다. 그래서 일과 삶을 분리하기가 거의 불가능할 정도로 어렵다. 그 일을 배우자와 함께할 때는 더욱 그렇다. 내가 지금까지 해본 시도 중 가장 힘든 일이었고, 우리가 가진 모든 것을 잃을 뻔한 순간도 여러 차례 있었다. 그러나 타인의 변덕에 자신을 내맡기는 것만큼 내 건강에 해로운 것은 없었다. 결국 나는 내 시간을 내가 온전히 소유할 필요가 있다는 사실을 배웠다.

시간을 제어하는 것은 제국을 건설하는 데 근본적인 역할을 했다. 심지어 지금도 우리는 어떤 종교를 믿든, 무신론자든 상관없이 기독교적 시간표에 따라 살아간다. 독자 여러분이 이 책을 읽고 있는 해는 예수 그리스도가 태어난 해로부터 계산해서 '서기AD'라는 개념으로 정의한다. 이 표기는 '주님의 해anno domini'라는 라틴어 글귀의 약자다.[125] 식민주의자들은 정복한 민족들에게 이 기독교적 시간 개념을 강요했다. 초창기 종교가 교회 종소리로 기도를 위해 모일 시간을 알린 것처

럼 사람들의 일상과 시간을 규제하려 했다.

인류학자 에드워드 T. 홀Edward T. Hall은 1950년대 말, 다양한 문화의 시간에 대한 인식을 연구하는 학문에 '시간개념학chronemics'이라는 이름을 붙였다. 홀에 따르면 서구 국가들, 특히 미국과 북유럽 국가들은 한 번에 하나의 작업에 집중하고 선형적 과정을 거치는 '단일형monochronic' 사회다. 이런 사회에서는 시간을 엄수하고, 마감 시간을 지키는 것을 중시하고, 미래지향적이며, 기다리는 것을 매우 싫어한다. 개인주의적 성향도 강하다. 반면, 아시아, 라틴 아메리카, 사하라 이남 아프리카, 중동 등 '다중형Polychronic' 문화에서는 멀티태스킹에 능하고, 과업보다는 관계 중심적이며, 현재 혹은 심지어 과거지향적이다(예로는 인도, 중국, 이집트가 있다). 이런 문화는 '기다림'을 의미하는 단어 자체가 없을 수도 있다(아메리카 선주민 수Sioux족의 언어가 한 사례다). 단일형 사회와 다중형 사회가 만나면 문화 충돌이 일어나는 경우가 흔하다. 이런 차이는 지금까지도 남아 있어서 인사 방식 같은 사례에서도 드러난다. 영국인이나 미국인은 "안녕하세요, 잘 지내시나요?"하고 인사하는 데 반해 몽골인은 간밤에 평안했는지, 가족들은 모두 건강한지 물으며 10분 이상을 인사에 쓸 때도 많다. 최근에는 세계화로 나라와 민족 간의 경계가 흐려졌고, 스마트폰이 우리 모두를 빠르게 문자를 입력하고 빠르게 말하는 멀티태스킹 전문가들로 바꾸고 있기는 하다. 그러나 과거에는 이런 차이가 인종적 고정 관념과 편견을 부추겼을 게 확실하다.

미국의 식민주의자들은 아메리카 선주민들을 '야만인'으로 여겼다. 여전히 자연과 밀접하게 관계 맺고 일하는 그들이 서구식 시간 체계를 거부하거나 받아들이지 못하는 듯 보이는 것이 이 편견의 주된 이유였다. 그들은 "노동과 자연을 혼합함으로써 세상을 정복하라는 신성한 명령을 위반하는 태도를 버리지 못하"는 사람들이었다.[126] 이런 식의 편견은 세계 전역에서 관찰된다. 1800년대에 멕시코로 건너간 서구인들은 멕시코인 광부들이 "게으르고 어린아이 같다"고 생각했고, "주도성이 부족하고, 저축할 줄 모르며, 지나치게 많은 명절을 보내느라 결근이 잦고, 필수품을 살 돈이 생기면 일주일에 사나흘만 일하고 싶어 하고, 음주 욕구를 절제하지 못하는 사람들"이라 간주했다. 이 모든 것은 "그들이 원래 열등한 민족이라는 증거"였다.[127] 일과 삶 사이의 균형을 완전히 잃은 이가 숱하게 많은 현대인의 관점에서는 술을 좋아하는 부분을 제외하면, 멕시코 광부들이 우리보다 훨씬 정신이 똑바로 박힌 듯 보인다. 아프리카, 중동, 그리고 아일랜드 같은 개신교 지배하의 가톨릭 신자들에 대해서도 비슷한 평가가 내려졌다.

시간은 유럽 백인 남성의 지배 아래 있었고, 분배의 수단을 결정하는 자들에게 유리한 방식으로 설계되어서 그들의 통제에 놓인 사람들은 희생될 수밖에 없는 구조였다. 사회적 진화의 선두에 유럽식 시간 문화를 둠으로써 모든 '타자'는 발전이 "뒤처져 있다"고 결론짓는 것을 가능케 했다. 학계에서는 이를 '시간적 타자화temporal othering'라고 부른다. 국제관계학자 앤드류 홈Andrew Hom 의 말을 빌자면, 앵글로-유럽식 시간 가치관이 "성숙하고, 성인다우며, 미래지향적"인 것으로 인식된 반면 다른 문화는 미성숙하고 유아적이며 낙후된 것이 되고 말았다. 이런 식의 고정관념은 전 세계를 자신의 틀로 개혁하겠다는 서구 식민주의의 근간이 되었다.[128]

　　새로운 산업화의 지배를 받게 된 지역에서는 노동자가 조금이라도 반항을 한다면 차라리 해고되는 것이 최선의 시나리오였고, 최악의 경우 폭력 진압이 이루어졌다. 네 살부터 종종 극도로 위험하고 상상하기 힘들 정도로 좋지 않은 환경에서 하루 12시간 이상, 일주일에 6일 일하지 못하는 사람은 "타고나기를 열등"하다는 것이 다른 무엇보다 중요하고 지배적인 메시지였다. 말할 것도 없이 여가를 즐기는 부유한 주인들과 산업가들은 그런 식으로 일할 생각은 하지도 않았다.[129]

✦———✦

시간은 상품이다. 소유하고 판매할 수 있기 때문이다. 우리가 하는 모든 일은 거래다. 우리의 시간 중 일부분을 고용주에게 판매 혹은 대여하는 것이다. 고용주가 대가를 지불하지 않고 우리의 시간을 사용하려고 한다면 당연히 속은 느낌이 든다.

가장 극단적인 경우는 노예 상태로 기본 인권인 자유권을 완전히 박탈당하는 상황이다.

영국에서는 1824년 합법화된 노동조합이 노동자 권리의 핵심이 바로 시간이라는 사실을 이해했다. 노동조합 투쟁의 첫 결실은 1847년의 여성과 아동의 근로시간을 하루 10시간 이하로 제한한 공장법의 통과였다. 이는 여덟 시간 노동, 여덟 시간 여가, 여덟 시간 휴식이라는 '3X8 방식'에 대한 노동자의 요구를 수용한 것이다(알프레드 대왕의 양초시계를 연상시키는 대목이다). 노동조합 운동의 두 번째 성공은 1850년 공장법이 있다. 이 법령은 모든 작업을 토요일 오후 2시에 중단할 것을 권고하는 내용으로 (여전히 최종적으로는 공장주의 선택을 따랐으나) 현대식 주말 개념을 도입했다는 평가를 받고 있다.

전통적으로 노동자들은 토요일과 일요일 밤 과음 후의 회복을 위해 월요일에 자발적으로 일을 쉬기도 했다. "성자의 월요일"이라고 부르는 이 비공식 휴일은 장인들이 월요일부터 토요일까지 일주일에 6일을 일해야 했던 시대에 시작된 관습이었다. 고용주들은 이를 굉장히 싫어했지만, 성자의 월요일은 1870년대를 거쳐 1880년대까지도 계속되었다. 1842년, 금주 운동을 주도하는 단체들의 지원을 받은 '조기퇴근협회

⦿ 1938년 유급휴가법이 통과되자 사람들은 무급 휴가를 내지 않고도 휴가를 떠날 수 있게 되었다. 일주일 48시간 노동권은 1998년에야 법제화되었다.

Early Closing Association'는 토요일에 직원들을 일찍 퇴근시켜주면 결근이 줄고 생산성이 향상될 것이라고 고용주를 설득했다. 야외에서 산책하거나 정원 돌보기 등 햇빛이 필요한 건전한 즐거움과 '합리적 여가 활동'을 하며 보내는 오후 시간이라는 개념을 장려하면서, 때맞춰 막 싹트기 시작한 여가 산업이 더욱 발전했다. 한때 월요일에 관객들을 받았던 극장과 음악회장 등이 토요일에 문을 열기 시작했고, 노동자들이 술집에 너무 일찍 가는 것을 막기 위해 교회에서 발족한 축구 클럽들도 토요일 오후에 경기를 하기 시작했다.●

철도가 확장되자 당일 여행 또한 폭발적인 인기를 누렸다. 증기기관의 도입으로 이동 시간이 극적으로 줄어들면서 당일 여행을 나선 사람들은 더 멀리까지 더 빠르게 다녀올 수 있었다. 피크닉, 하이킹에서부터 배 타기 혹은 서커스 관람에 이르기까지 가능한 옥외 활동의 범위가 늘었다는 의미다. 조지 시대[1714~1830년]의 의사들이 소금기를 머금은 바닷바람과 바닷물이 전인건강에 좋다고 권장하기 시작한 이후 해안

● 빅토리아 시대에는 조직화된 스포츠가 탄생했다. 1845년에 럭비 규칙이, 1863년에 축구 규칙이 발간되었다. 기차 여행이 가능해 지면서 각 지역 크리켓, 럭비, 축구 팀들이 원정 경기에 나설 수 있어서 전국 규모의 경기가 가능해졌고, FA컵(1871) 등이 발족했다. 팀만 이동을 한 것이 아니라 관객들도 멀리서 하는 경기를 보기 위해 이동했다. 경마를 관람하려는 관객들이 전국에서 모여들면서 엡솜Epsom같은 오래된 경기장이 부흥했다.

시간에 맞춰 일하기

지역으로의 휴양 여행은 늘 인기를 끌고 있었지만, 빅토리아 시대에는 해변 휴가의 인기가 절정에 이르렀다. 19세기 말 즈음이 되자 브라이턴, 블랙풀 등의 해변 휴양 도시는 각계각층의 관광객으로 넘쳐났다.

———— ❖ ————

노동자 계층 여성에게 '휴식 시간'은 먼 이야기였다. 어머니와 아내들에게 하루 10시간에서 12시간의 임금 노동은 그저 시작에 불과했다. 저녁에 집으로 돌아온 후에는 가족을 돌보는 노동을 계속해야 했기 때문이다. 산업화 초기인 1739년 햄프셔의 세탁부였던 메리 콜리어Mary Collier는 이렇게 한탄했다.

> …집으로 돌아오면,
> 맙소사! 일은 막 시작된 것이나 마찬가지네.
> 우리를 기다리는 일이 너무 많으니,
> 손이 10개라도 모자랄 지경이구려.
> 가장 정성을 들일 일은 애들을 재우는 일이고,
> 당신이 오기 전에 준비해야 할 일이 한가득.
> 당신은 저녁을 먹고 바로 잠자리에 들어
> 아침까지 쭉 쉬지만,
> 아아! 우리는 잠은 아직 생각도 못 하네.

까다로운 아이들이 울고 떼쓰기를 멈추지 않고…

거기에 더해 다른 일까지도 우리 몫을 다 해야 하니

추수가 시작된 시간부터

곡물을 거둬들일 때까지

우리의 노동과 수고는 너무나 극심해서

꿈꿀 시간조차 없구려.[130]

　이와 비슷한 18세기 스코틀랜드의 노래인 〈불운한 집안일에 대한 답변〉에서도 존이라는 남성이 아내가 하던 일을 잠시 맡으면서 이를 쉽게 생각하는 이야기가 나온다. 하지만 그는 결국 가사 노동이 얼마나 어려운지 깨닫고 아내가 집으로 돌아오자 크게 안도를 한다.[131]

　여성들은 임금 노동을 마친 후 단순히 일을 더 많이 하는 데서 그치는 것이 아니었다(빅토리아 시대 노동자 계층의 많은 여성이 출산 후 가능한 빨리 다시 임금 노동을 시작해야 했다). 문제는 그들의 가사 노동이 형식을 갖춘 직장의 선형적 노동 패턴과 완전히 다르다는 점이었다. 우리 대부분이 이미 너무 잘 알고 있지만 빨래, 조리, 청소 등의 가사 노동은 절대 끝나지 않는 시지프스의 형벌과 같은 일이다. 식사를 준비해서 먹고 치우고 나면 다시 다음 식사를 준비할 시간이 된다.

　지금도 아이들을 키우는 일은 자본주의식 생산성 개념과 부합하지 않는다. 막 부모가 되었는데 재택근무를 하는 사람들은 심리학자 나오미 스타들렌Naomi Stadlen이 "즉시 중단이 가능한" 상태라고 묘사한 패턴, 어떤 일을 끝내려던 의도가 자녀들의 더 급한 요구로 인해 예외 없이 좌절되고 마는 상황에 적응해야 한다.[132] 그런 일과가 계속 반복되는 동안 아이를 양육하는 시간은 식사를 준비해서 먹이고, 재우고, 안아주는 (그리고 조금 후에는 TV, 컴퓨터, 휴대폰 보는 시간으로 언쟁하는) 일들이 눈에 보이지 않게 차곡차곡 쌓인다. 시간은 천천히, 몇 걸음 걷다가 인도 옆에 모여드는 개미를 들여다보느라 멈췄다가 다시 몇 걸음 아장아장 걷는 속도로 천천히 흐른다. 그러다가 문득 고개를 들어보면 틸이 부숭한 십대가 앞에 서 있는 것을 발견할 정도로 쏜살같이 흘러가 버린다.

왜 나이가 들수록 시간이 빨리 가는 것처럼 느껴질까? 부모들은 자녀들이 엄청난 변화를 겪고 있음을 눈앞에서 목격하면서도 자신은 상대적으로 정체된 상태에 머무르게 된다.° 우리는 새로운 경험을 더 뚜렷하게 기억하고, 그런 경험을 하는 동안 시간이 더 '느리게' 흐르는 것처럼 느낀다. 또한 우리는 본능적으로 더 선명한 기억을 더 최근에 일어난 것으로 생각한다. 심리학자 노먼 브래드버리Norman Bradbury는

° 최근 독일 프라이부르크의 심리학 및 정신 건강 프론티어 연구소Institute for Frontier Areas of Psychology and Mental Health와 제네바 대학의 공동 연구에서 자녀를 두지 않은 사람들보다 자녀를 둔 사람들이 시간이 더 빨리 흐른다고 인식한다는 결론을 내렸다.

1987년에 이 현상을 '기억 선명도' 가설로 묘사했다. 기억이 흐릿하다면 우리는 그 일이 훨씬 더 과거에 일어났다고 생각하지만, 마법처럼 인생을 바꾸는 경험을 한 기억, 가령 아이가 처음 우리 삶에 들어온 것과 같은 선명한 기억은 마치 바로 어제 일어난 것처럼 느낀다. [133]

✦ ———————— ✦

영국의 산업화가 진행되는 동안 정작 공장들이 제시간에 돌아가도록 도왔던 산업 자체는 쇠락하고 있었다. 현기증이 날 정도로 성공적인 황금기를 누렸던 시계제작 산업은 산업화에 철저히 실패한 몇 안 되는 영국 산업 중 하나가 되고 말았다. 프랑스 혁명과 그 뒤를 이은 나폴레옹 전쟁, 거기에 엎친 데 덮친 격으로 밀려든 네덜란드 위조품 때문에 19세기 초부터 영국 시계 산업은 이미 경제적으로 타격을 입은 상태였다. 설상가상으로 제작자들이 생산 방법을 현대화하는 데 실패한 것은 대형 시계와 휴대용 시계 산업에 치명적인 일격이었다. 18세기만 해도 세계 시계 산업의 중심지였던 영국은 1817년 즈음에 이르러서는 거의 파산 지경에 이르렀다.

수천 명의 시계제작자가 일자리를 잃고 극도로 궁핍한 생활을 했다. [134] 영국 시계제작자 길드 회원을 위한 구제자금의 관리자는 런던에서 시계제작을 하던 장인과 그의 식솔들이 사는 집을 방문한 후 이렇게 말했다.

> 거의 빈털터리에 아이들은 양말도 신발도 없이 굶주린
> 상태였다…. 그에게는 아내와 다섯 자녀가 있었다. 내가
> 지난 1월에 방문했을 때 그의 아내와 아이들은 불도 지피
> 지 않은 방에 웅크리고 있었다. 방 한구석에 말아놓은 것
> 은 침구인 듯했다. 침대보도 없이 지푸라기를 천으로 감
> 싼 매트리스에 얇은 면으로 된 덮개가 일곱 가족 전체가
> 함께 사용하는 침구의 전부였다. [135]

사치품 거래는 전쟁과 불황이 닥치면 타격을 입게 마련
이다. 1817년 의회에서 발언한 상인에 따르면 고급 시계는
"상황이 어려워지면 가장 먼저 포기하는 물건이고, 상황이 좋
아지더라도 가장 마지막에나 고려하는 물건이다." 1830년대
에 발간된 시계제작자 길드의 보고서에는 네덜란드 위조품과
같이 대륙에서 생산된 대중적인 싸구려 시계들이 보석상, 포
목상, 모자상점, 의상실, 향수가게, 프랑스 장난감 가게, 심지
어 거리 행상에서 판매되고 있다고 한탄하는 대목이 나온다.

경쟁은 시계제작자들의 임금 하락으로 이어졌다. 19세
기 중반, 랭커셔 프레스콧에서 일하는 도제들의 삶은 "대체로
지옥" 같았고, 도제 수업을 마치고 견습생이 된 커터들도 "가
난을 두드리는 자"들이라는 모욕적인 별명으로 불렸다.[136] 스

위스와 프랑스의 시계제작자들과 달리 영국의 시계제작자들은 생산량을 늘리고 단가를 낮추는 것을 완강히 거부했다. 최고 품질의 작품을 만들어내서 시계뿐 아니라 세계 최고의 도구 제작자라는 명성까지 함께 누렸던 자부심 강한 영국의 최고봉 장인들은 타협해서 대충 값싼 시계를 만들어내는 것을 거부했다. 그들은 제조장의 개념에도 저항했고, 심지어 여성을 고용하는 것조차 반대했다.

그러나 미국에서는 이런 심리적 저항을 찾을 수 없었다. 시계제작 분야에 뒤늦게 뛰어든 미국은 스위스 에타블리사주 시스템의 기계화된 버전을 도입하면서 일취월장했다. 미국의 선구적 산업가였던 아론 러프킨 데니슨Aaron Lufkin Dennison 이 1850년에 창립한 '월썸 시계 회사Waltham Watch Company'는 표준화된 기계로 '에보쉬ébauches' 대량생산에 성공했다. 에보쉬는 준비가 거의 다 된 상태여서 추가로 몇 가지 양념만 보태서 불 위에 올리면 되는, 시계 산업계의 '밀키트'와도 같았다.

에타블리사주 시계도 원래 손으로 조립했기 때문에 과거에는 똑같은 시계가 하나도 없었다. 그러나 19세기 미국 시계 제조업계는 기계를 사용한 표준화로 대량생산에 성공함으로써 발전 기반을 마련했다. 19세기 후반에는 이미 시계 부품, 문자판, 케이스 등을 모두 다른 곳에서 제작하는 것이 가능해졌다. 이 덕분에 회사 소유주들은 지역별 기술뿐 아니라 국제적으로 다른 금속의 원가까지 계산할 수 있었다. 나아가 최초로 부품 교환이 가능해졌다. 시계가 고장 나면 밸런스 축을 새로 만들어서 수선하는 나 같은 사람에게 찾아오는 대신 부품 카탈로그에서 필요한 부품을 주문할 수 있게 된 것이다. 시계를 더 싸게 조립하고, 더 싸게 구입하고, 더 싸게 유지 보수할 수 있는 시대가 열렸다.

뉴욕의 우편주문 업체 '잉거솔 시계 회사Ingersoll Watch Company'는 역사상 가장 저렴한 가격인 단 1달러짜리 회중시계를 발매했다. 당시 미국 노동자의 하루 평균 임금에 해당하는 금액이었다.° 이 시계의 이름은 '양키Yankee'였다. 갑자기 공장과 철도 노동자에서부터 하인, 농부, 카우보이, 거리의 행상, 심지어 그들의 아이들에 이르기까지 모든 계층의 사람들이 원할 때 언제라도 정확한 시간을 확인할 수 있게 되었다. 잉거솔은 그 후 20년에 걸쳐 4,000만 개의 양키 회중시계를 판매했다. 이는 당시 미국 인구의 절반 이상에 해당하는 숫자였다. 슬로건은 "달러를 유명하게 만든 시계!The watch that made the dollar famous!"였다.°°

잉거솔의 시계는 기술적으로는 별로 특별하지 않지만, 그럼에도 놀라운 제품이다. 불필요한 꾸밈이 전혀 없는 회중

°   당시 가장 저렴한 영국제 시계의 경우 정확노는 잉거솔사의 양키와 비슷했지만 가격은 12달러 50센트였다.

°°   미국의 26대 대통령 시어도어 루스벨트는 1910년 아프리카 여행 중에 자신을 "잉거솔 시계를 만드는 나라에서 온 사람"이라고 자랑스럽게 소개했다.

시계로, 은처럼 보이게 만든 저렴한 니켈 도금 케이스와 흰색 법랑 대신 종이에 문자를 인쇄한 문자판이 사용되었다. 무브먼트는 부피가 크고 섬세하지 못했다. 부품 중 일부는 빠른 생산을 위해 찍어내는 공법을 사용해서 모서리 각이 제대로 서지 않고 거칠었다. 겉모습만 보면 제대로 작동할까 싶지만 놀랍게도 제대로 작동했다. 잉거솔 시계 회사는 일 년 무상보증서와 함께 양키 시계를 판매하면서 "완벽하게 정확한 시간"을 측정하지 못하면 무료로 수리 또는 교체해 주겠다 약속했다. 나도 양키 시계를 몇 개 다뤄본 경험이 있는데 애를 쓰면 놀랍게도 여전히 수선이 가능하다. 분해와 청소도 가능하고, 닳거나 손상된 부품을 수선하는 것도 가능하다. 요즘 파는 저가 제품들은 고장이 나면 버리게끔 만들어졌지만, 단 1달러에 불과했던 이 시계는 당시 생산된 여느 시계와 마찬가지로 지금까지도 유지 보수가 가능하다.

네덜란드 위조 시계로 영국 시계 산업이 부상을 입었다면, 미국에서 대량생산된 시계의 규모와 조직력은 그야말로 치명타였다. 1878년, 이름을 밝히지 않은 '영국의 유명 시계 제작자'는 "미국은 수백만을 위한 평민의 시계를 만들 것이고, 영국의 시계제작자들은 수백 명 정도를 위한 귀족의 시계를 만들게 될 것이다"라고 예측했다.[137] 너무도 맞는 예측이었다. 그러나 그 제작자마저도 이미 치명적인 타격을 입은 영국의 시계 산업이 얼마나 막대한 손상을 감내해야 할지는 상상조차 하지 못했지만 말이다. 1870년대와 1880년대에 표준화된 시계 무브먼트를 대량생산하는 기계가 미국에서 영국으로 수입되었다. 미국을 따라잡기 위한 마지막 몸부림이었다. 그러나 때는 이미 너무 늦었다. 19세기 말로 접어들 무렵, 한때 번창했던 영국의 시계제작 부문은 작업실 몇 개만 남고 모두 사라진 후였다. 영국에서 상업적 규모로 시계를 생산한 마지막 제조업체는 '스미스Smiths'였다. 1851년 설립된 스미스사의 시계제작 분과는 1980년 마침내 생산을 중단했다. 현재 영국에는 전통적인 방법만을 사용해 시계 전체를 만들 수 있는 지식과 능력을 보유한 시계제작자가 몇십 명밖에 남아 있지 않다. 크레이그와 나도 여기에 포함된다. 영국의 시계제작자들은 모두 합쳐서 일 년에 100개에 훨씬 못 미치는 수의 시계를 생산하고 있다.

행동파를 위한 시계

아니오라는 답은 받아들일 수 없다.

○

베시 콜먼, 비행사, 1920년대.

무언가를 할 수 없다는 말을 극도로 듣기 싫어하는 사람들이 있다. 나도 그중 하나다. 나는 시계제작 수업 중 가장 먼저 버지 시계를 다룬 사람이었는데, 강사가 내게는 너무 수준이 높아 어려울 것이라 말했기 때문이었다. 졸업반에 들어가서는 벽시계를 만드는 대신 잠자리 모양의 펜던트 시계를 만들겠다 결심했다. 2011년 나는 당시 세계 최고로 유명한 시계제작자 조지 다니엘스George Daniels를 만났다. 그는 내가 왜 시계를 만들지 않고 경매 회사에서 일하고 있는지 물었다. 할 만한 질문이라고 생각했다. 이어서 그는 언젠가 직접 디자인한 시계를 만들고 싶은지 물었다. 나는 그렇다고 대답했다. 그는 큰 소리로 웃으며 언젠가 그 시계를 꼭 보게 되기를 기대한다고 말했다. 조지가 내게 던진 도전에 응하기까지 10년도 더 걸렸다. 슬프게도 그는 내가 무슨 일을 하고 있는지 더는 볼 수 없는 곳으로 떠난 후였다.

내 이런 성향은 오래되었다. 처음 소설을 읽은 것도 비슷한 도전을 받아서였다. 박정하기 짝이 없는 선생님(철자가 틀렸다고 자료 보관용 벽장에 가두거나, 반 친구들이 보는 앞에서 공책을 찢어발기는 타입의 선생님)이 내가 쥘 베른의 《80일간의 세계 일주》를 절대 읽을 수 없을 것이라 말했다. 내가 읽기에 너무 어렵고 길기 때문이라나. 나는 여덟 살이었고 소설보다 과학책을 좋아했지만 대담함과 모험으로 가득 찬 그 이야기는 내 흥미를 끌었다. 역설적이게도 1872년에 출간된 《80일간의 세계 일주》도 도전으로 시작된다. 지구를 80일 만에 일주할 수 있다는, 당시만 해도 믿기 힘든 생각에 대한 도전 말이다. 필리어스 포그는 자신의 말을 믿지 않는 사람들이 틀렸다는 것을 증명하기 위해 전 재산을 걸고 (그리고 다 써서) 배, 기차, 낙타, 썰매 등을 타고 전 세계를 여행했다. 그와 동행한 충성스러운 하인 파스파르투는 증조할아버지의 시계를 이용해 모든 것이 일정에 맞춰 돌아가도록 애를 썼고, 의심 많은 형사 픽스가 그의 뒤를 쫓았다.

필리어스 포그의 내기는 사실 그다지 터무니없지만은 않았다. 19세기 말의 세상은 어떤 면에서는 19세기 초의 세상보다 훨씬 축소되어 있었다. 1804년 리처드 트레비식Richard Trevithick이 최초의 증기기관을 발명한 후, 서구 국가들 사이에 기차 열풍이 퍼지면서 사람과 상품이 이전 어느 때보다 활발히 한 곳에서 다른 곳으로 이동했다. 철도는 거대한 미국 땅마저 축소시켰다. 적어도 시간상으로는 말이다.[138] 가령 19세기가 시작될 때만 해도 뉴욕에서 뉴올리언스까지 편지 한 장을 보내려면 길게는 석 달까지도 걸렸고, 답장을 받으려면 또다시 석 달을 기다려야 했다. 1850년대에 접어들었을 때는 철도 덕분에 편지를 보내고 답장을 받기까지 불과 2주밖에 걸리지 않았다.[139] 증기 선박이 발달하고 선박 운송과 선박 항로, 운하 등이 열리면서 해상 여행 시간도 단축되었다. 1900년에 이르면 영국에서 오스트레일리아까지 4개월이 아니라 30~40일 정도면 갈 수 있게 되었다. 한편 1844년 사무엘 모스Samuel Morse가 발명한 전신과, 발명가가 1854년 안토니오 메우치Antonio Meucci인지 1873년 알렉산더 그레이엄 벨Alexander Graham Bell인지 확인되지 않은 전화의 출현으로 (벨이 메우치의 설계 일부를 표절했다는 증거가 있기는 하다) 사람들은 세계 반대편에 있는 친구나 가족과 몇 달 혹은 몇 주가 아니라 몇 초 안에 소통할 수 있게 되었다.

라이트 형제가 최초로 하늘을 난 1903년 이후 항공 산업의 놀라운 발전이 이루어지면서 인간의 이동 속도는 더 빨라졌다. 1909년 루이 블레리오Louis Blériot는 영국 해협을 단 36분 30초 만에 건너는 기록을 세웠다(이 역시 신문사 〈데일리메일〉에서 내건 1,000파운드의 상금을 받기 위한 내기였다). 전례 없는 가능성이 열린 시대였다. 온갖 종류의 모험(당시에는 모험할 일이 많기도 했다!), 그리고 한때 불가능했던 탐험들이 충분히 가능해진 것이다. 사람들은 미지의 세계를 감싼 미스터리, 어딘가에 세계 최초로 발을 딛는다는 도전, 불가능한 목표를 성취한다는 흥분에 이끌려 인간이 한 번도 가본 적 없던 세상의 구석구석으로 향했다. 그러나 그 어느 것도 시계 없이는 성취 불가능한 모험이었다.

<hr />

사람들이 걸어서 혹은 말을 타고 여행하던 시대에는 서쪽으로 가든 동쪽으로 가든 정오, 다시 말해 해가 하늘의 정중앙에 뜨는 시간이 지역에 따라 변하는 것을 거의 알아차리지 못했다. 그러나 증기기관차 덕분에 한나절에 나라 전체를 가로지르는 것이 가능해지자 장소 이동으로 인한 복잡성이 더 뚜렷이 드러나기 시작했다. 영국처럼 작은 섬나라에서조차도 말이다. 기차를 타고 가서 목요일 오후 2시에 브리스톨역에서 사촌을 만나기로 했다고 가정해 보자. 이 사촌은 시간을 정확하게 지

키는 성격이다. 그를 만나러 런던에서 기차를 타러 가는 길에 시계를 꺼내 시청 청사의 탑시계와 비교해서 시계가 맞는지 확인한다. 브리스톨에 도착한 후 주머니에서 시계를 다시 꺼내서 시간을 확인해 보니 정확히 2시였다. 하지만 사촌은 보이지 않는다. 10분 후 나타난 그는 당황하거나 사과하지 않는다. 브리스톨 곡물중개소 건물에 붙은 시계를 본 후에야 상황이 이해된다. 브리스톨의 시간이 런던보다 11분 느렸던 것이다.[140] 이것은 19세기 중반까지도 태양이 하늘 가장 높은 곳에 있을 때를 정오로 정하고 이를 기준으로 시간을 맞췄기 때문에 벌어진 일이다.

장거리를 이동하는 시간이 점점 더 짧아지면서 이런 작은 시차가 커다란, 그리고 잠재적으로 위험한 결과를 초래할 수 있다는 사실이 명백해져 갔다. 많은 기차가 단선 운행되고 있었으므로 합의한 시간이 일치하지 않으면 마주 달리는 기차끼리 정면충돌할 수도 있었다. 이 문제를 해결하기 위해 1847년 12월 1일, 영국 철도에 대해 표준 국가 시간이 도입되었고, 1880년 법으로 제정되었다.

나라가 크면 클수록 지역마다 다른 시간 때문에 생기는 문제가 더 심각했다. 미국처럼 큰 나라에서는 태양의 위치에 따라 계산한 지역 시간이 몇 시간씩 다를 수도 있었다. 1883

●   브리스톨은 표준시 도입 5년 후인 1852년에야 표준시를 받아들였다.

1938년 운행을 시작한 기관차 '말라드'는 시속 203킬로
미터라는 놀라운 속도를 달성해 증기기관차 세계 기록을
깼다. 이 기록은 지금까지도 깨지지 않았다.

년 표준 철도 시간을 도입하기 전까지 미국은 300개가 넘는
지역 시간대를 사용하고 있었다. 도시 지역에서는 새로운 표
준시를 재빨리 받아들였지만 지역시와 국가 표준시 사이에
차이가 큰 지역에서는 이 변화를 받아들이기 꺼렸다. 일부 반
체제적인 지역에서는 수십 년 동안 국가 표준시 채택을 거부
했다. 1918년까지도 미국에서는 이중 시간을 사용하는 일이
흔했다. 시간 준수 시스템에 '지역 시간'이라는 선택지를 포함

하는 관행은 1967년에야 공식적으로 종료되었다.[141]

다음 단계는 전 세계를 통합할 수 있는 표준 시간을 정하는 것이었다. 1884년 11월 22일, 워싱턴DC에서 열린 국제 회의에서 GMT라고도 부르는 그리니치 표준시Greenwich Mean Time 시스템에 대한 합의가 도출되었다. 이 시스템에서는 전 세계를 24개의 시간대로 나눠 경도 15도마다 한 시간씩 시간이 변하도록 했다. 런던의 그리니치가 기준 자오선으로 정해진 데는 여러 가지 이유가 있다. 세계에서 가장 중요한 천문학 및 시계학 연구소 중 하나인 왕립 천문대가 자리한 곳이기도 하지만, 또 다른 이유는 그리니치와 정확히 반대편에 자리할 날짜변경선이 태평양 한가운데를 지나가기 때문이다. 날짜변경선이 바다를 지나가기 때문에 한 나라의 국민들이 다른 날짜를 지키며 살아가지 않아도 되는 유일한 위치가 그리니치였다. 이 시기 여행자들은 요즘 우리 세대에게는 당연하고 자연스러운 일인 다른 나라의 시간대에 맞춰 시계를 조정하는 일을 처음으로 하게 되었다. 바로 이 점 덕분에 《80일간의 세계 일주》의 마지막 반전이 가능했다. 파스파르투는 런던 시간에 맞춰져 있는 증조부의 시계를 여행지의 시간에 맞추기를 거듭 거부하면서 달과 별이 잘못되었다고 고집을 피운다. 그리고 여행을 하던 중 딱 두 번 시계가 맞았을 때 몹시 기뻐하면서 자기가 옳다고 생각했다. 런던에 도착한 포그와 파스파루투는 그들의 세계 일주가 81일 걸렸다는 사실을 깨닫고

낙담을 한다. 그러나 동쪽 방향으로 여행을 한 그들은 그리니치 표준시 덕분에 하루를 벌었고, 결국 내기에 이겼다는 사실을 깨닫는다.

쥘 베른의 이야기는 또 다른 면에서 정확하다. 19세기 후반 여행자들은 시간을 확인하기 위해 18세기의 복잡한 크로노미터처럼 값비싼 시계를 살 필요가 없어졌다. 1895년, 잉거솔이 유명한 양키 시계를 출시하기 단 일 년 전, 조슈아 슬로컴Joshua Slocum 은 세계 최초의 단독 세계 일주 항해로 역사에 기록될 여행을 시작했다. 그는 원래 사용하던 크로노미터를 집에 두고 떠나기로 결정했다. 고장 난 크로노미터의 수선 비용이 15달러라고 듣자 그럴 가치가 없다고 생각한 것이다. 절약 정신이 강한 모험가였던 그는 여행을 위해 당시 캐나다 자치령 노바스코샤의 도시 야머스에서 값싼 탁상시계를 구입했다. 그는 이 시계를 "그 유명한 양철시계는 내가 여행 내내 소지한 유일한 시간 측정기였다. 정가는 1달러 50센트였지만, 문자판이 깨져서 상인이 내게 1달러에 팔았다"라고 묘사한다.[142] 슬로컴은 이어 이렇게 불평한다. "요즘 사람들은 항해용 크로노미터 없이는 바다에서 길을 찾을 수 없다는 어이없는 생각을 하는 듯하다." 하지만 3년간 7만 4,000킬로미터를 항해한 슬로컴은 금의환향했다. 그의 1달러짜리 양철시계는 여정 내내 그의 충실한 벗이 되어주었다.

노팅엄셔의 한 조용한 마을에 인류 탐험의 역사에서 가장 중요한 시계 중 하나가 살고 있다. 업튼홀에 자리한 '뮤지엄 오브 타임키핑Museum of Timekeeping'에는 수 세기에 걸쳐 제작된 소형 시계와 대형 시계들이 보관되어 있다. 다양한 계층과 배경의 사람들이 기증한 물건들로 이루어진 컬렉션이라 별도의 규칙 없이 모인 신기한 시계들이 많다. 나는 이 무작위 컬렉션이 전략적으로 큐레이션한 컬렉션보다 우리와 시계 사이에 존재하는 친밀한 관계를 더 잘 통찰할 수 있게 자극한다고 생각한다. 이곳에는 엄청나게 귀중한 크로노미터와 괘종시계들이 1940년대에 대량생산된 메타멕Metamec 전자 탁상시계와 나란히 전시되어 있다. 메타멕 시계의 진한 주황색, 빈티지풍의 진주빛 갈색, 옅은 청록색 루사이트 아크릴은 어린 시절 할아버지 할머니 댁에 방문했던 기억을 떠오르게 한다.

소형 시계 전시관의 유리 진열장에는 20세기 초로 거슬러 올라간 휴대용 알람 시계 하나가 허름하고 소박한 모습으로 전시되어 있다. 짙은 청회색의 금속 케이스에는 여기저기 오래된 적갈색 녹이 슬어 있다. 문자판을 보호하는 유리는 시침, 분침, 초침과 함께 떨어져 나간 지 오래다. 유일하게 남아 있는 알람 시간 바늘은 11시 20분경에 알람이 울리도록 맞춰져 있다. 흰색 법랑 문자판은 비교적 퇴색하지 않은 상태다.

법랑은 시계에 충격이 가해지거나 떨어뜨리면 깨지기 쉽지만 변색에 강해 색이 잘 흐려지지 않고, 극단적 환경에서도 생생한 광택을 유지한다. 검은색으로 새겨진 아라비아 숫자들도 흰 법랑 바탕에 처음 새겨진 날만큼이나 선명하다.[143] 퇴색한 부분은 분과 시간 표시를 위해 페인트로 찍은 점들뿐이다. 처음에는 빛나는 녹색이었겠지만 이제는 칙칙한 갈색으로 변해버렸다. 시계 윗부분의 고리에는 앨버트 체인 대신 실로 엮어 만든 낡은 신발 끈이 매달려 있고, 끝에는 녹슨 안전핀이 고정되어 있다. 이 시계의 무브먼트는 1912년 3월 29일 목요일 이후 한 번도 작동한 적이 없다. 그날은 이 시계의 주인 로버트 팰컨 스콧Robert Falcon Scott 대장이 마지막으로 일기를 쓴 날이다. 그 후 스콧은 남은 대원들과 함께 남극의 혹독한 날씨에 목숨을 잃고 말았다. 그들의 목숨을 구해줄 수 있었을 캠프에서 불과 약 20킬로미터 떨어진 곳이었다.

전해지는 이야기에 따르면 이 회중시계는 스콧 대장과 대원들이 너무 오래 잠들어 동사하는 것을 방지하기 위한 필수 도구였다고 한다. 나는 이 책을 쓰기 위한 조사 과정에서 남극 탐험가 몰리 휴즈Mollie Hughes를 만나는 행운을 누렸다. 그녀는 스콧 대장이 탐험을 했던 때와 비슷한 계절에 남극에 갔다. 그녀는 24시간 내리쬐는 남극의 여름 햇살 덕분에 텐트 안에서는 기본적인 옷만 입고도 따뜻하게 잘 수 있었고, 젖은 옷을 말릴 정도는 되었다고 설명했다(물론 그녀가 사용한 장비는 스콧 대장의 니트 스웨터와 개버딘 옷감보다 훨씬 더 개선된 것이었지만). 휴즈는 그보다 더 큰 위험은 시간이 얼마나 흘렀는지를 잊고 너무 무리하게 활동하는 것임을 깨달았다. 해가 지고 저녁이 되었으니 일과를 마칠 시간이라고 알려주는 신호가 없었기 때문이다. 우리는 우리가 생각하는 것보다 훨씬 더 많이 태양에 의지해서 일과를 조정한다. 몸의 생체시계부터도 해가 뜨면 일어나고 해가 지면 잠이 들도록 맞춰져 있다. 어둠이라는 천체 신호가 없으면 우리 뇌가 하루를 마감하고 쉴 준비를 해야 한다는 인식을 하기 어려워진다. 몰리는 남극 탐험 중 가장 위험했던 순간은 여정을 막 시작한 후 2주일 동안 불어 닥친 폭풍을 견뎌야 했을 때가 아니라, 그로 인해 잃어버린 시간을 만회하려고 매일 너무 오래 걸어야 했던 때였다고 회상했다. 너무 지쳐 제대로 캠프를 설치하지 못한 채 잠들어버렸다면 혹독한 남극의 바람에 노출되어 목숨을 잃을 수도 있었다.

나는 1912년 11월 스콧 대장의 시신이 발견되었을 때 시계와 함께 회수된 일지를 세심히 살폈다. 팀 전체가 얼어 죽는 것을 방지하기 위해 시계를 사용해 잠자는 시간을 제한했다는 언급을 찾기 위해서였다. 아쉽게도 그에 관한 언급은 전혀 없었다. 하지만 팀의 일과를 거의 강박적이라 할 만큼 제어한 흔적은 여기저기에서 찾을 수 있었다. 그가 꼼꼼히 기록한 일지에는 거의 모든 활동이 자세한 시간과 함께 기록되어 있었다. 그는 아침 기상 시간, 아침 식사를 준비하는 시간, 모든 대원이 식사를 마치는 데 걸리는 시간 등을 기록했다. 몰리 휴즈와 마찬가지로 스콧도 24시간 떠 있는 태양으로 인해 시간 감각을 잃어버릴 가능성과 그에 따른 위험을 인식하고 있었다. 그는 대원들의 규칙적인 일과를 유지하기 위해 최선을 다했다. 아마 그날의 걷기를 마쳐야 할 시간, 캠프를 설치할 시간, 저녁 먹을 시간, 아침에 대원들을 깨울 시간, 아침 먹을 시간이 되었다고 알리는 시간마다 알람이 울리도록 시계를 맞춰놓았을 것이다. 그는 일요일마다 예배 시간을 정해 놓았고 심지어 예배 전에 그 주의 찬송가를 선택하는 30분의 시간까지 할당한 다음, 거기에 더해 일련의 강연도 마련해 두었다.[144] 미지의 세계를 향해 생사가 걸린 여정에 오른 이 탐험가들이 자리 잡고 둘러앉아 편한 마음으로 '남극의 하늘을 날아다니는 새들'에 관해 그림과 사진을 곁들인 강연을 즐기는 광경은 상상하기가 힘들다. 그러나 그런 활동들이야말로 대원들의 사기를 유지할 뿐 아니라 정상적인 삶의 시간적 리듬과 연결감을 잃지 않도록 도왔을 것이다. 무無의 상태로 끝없이 펼쳐진 새하얀 공간에서 일상의 감각을 되찾는 일 말이다.[145]

스콧 대장의 시계를 손에 쥐었을 때 나는 고개가 절로 숙여졌다. 그의 전 생애, 희망, 야망, 두려움, 심지어 그가 두고 떠난 사랑하는 이들까지 그 평범한 물건 안에 담겨 있다는 느낌이 들었다. 이 작은 기계는 그와 함께 미지의 세계로 나아갔고, 끝까지 그의 옆을 지켰다. 그 시계를 바라보는 것만으로도 그 시계가 갔던 곳, 그 시계가 목격한 것들, 스콧 대장의 주머니에 숨어 엿들은 대화들이 주마등처럼 눈앞에 펼쳐졌다. 이런 종류의 기계식 시계는 태엽을 감아야 기능을 한다. 태엽을 감아줄 사람이 없으면 주인과 함께 멈춰서 침묵의 세계로 빠져든다. 또 환경의 영향도 받는다. 너무 추우면 부품 사이의 오일이 굳고, 케이스를 통해 습기가 스며들어 철제 부품들이 서서히 녹슬고, 마침내 휠 트레인이 서서히 굳어서 멈춘다. 박물관 측은 이 시계가 다시 작동하도록 수선하지 않겠다고 결정했다. 나도 그것이 옳은 결정이라 생각한다. 스콧 대장의 충실한 동반자를 남극의 잠에서 깨어나게 하는 일은 어쩐지 그 주인에게 무례를 범하는 느낌이 든다.

✦ ━━━ ❈ ━━━ ✦

19세기가 저물고 20세기의 동이 틀 무렵 시계는 활동적인 사람에게 없어서는 안 될 동반자가 되어 있었고, 그들의 활동은 우리가 시계를 몸에 지니는 형태를 변화시켰다. 19세기 후반, 수많은 전쟁에 참전했던 영국 군인들은 회중시계를 손목에 묶으면 편하다는 증언을 많이 했다. 전투가 한창일 때 주머니를 뒤져 시계를 꺼내지 않고 바로 시간을 확인할 수 있었기 때문이다. 이는 젊은 여성들이 전쟁에 나가는 연인에게 준 애정의 선물에서 진화했을 확률이 높다. 젊은이들은 애인이 준 시계

245

를 잘 보관하기 위해 가죽 주머니를 토시처럼 만들어 손목에 단단히 묶는 방법을 사용하기 시작했다. 1885년 제3차 영국-버마 전쟁 참전을 위해 인도 북부 지역에 주둔했던 영국군의 사진을 보면 이 '시계 토시'를 착용한 모습이 보인다. 이는 매우 중요한 발전이었다. 오늘날 우리가 알고 있는, 상업적으로 대량생산된 손목시계의 탄생을 알린 변화였다고 나는 생각한다.

제조업자들은 급조된 방법이었던 이 유행을 주저 없이 활용했다. 1902년 '매핀앤웹Mappin & Webb'사는 가죽으로 만든 손목 컵 스트랩에 '오메가Omega' 회중시계를 맞춰 넣은 '캠페인Campaign'이라는 시계를 발매했다. 광고는 다음과 같은 내용이었다. "먼지와 습기를 완전히 차단하는 산화 강철 케이스를 장착한 작고 간편한 시계. 혹독한 환경에서도 신뢰할 수 있는 시간 지킴이. 사진과 동일한 완제품을 단 2파운드 5실링에! 일선까지 배달 가능. 세금 및 운송료 무료." 이 광고에서 말하는 일선이란 영국이 1899~1902년 보어 공화국과 벌인 제2차 보어 전쟁의 전쟁터를 뜻한다. 영국측의 초토화 전술과 잔인한 강제 수용소로 인해 이 시기를 영국 역사상 가장 수치스러운 시간으로 여기는 사람이 많지만, 오메가는 자랑스럽게 자사의 캠페인 시계가 "생명을 구했다"고 주장했다.[●146]

● 강제 수용소에 수감된 약 15만 명 가운데 1만 5,000명 이상의 아프리카인과 약 2만 8,000명의 보어인들이 사망했다. 그중 4분의 3이 어린이였다.

회중시계를 손목에 찰 수 있도록
가죽 컵 스트랩에 고정시켰다.

손목 스트랩은 영국 국내에서는 1890년대를 휩쓴 자전
거 열풍과 함께 다른 종류의 활동가 사이에서 인기를 모으기
시작했다. 〈뉴욕 트리뷴〉은 이 자전거 열풍을 "나폴레옹의 모
든 승리와 패배, 1·2차포에니 전쟁…을 전부 합친 것"보다 인
류에게 더 중요한 사건이라고 단언했다.[147] 1893년, 런던의 헨
리 우드Henry Wood라는 한 소매상이 '자전거 전문가용 손목
스트랩'이 자전거를 탈 때 시계를 손상시키지 않고 휴대하면
서 언제라도 시간을 확인할 수 있는 유일한 방법이라고 주장

했다.[148] 1901년의 또 다른 광고에서는 손목 스트랩이 "관광객, 자전거 타는 사람, 군인 모두"에게 안성맞춤이라고 설명한다.[149] 이런 형태의 시계를 자전거 애호가들을 대상으로 광고한 이유 중 하나는 남성뿐 아니라 전통적으로 팔찌시계를 착용하던 여성들도 자전거에 열광했기 때문이다. 그 광고에는 프릴 소매 입은 여성의 우아한 손목에 시계가 채워진 그림이 등장한다.

손이 바쁠 때도 시계를 봐야 하는 사람들은 자전거 애호가뿐만이 아니었다. 세계 최초의 비행사들에게도 정확한 시세는 생명을 구하는 필수 품목이었다. 어쩌면 비행사에게 정확한 시계는 항해하는 선장들의 크로노미터보다 더 큰 역할이었을지도 모르겠다. 비행사들은 비행 항로를 찾는 것과 더불어 연료 소모, 비행 속도, 양력 등을 계산하는 데도 시계를 사용했다. 최초의 항공 전용 시계 혹은 '비행사 시계'는 루이 까르띠에Louis Cartier가 브라질의 비행사 알베르토 산토스뒤몽Alberto Santos-Dumont을 위해 1904년에 제작한 '산토스Santos'라고 알려져 있다. 이 시계는 산토스가 비행기 조종간을 붙잡고 있어야 하는데 시계를 찾느라 주머니를 너무 오래 뒤적이게 된다는 불평을 한 후 만들어졌다. 이 시계는 흔치 않은 네모난 케이스에 눈에 잘 띄는 검은 로마숫자가 새겨진 문자판을 가지고 있다. 강인하고 남성적이면서 재빨리 시간을 확인하기에 완벽한 디자인이었다. 산토스뒤몽 시계는 1911년 상업적인 생산에 들어갔고, 100년이 훌쩍 지난 지금까지도 생산되고 있다.

또 다른 스위스 시계 회사 '론진Longines'도 까르띠에와 마찬가지로 재빨리 손목시계 시장에 뛰어들었다. 비행사를 위한 시계를 개발하는 것이 오래 전 경도 측정과 비슷한 도전이 되었기 때문이다. 아멜리아 에어하트Amelia Earhart는 여러 차례의 대서양 횡단 비행에서 두 번이나 론진 크로노그래프를 착용했다. 비슷한 시기에 활동한 초기 미국 비행사 엘리너 스미스Elinor Smith는 1920년대와 1930년대에 단독으로 내구성, 속도, 고도 시험 비행을 하면서 론진 시계를 착용했는데 거의 모든 사진에서 손목에 시계를 착용한 모습으로 등장한다. 그녀는 열여섯 나이에 세계 최연소로 비행사 자격증을 취득했다. 그 후 얼마 지나지 않아 뉴욕의 다리 네 개 아래를 비행하는 도전으로 명성을 얻었다. 똑같은 묘기를 시도했다가 실패한 다른 비행사가 엘리너 역시 절대 성공하지 못할 것이라고 한 도발을 받아들여서 성공한 것이다. 〈뉴욕타임스〉는 그녀가 실패할 것이라 확신한 나머지 부고 기사를 미리 준비했을 정도였다. 엘리너가 아흔여덟 나이로 세상을 떠나기 80년 전에 작성된 부고 기사가 되고 말았다. 만약 엘리너와 내가 만났다면 우리는 꽤 잘 맞았을 것 같다.

공중항법의 가장 큰 위험 중 하나는 방향을 잡을 수 있는 시각적 이정표가 부족하다는 점이다. 어떨 때는 시간만이 유일한 이정표였다. 공중항법 분야의 위대한 개척자 중 한 사람인 필립 반 혼 웜즈Philip Van Horn Weems는 이렇게 말했다.

공중에서 길을 잃는 것은 부끄러운 일이 아니다. 최고의 항법사에게도 일어나는 일이다. 중요한 것은 길을 잃고 헤매는 시간 혹은 현재 위치를 확실히 알 수 없는 시간을 인간이 할 수 있는 최저선으로 단축하는 것이다.

찰스 린드버그Charles Lindbergh가 스피릿 오브 세인트 루이스호로 스물다섯 나이에 뉴욕에서 파리까지 최초의 논스톱 대서양 횡단비행을 해낸 직후 천문 항법을 배우기 위해 찾은 사람이 바로 웜즈였다. 린드버그와 웜즈는 함께 론진의 '아워 앵글Hour Angle'을 발명했다. 손목시계 역사상 최초로 교정 회전 베젤을 갖춘 모델이었다. 베젤을 이용하면 그리니치 자오선을 기준으로 한 태양의 각도를 계산할 수 있다. 소위 '아워 앵글'이라고 부르는 이 기능이 시계의 이름이 된 것이다. 두툼한 비행사 재킷 소매 위에 착용할 수 있는 특별히 긴 스트랩에서부터 비행용 장갑을 끼고도 태엽을 감을 수 있도록 커다랗게 만들어진 크라운에 이르기까지 이 시계의 모든 요소가 초기 비행사들을 위해 디자인되었다.

1999년 5월 에베레스트산에 오른 등반가 콘래드 앵커Conrad Anker의 목표는 정상 도달이 아니라 수수께끼 하나를 푸는 것이었다. 그리고 정상에 이르기 700미터 전인 해발 8,157미터에서 그는 답을 찾았다.[150]

> 나는 호기심이 생겨서 걸음을 멈추고 몸을 돌렸다. 흰색의 무언가가 보였다. 눈이 아니었다. 광택이 나지 않는, 대리석처럼 빛을 흡수하는 색이었다. 가까이 다가가다가 나는 그것이 영국의 개척자적 등반가 중 한 사람의 얼어붙은 시신이라는 사실을 깨달았다.

남성의 시신이었다. 오른쪽 다리는 골절되어 있었고 두 팔은 벌린 상태였다. 옷은 비바람에 해졌으며 노출된 등의 피부는 햇볕에 바래서 우윳빛 흰색을 띠고 있었다. 누덕누덕 해진 개버딘 재킷에서 앵커는 진홍색 실로 'G. 리 맬러리G. Leigh Mallory'라고 수놓인 태그를 발견했다.[151]

앵커가 그 시신을 만나기 75년 전인 1924년, 조지 맬러리와 그의 등반 파트너 앤드루 어빈Andrew Irvine은 에베레스트 정상 근처에서 실종되었다. 그들은 최초로 에베레스트 정상 등반에 도전하던 중이었다. 그 후 맬러리의 운명은 산악 등반 역사의 큰 수수께끼로 남아 있었다. 지금까지도 우리는 그가 종말을 맞이한 순간이 정상에 오르던 중이었는지, 아니면 정상을 정복한 후였는지 알지 못한다.

그의 시신은 옮기기가 너무 어려워서 백여 년 전 그가 쓰러진 자리에 그대로 있지만 그의 개인 소지품들은 회수되었고 지금은 런던의 왕립지리학회Royal Geographical Society에 보관되어 있다. 그중에는 부서진 고도계, 스노우고글, 칼, 성냥갑, 그리고 은시계 등이 있다. 시계는 과거의 시간 속에 얼어붙어 있는 듯 보인다. 녹이 슬어 먼지가 된 시곗바늘은 하얀 유리질 법랑 문자판 위에 짙은 황갈색의 흔적만으로 남았다. 그림자 같은 바늘의 흔적으로 볼 때 시계가 마지막으로 째깍 소리를 낸 것은 어느 바늘이 분침이고 어느 바늘이 시침인지에 따라 5시 7분 아니면 1시 25분경이었던 듯하다. 아라비아 숫자의 검은색 윤곽 안에 여전히 흔적이 보이는 방사성 야광 페인트는 아마 맬러리가 눈보라로 날이 매우 어두울 때나 밤에도 쉽게 시간을 확인할 수 있도록 도왔을 것이다.

놀랍게도 시계는 맬러리의 손목이 아니라 주머니에서 발견되었다. 손상되기 쉬운 문자판과 시곗바늘을 보호했을 유리 (혹은 크리스탈) 뚜껑도 보이지 않았다. 뚜껑이 떨어져 버리자 시계가 더 상하지 않게 보호하려고 주머니에 넣고 다녔을 것이라는 추측도 나왔다. 시계학적으로 볼 때 꽤 타당한 추측이다. 케이스와 크리스탈 뚜껑을 마찰 결합시켜 주는 플라스틱 개스킷° 기술을 사용하거나, 자외선 빛으로 경화시키는 특수 접착제를 사용하는 현대식 시계제작 방법이 나오기 전까지 시계의 크리스탈은 열팽창을 이용해 고정하는 것이 일반적이었다. 크리스탈과 교합될 부분인 시계 케이스의 가장 윗부분 베젤을 가열해 살짝 팽창시킨다. 이때 온도가 더 낮은 크리스탈을 베젤에 앉히면 열이 식으면서 수축한 베젤이 크리스탈을 단단히 고정시킨다. 이런 공정 때문에 크리스탈 교합은 심한 온도 변화에 민감하게 반응한다. 사실 맬러리의 시계는 철이 많이 사용된 데다 지구에서 가장 높은 산의 정상 가까이에 75년 동안 방치되어 있었음에도 불구하고 놀라울 정도로 보존 상태가 좋았다. 쓸데없는 기능은 모두 배제한 채 단순하고 단단하게 만들어진 이런 종류의 시계들의 품질을 잘 보여주는 증거라 할 수 있을 것이다.

나도 2011년, 직접 에베레스트에 다녀왔다. 베이스 캠프 정도까지 등정하는 데 그쳤지만, 말할 것도 없이 경이로운 경험이었다. 이 거대한 산 앞에서 보잘 것 없는 자신의 존재를 절감하지 않을 수 있을까? 높은 고도 때문에 모든 일에 평소보다 더 시간이 들었다. 마치 당밀 속에서 움직이는 느낌이었다. 더 높은 고도까지 올라가는 등반가들에게 시간이 왜 중요

°   가스, 기름 등이 새어 나오지 않도록 파이프 등의 연결 지점에 끼우는 마개 - 옮긴이.

한지 잘 이해할 수 있었다. 산소가 희박한 환경에서 매우 느리게 움직일 수밖에 없는 극한 상황이니 캠프를 철수하고 얼음이 녹기 시작해서 눈사태 위험이 커지기 전에 최대한 이동하려면 동이 트기 전에 일어나야 할 때가 많았다.

산을 오르다가 남체 바자르라는 마을에 다다랐다. 산비탈에 형성된 이 마을은 (네팔에서는 많은 것들이 산비탈에 자리 잡고 있는 듯하다) 에베레스트 정상으로 향하는 사람들에게 마지막으로 문명의 맛을 경험하게 해주는 곳이었다. 단 것, 물, 그리고 장비가 분실되었거나 부서진 사람들을 위한 하이킹 장비 가판으로 넘쳐나는 거리 풍경이 아직도 뇌리에 생생하다. 세르파들이 "북쪽 위조품North Fakes"이라 부르는 중국에서 수입된 물건도 많이 있었는데 국경이 얼마나 가까운지 실감할 수 있는 부분이었다. 가판들을 자세히 살펴보니 오래된 물건들도 눈에 띄기 시작했다. 1920년대나 1930년대 탐험가들이 사용했을 법한 녹슨 철제 아이젠, 나무 손잡이를 가진 얼음 도끼 등 골동품 시장에서 볼 수 있는 그런 물건들 말이다. 그러다가 더 작고 개인적인 물건들을 만났다. 안경, 지갑 같은 것들…. 세르파에게 그 물건들이 어디서 왔는지를 물었더니, 사람들이 에베레스트 산기슭에 버리고 가는 물건이 너무 많아지자 몇 년 전 네팔 정부가 세르파들에게 여기저기 흩어져 있는 쓰레기를 수거하라고 지시했다는 설명이 돌아왔다. 처음에는 수거한 쓰레기 무게에 따라 보수를 받았지만, 비용이 너무 많이 들자 정부는 일당 지급 방식으로 전환했다. 셰르파들은 줄어든 수입을 보충하기 위해 수거한 물건들 중 흥미 있는 것들을 판매해서 짭짤한 수익을 올리기 시작했다. 이 물건들의 원래 소유주들은 이미 사망했을 확률이 클테니 거기 어떤 이야기가 얽혀 있는지 우리는 아마 영원히 알 수가 없을 것이다. 나는 만일 맬러리의 시계를 이런 가판대에서 발견했으면 어떻게 되었을까 하는 생각을 지울 수가 없었다.

　　네팔 방향에서 에베레스트산에 오르는 등반가들은 '추클라 라레Chukla Lare 기념비를 지나치게 된다. 불교식 깃발과 돌무더기가 쌓여 있어 잠시 걸음을 멈추고 산에서 목숨을 잃은 사람들을 기리며 생각에 잠길 기회를 주는 곳이다. 에베레스트산에는 회수하기에는 너무 무겁고 위험해서 남겨진 시신이 100여 구 존재한다고 추정되고 있다. 등반가들은 혹시 산에서 희생된다면 그곳에 남아 산의 일부가 될 가능성이 크다는 사실을 받아들인다.

　　스콧의 시계와 마찬가지로 맬러리의 시계도 자신의 위치를 시간적, 공간적으로 파악하는 데 필수적인 도구였을 것이다. 하지만 이 시계들의 정확성을 당연시하면 안 된다. 이런 종류의 시계들은 보통 30시간에 한 번씩 규칙적으로 태엽을 감아주지 않으면 작동을 멈춘다. 맬러리는 날씨가 아무리 나빠도, 아무리 피곤하고, 아무리 신경 쓸 일이 많더라도 날마다 한 번도 빠지지 않고 시계 태엽을 감는 일에 시간을 잠시 할

애해야 했을 것이다. 그가 무너지면 시계도 무너질 것이었다. 맬러리와 같은 탐험가가 죽지 않으려면 시계가 죽지 않도록 지키는 것이 무엇보다도 중요했다.

현대의 탐험가들은 우리 모두와 마찬가지로 시계를 당연시한다. 전통적인 시계를 사용하든, 컴퓨터나 휴대전화의 시계를 사용하든 우리는 언제라도 원할 때 시간을 확인할 수 있다고 확신한다. 하지만 20세기 초반에 탐험을 떠난 사람들은 그런 행운을 누리지 못했다. 이전에 비해서는 세상이 작아졌을지 모르지만 일단 원정을 시작하고 나면 오직 혼자였고, 광활하고 외로운 행성에서 자신의 위치를 확인하기 위한 유일한 방법은 시계뿐이었다. 탐험가는 오직 자신의 판단력과 시계에만 의지할 수밖에 없었던 것이다.

9

점점 빨라지는 시간

그들은 참호를 떠나 땅 위로 올라간다,
시간은 공허하고 바쁘게 손목 위에서 흘러가는데,
은밀한 눈길과 허공을 할퀴는 주먹, 그리고 희망이
진흙 속에서 허우적거린다.

⬥

시그프리드 서순, 〈공격〉, 1918년.

1905년 5월 어느 날, 스물여섯 살 난 특허청 직원이 스위스 베른의 중심가를 지나 퇴근하던 길에 이 도시의 유명한 중세시대 종탑 '치트글로게*Zytglogge*'가 시간을 알리는 소리를 들었다. 고개를 들어 거대하고 정교한 시계탑의 문자판을 본 그는 갑자기 호기심을 느꼈다. 자신이 치트글로게에서 빛의 속도로 멀어져가는 전차에 타고 있다면 무슨 일이 벌어질까? 그의 시계(1900년 즈음에 만들어진 스위스제 은 회중시계)는 계속해서 평상시처럼 똑딱거리며 시간을 표시하겠지만 뒤에 남은 시계탑을 돌아보면 시간이 멈춘 것처럼 보일 것이다.

몇 달 후, 알버트 아인슈타인Albert Einstein 이라는 이름을 가진 이 특허청 직원은 논문을 발표했다. 독일 학술 저널 〈물리학 연보Annalen der Physik 〉에 '움직이는 물체의 전기역학에 대하여On the Electrodynamics of Moving Bodies '라는 제목으로 실린 이 논문은 시간과 세계, 우주에 관한 우리의 이해를 근본적으로 바꾸어 놓았다. 아인슈타인의 상대성 이론은 수백 년 전 아이작 뉴턴이 시간은 절대적이고 변하지 않는다고 이야기했던 것과 달리 시간은 공간, 중력, 심지어 개인적 경험에 따라서도 늘어나거나 왜곡될 수 있는 유연한 차원이라고 주장했다. 아인슈타인은 중력이 강해질수록 시간도 더 천천히 흐르는 것처럼 보이고, 관찰자의 속도에 따라서도 이와 유사하게 왜곡된다는 사실을 입증했다.° 매우 무거운 물체와 가까이 있거나 높은 속도로 움직이면 시간의 속도가 느려진다. 이같은 원리로 인해 놀랍게도 고층 빌딩 꼭대기가 1층보다, 달리는 차가 멈춰 있는 차에 비해 시간이 빨리 흐른다. 이 정도 차이는 내가 만드는 종류의 시계에는 영향을 주지 않을지 모르지만, 인

° 상대성이라는 주제가 새로운 것이 아니었다는 점은 지적하고 넘어갈 가치가 있다. 아인슈타인이 이 개념을 더 깊게 성찰하고 논리화했다는 것이 혁명적인 부분이었다. 갈릴레오와 로렌츠 같은 물리학자들도 상대론적 역학을 실험했고, 그보다 훨씬 전에 폴리네시아 항법사들은 배가 한 곳에 멈춰 있고 나머지 세계가 그 아래서 움직이는 체계를 도입한 바 있다.

공위성에 실려 지구 위 엄청나게 높은 고도에서 굉장한 속도로 이동하는 GPS 시스템에서는 충분히 고려해야 할 사항이다. 아인슈타인에게 시간과 공간은 **상대적**인 것이었다. 그는 이렇게 요약한다. "시간과 공간은 우리가 살아가는 조건이 아니라 우리가 생각하는 방식이다." 그는 과거, 현재, 미래라는 근본적인 개념도 환상에 불과하다는 주장까지 했다.[●]

아인슈타인이 시간 이론 연구 분야에 혁명을 일으키는 동안, 시간 측정 분야도 가장 활발한 발전을 이룬 시기에 들어서고 있었다. 아인슈타인이 상대성 이론을 개발하고 있을 때 뇌샤텔 호수 반대편 약 64킬로미터 떨어진 곳에서는 또 다른 야심 찬 젊은이가 자기 나름의 계획을 추진하고 있었다. 한스 빌스도르프Hans Wilsdorf는 스위스 시계제작의 중심지인 라쇼드퐁의 한 수출회사에서 통역 겸 사무직으로 근무하고 있었다. 그러나 이 스물네 살의 독일인은 1904년 영국으로 이주했다. 그는 에드워드 시대[1901~1910년] 런던의 보석 산업 중심지인 해

[●] 아인슈타인이 친구이자 엔지니어인 미셸 베소에게 보낸 편지에는 이런 구절이 나온다. "우리처럼 확신이 있는 물리학자들에게 과거, 현재, 미래의 구분은 없애기 힘들긴 하지만 환상일 뿐이라네."

튼가든Hatton Garden에 자리 잡았다. 런던의 옛 시계제작 중심지인 클러크넬에서 엎드리면 코 닿을 곳이었다. 빌스도르프는 그를 역사상 가장 영향력 있는 시계 산업가 중 한 사람으로 만들어줄 새로운 사업을 계획하고 있었다. 보어 전쟁에 참전했던 군인들이 회중시계를 손목에 착용하고 다녔다는 기사를 읽은 그는 이것이야말로 신사용 시계의 미래라고 확신했다. 상대성 이론과는 상대도 안 된다고 생각할 독자들도 있을지 모르겠다. 하지만 1905년만 해도 회중시계는 거의 4세기 동안, 심지어 뉴턴의 중력의 법칙보다도 더 오래, 어떠한 도전도 받지 않고 군림하고 있었다.

만일 18세기 시계가 내 작업대에 올라온다면, 시계의 주인이 여성이었을지 남성이었을지 알아내기 힘들 것이다. 그러나 19세기를 지나오면서 여성을 연약하고 감정적으로 불안정한 이미지로 묘사하는 추세가 확산되면서 여성용 시계도 그에 맞춰 점점 더 섬세해졌다. 여성을 위한 회중시계는 크기가 작아져서 장식용 체인에 연결하거나 브로치처럼 옷에 핀으로 꽂는 형태가 되었고, 팔찌나 소매에 부착된 작은 시계도 엄청난 인기를 끌었다. 이 팔찌시계들은 시계로서의 기능 못지않게 장신구 역할도 컸다. 금으로 만드는 경우가 많았고 선명한 색상의 법랑, 다이아몬드, 납작진주에 더해 사파이어, 루비, 에메랄드 등의 보석까지 사용해서 화려하게 장식했다. 19세기의 손목시계는 여성을 위한 것이었다.

내가 복원했던 시계들 중 제일 마음에 들었던 시계 하나도 그런 시계였다. 1830년대에 따뜻한 색조의 금으로 만들어진 사랑스러운 시계였다. 합금에 구리가 더 많은 비율로 들어갔던 20세기 중반 이전에 만들어진 시계나 장신구에서만 볼 수 있는 색조였다. 문자판은 금색 뱀 형태로 만들어진 폭이 넓은 팔찌에 고정되어 있었는데 눈부신 흰색과 칠흑같이 검은 법랑 무늬에 눈은 반짝이는 붉은색과 녹색의 가넷으로 장식되어 있었다. 마치 전사의 손목 장식을 연상시켜서 원더우먼이 19세기의 화려한 무도회에 참석해야 한다면 착용할 것 같은 분위기의 시계였다. 동네 편의점에 잠깐 나갈 때 가볍게 손목에 차고 나갈 물건은 확실히 아니었다. 실용성과는 거리가 먼 물건이었다.

　　손목 스트랩에 시계를 고정시킨 형태는 전쟁터의 군인에게는 편리했을지 모르지만 20세기 초까지도 민간인 남성들은 그런 형태의 시계를 나약하고 여성적이라 여겼다. 신문의 만평은 이 새로운 패션을 조롱했으며 그런 시계를 착용하는 남성은 패기가 없는, 혹은 계집애 같은 남자라고 놀림을 받았다. 남자다운 남자는 회중시계를 착용했다. 카우보이들마저도 회중시계를 선호했다. 1873년 리바이 스트라우스Leiv Strauss가 '501 청바지'를 발매해서 패션의 신기원을 이뤘을 때, 오른쪽 앞주머니 안쪽의 작은 주머니는 회중시계를 넣는 용도였다. 그리고 지금까지도 이 주머니가 붙어 있는 청바지가 많다. 1900년에 작성된 한 서류에는 스위스에서 시험적으로 보낸 손목시계를 반품한 소매상이 "미국에서는 판매가 불가능하다"는 이유를 댄 기록이 남아 있다.[152] 미국의 신문 만화 〈머트와 제프〉의 1915년 판에는 머트가 새 손목시계를 제프에게 보여주는 장면이 나온다.[153] 제프는 코웃음을 치면서 "잠깐 기다려, 내가 분첩을 가져올게"하고 놀린다. 상황이 이러했지만 영리한 빌스도르프는 적절한 마케팅을 통해 남성들도 손목시계를 선호하게 만들 수 있을 것이고, 손목시계야말로 미래의 대표적인 시계가 될 것이라고 예감했다.

❖────────❖

빌스도르프의 어린 시절은 그다지 평탄하지 않았다. 열두 살에 고아가 된 그는 독일 코부르크의 기숙학교로 보내졌다. 그러나 그에게는 적게나마 물려받은 유산과 독립적인 태도가 있었다. 처음 라쇼드퐁에서 일하면서 번 돈을 얼마간 저축할 수 있었지만, 자신의 아이디어를 실현하기 위해서는 또 다른 투자자를 찾아야 했다. 그러다가 그의 변호사로부터 영국인 알프레드 데이비스Alfred Davis를 소개받았고, 빌스도르프는 곧바로 자신의 아이디어가 얼마나 뛰어난지 설득했다. 바로 스위스 제조업자에게 시계의 무브먼트를 대량 구입해 미리 제작된 케이스에 넣어 영국 시장에 공급하겠다는 아이디어였다.

1905년 빌스도르프와 데이비스는 스위스 비엔의 레베르크 지역에 위치한 장 에글러Jean Aegler 소유의 공장에서 무브먼트를 수입하기 시작했다. 영국에 도착한 무브먼트는 케이스에 끼우는 공정을 거쳤다. 케이스 중 일부는 스위스에서, 일부는 버밍엄에 제조장을 가지고 있던 '데니슨Dennison' 같은 회사에서 제작되었다(앞에서 언급한 월썸 시계 회사의 아론 러프킨 데니슨이 만든 회사다). 시계는 '빌스도르프 앤 데이비스Wilsdorf & Davis'라는 브랜드명으로 판매되었고, 케이스 안쪽에 'W&D'라는 이니셜이, 무브먼트에는 '레베르크'라는 이름이 새겨져 있었다. 디자인은 조지 맬러리가 에베레스트 원정에 나설 때 선택했던 시계와 비슷한 실용적인 스타일이었다.

빌스도르프 앤드 데이비스 시계의 케이스 제조업체였던 데니슨은 사업에 필요한 특정 기술의 장인이 많이 모여 있는 곳을 찾아 미국에서 버밍엄으로 이전했다. 버밍엄은 세계 금은세공의 중심지여서, 19세기 말에서 20세기만 해도 버밍엄 주얼리 쿼터와 그 주변에서 일하는 전문 장인들의 수가 3만 명에 달했다. 그들의 기술을 백분 활용해 공장을 설립한 데니슨은 결국 세계 최대의 시계 케이스 생산 업체로 자리 잡았다. 지금 내 작업실에서 걸어갈 수 있는 거리에 있던 '데니슨 워치 케이스 컴퍼니Dennison Watch Case Company'는 20세기 초로 접어들 무렵 미국 전역에 수출을 하고, 월썸, 엘진, 잉거솔뿐 아니라 론진, 오메가, 예거르쿨트르 등의 주요 스위스 회사에 케이스를 공급하는 기업으로 성장해 있었다. 이제 그 목록에 '빌스도르프 앤 데이비스'까지 추가된 것이다.

데니슨 워치 케이스 컴퍼니는 영국의 다른 시계 산업과 같은 운명을 맞이해서 점점 생산을 줄여가다가 마침내 1967년 공장문을 닫았다. 몇 년 전, 크레이그와 나는 한때 영국 시계 산업의 가장 위대한 이름 중 하나였던 이 공장의 흔적이 조금이나마 남아 있을지 모른다는 희망을 품고 그곳을 찾아보기로 결심했다. 우리는 1980년대의 공장 사진 몇 장과 오래된 지도로 무장을 하고 공장이 있었을 법한 위치로 향했다. 우리가 찾은 것은 텅 빈 아스팔트 허허벌판뿐이었고, 공장 건물 대신 국민보건서비스NHS 주차장이 들어서 있었다. 기가 죽은 우리는 집으로 돌아오기 위해 발길을 돌렸다. 그러다가 주차장 한쪽 끝에 풀이 약간 자란 곳 뒤로 오래된 벽돌 벽이 서있는 것을 발견했다. 그쪽으로 다가서는데 보이지 않는 스피커에서 큰 목소리가 울려퍼졌다. "당신들은 CCTV에 포착되었습니다. 즉시 나가주세요! 당신들은 CCTV에 포착되었습니다. 즉시 나가주세요!" 그 말을 무시하자는 무언의 합의가 오간 후, 크레이그가 나를 받쳐 올려 담 너머를 들여다볼 수 있게 해주었다. 공장 본관은 철거되었지만, 담쟁이 덩굴에 덮여 무너져가는 공장 벽 바로 옆에 녹슬어가는 초록색 산업용 압연기의 잔해가 남아 있었다. 한때 밀가루 반죽을 밀대로 밀듯 금속판을 밀어 얇게 만드는 데 사용된 기계였을 것이다. 더 뒤로는 폐허가 된 공장 부속 건물 한 채가 보였다. 그냥 작은 방한 칸, 오래 전에 유리는 깨져 없어진 정사각형 금속 창틀 너머로 잡초가 무성하게 자란 어두운 작업장이 희미한 모습을 드러내고 있었다.

✦ ━━━━━━ ✦

빌스도르프 앤드 데이비스가 사업에 시동을 걸고 막 가속을 시작하려던 참에 유럽에 먹구름이 드리우기 시작했다. 제1차 세계 대전이 발발하면서 영국에서는 반독일 감정이 고조되었다. 1914년에 통과된 외국인 제한법에 따라 영국 내에 거주하던 독일인들은 경찰에 등록을 해야 했고, 5마일[약 8킬로미터] 이상 이동이 금지되었다. 독일계 기업들은 문을 닫았다. 거리에서는 반독일 폭동이 벌어졌고, 독일계 이웃들의 집이 공격받았다. 제조업체들도 독일과 연관된 인상을 주는 것을 피했다. 스위스에 기반을 둔 제조업체인 '스타우퍼Stauffer'사는 "자사가 공급하는 시계용 손목 스트랩은 모두 영국산이며, 단 한 번도 독일제 손목 스트랩을 취급한 적이 없다"는 내용의 광고를 해서 대중들의 오해를 풀어야 할 지경이었다. 빌스도르프는 영국인 알프레드 데이비스의 여동생과 결혼했고, 자랑스러운 영국 예찬론자였지만 독일 냄새가 강하게 풍기는 자기 이름이 사업에 적절하지 않다는 것을 잘 알고 있었다. 1908년 빌스도르프 앤드 데이비스는 새로운 회사명을 등록했지만 그 이름을 공식적으로 사용하기 시작한 것은 1915년이 되어서였다. 그 이름은 '롤렉스 워치 컴퍼니Rolex Watch Company Ltd'였다.[154]

✦ ━━━ ◼◼ ━━━ ✦

빌스도르프나 데이비스와는 달리 크레이그와 나는 작업실을 열 때 원대한 계획을 가지고 있지 않았다. 소상공업자를 위한 대출금 1만 5,000파운드[약 2,800만 원]로 방 하나짜리 작은 작업실을 임대하고, 중고 책상 두 개(새내로 된 시계제작용 작업대는 너무 비싸서 중고 사무용 책상에 직접 받침대를 만들어 우리 작업에 적합한 높이로 올렸다)와 필수 수공예 장비, 세척 기계, 타이밍 기계◉를 사고 나니 한 푼도 남지 않았다(이 두 기계를 우리는 아직도 가지고 있다!). 돈은 들어오자마자 순식간에 사라져버렸고, 생각하면 할수록 역설적이지만 첫 몇 년은 우리의 시간을 어떻게 돈으로 환산해서 청구할 수 있을지 고민하면서 보냈다. 대부분의 창작자들이 거치는 과정일 것이다. 처음 18개월은 빈곤선 이하의 생활을 하면서 집값을 내기 위해 종종 가지고 있던 물건을

◉ 타이밍 기계는 이스케이프먼트의 똑딱거리는 소리를 종이에 그려지는 선으로 표현해서 메커니즘이 너무 빠르거나 늦지는 않은지 확인할 수 있도록 도와준다.

온라인 중고 시장에 내다 팔아야 했다. 집에 난방을 할 수가 없어서 첫 겨울에는 집안 벽에 얼음이 덮였다. 정말 추운 밤에는 옷을 모조리 껴입고 모자와 장갑까지 낀 채 고양이를 껴안고 잤다. 얼어붙은 몸으로 저렴한 파스타와 치즈로 연명하면서 일주일에 60~70시간 일할 에너지를 끌어내야 했던 날들은 다시는 경험하고 싶지 않은 기억이다. 보통 수준의 급여를 벌 수 있게 되기까지 7년이 걸렸다.

크레이그는 이전 직장에서 접할 기회가 있었던 초기 롤렉스 레베르크 시계 모델에 큰 매력을 느꼈고, 그 시계들을 잘 다루는 사람이라는 평판을 얻었다. 그 방면에서 이름이 꽤 알려졌던지 크레이그가 독립한 후에도 사람들은 수소문해서 그를 찾아와 자신의 시계를 맡겼다. 초기 롤렉스 광고에서 "정밀한 시계, 롤렉스"라고 내세울 정도로 이 시계는 "정확도 부문에서 25개의 세계 신기록을 보유하고 있다"고 자랑했지만 크레이그가 사랑에 빠진 부분은 정확도가 아니었다. 사실 그의 경험으로는 레베르크 시계들이 특별히 품질이 좋은 무브먼트를 장착하고 있지는 않았다. 자세히 보면 가장자리 마감이 거칠고 설계상의 오류로 마모가 심해서 맞춤 제작한 부품으로 느슨해지는 베어링을 보완해야 할 때가 많았다. 대부분의 제품이 무브먼트에 인조 보석이 15개밖에 들어가지 않아 일부 베어링이 불필요한 마찰을 일으키는 문제를 겪었고, 태엽 감기용 부품인 와인딩 스템의 디자인 때문에 플레이트가 마모되곤 했다. 수십 년 동안 여러 수리공의 손을 거치면서 밸런스 축과 같은 중요한 부품이 잘못 만들어졌거나 변형된 부품으로 교체된 경우도 종종 있었다. 초기 롤렉스 레베르크의 경우 나중에 밸런스 휠을 교체하면서 제대로 설치나 조정을 하지 않았거나 맞지 않는 헤어스프링을 끼우거나 한 문제도 흔했다. 둘 다 정확한 시간 측정에 큰 문제를 일으킨다. 하지만 처음부터 롤렉스는 미적으로 저항할 수 없는 매력을 지니고 있었다. 완벽함과는 거리가 멀지만, 뭔가 매혹적인 견고함이 느껴졌다. 크레이그는 이를 트랙터에 비유하곤 한다. 저항하기 힘든 낭만적인 트랙터.

필요가 발명의 어머니인 것처럼 전쟁도 수많은 발명을 낳았다. 갈등 상황은 항상 과학 기술에 집중적인 투자를 부르고 혁신을 촉진한다. 더 나은 장비를 가진 쪽이 전쟁터에서 상당히 유리한 고지를 점할 수 있기 때문이다. 그러나 전쟁은 예상치 못한 발명과 예측하지 못한 문제에 대한 해결책도 낳는다. 레닌이 한때 "강력한 가속기"라 불렸던 제1차 세계 대전은 혈액은행과 스테인리스 스틸, 탱크, 드론의 존재를 가능하게 했을 뿐 아니라 손목시계를 상업화시켰다.

전쟁이 가속시키지 않은 단 한 가지는 아인슈타인의 상대성 이론이었다. 전쟁이 발발하며 유럽 과학 분야의 협력이 중단되었고, 그의 이론은 1919년에야 영국 과학자 아서 에딩턴Arthur Eddington에 의해 확인되었다. 그러나 다른 면에서 보

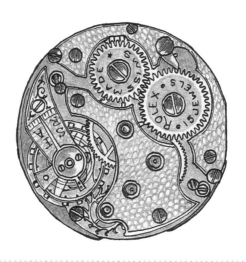

1920년경 제작된 롤렉스 레베르크 시계의 무브먼트.
크레이그는 이 시계들을 다룰 때 만큼이나 즐겁게 이 그림을 그렸다.

면, 전쟁은 그의 이론을 완벽하게 실현한 곳이기도 했다. 다수의 전선에서 동시에 전투가 벌어지는 가운데 참호전이라는 지속적인 파괴 현상으로 인해 밤과 낮, 심지어 계절이라는 전통적인 시간의 순환은 완전히 무시되고 파괴되었다. 기술의 발전으로 의사소통은 점점 더 즉각적이 되는 반면 전쟁의 경험은 공간과 시간에 엄청난 간극을 만들어냈다. 참호전이 벌어지는 최전선과 본국 사이의 공간적 간극, 전쟁 이전의 타락하지 않은 시절과 그 후의 악몽 같은 날들 사이의 시간적 간극 말이다. 어떤 면에서 보면 전쟁은 상대성 이론을 현실화한 모습 그자체였다. 시간과 공간이 파괴되고 엄청난 속도로 다시 만들어지는 현상 말이다.

　그럼에도 시간 측정 도구는 전쟁 수행에 핵심적인 역할을 했다. [서유럽] 서부전선 전투의 특징은 참호전과 동시다발적 공격으로 요약할 수 있었다. 1916년 솜 전투에서 사용한 '점진적 포격 전술'과 같은 전략은 매우 긴밀한 일정에 따라 지속적인 포격을 가해 병사들이 적진에 더 가까이 전진할 수 있도록 했다. 당연히 세심하고 정확한 시간 측정이 필수적이었다. 천둥과 같은 포격음으로 명령을 외치는 목소리가 들리지 않는 상황에서 시간에 맞춘 신호는 소리로 전달하는 신호를 대체했다. 여러 부대가 진신으로 의사소통을 하면서 미리 정한 시간에 동원되었다. 참호 안을 기어다니면서 작전을 수행하는 와중에 회중시계를 꺼내서 시간을 확인하기란 거의 불가능했다. 그래서 연합군 병사들은 손목시계를 전적으로 받아들였다. 수요가 너무 커서 제2차 보어 전쟁 때처럼 개조한 시계가 아니라 처음부터 이 목적을 위해 설계된 모델이 등장했다. '참호시계trench watch'라고 알려진 이 제품들은 시계를 바로 손목에 착용할 수 있도록 한, 러그라고 부르는 철사 돌출부가 장착되어 있었고, 전투 중 깨지기 쉬운 시계 유리를 보호하기 위한 '파편 보호대'도 추가할 수 있었다.

　보어 전쟁에서는 병사들이 개인적으로 손목시계를 구입해야 했다. 그러나 이제는 군부대에서 대량으로 손목시계를 구입해 군복, 소총, 총검 등과 함께 군장의 일부로 병사들에게 지급하거나, 군인 전용 상점에서 할인된 가격으로 구입할 수 있었다. 한편 손목시계가 여성적이라는 저항감은 광고를 통해 극복되었다. 1914년에 나온 광고 중 하나는 "전선이나 바다에서 싸우고 있는 그에게 이 윌썸 손목 스트랩이 정확한 시간을 알려줄 것입니다"라고 선언한다. "거칠게 사용해도 견딜 수 있도록 특별 제작되었고, 극도의 혹독한 조건에서도 정확도를 유지하도록 설계했습니다." 부유한 장교들은 단지 그럴 여유가 있다는 이유로 더 고급 시계를 사기도 했다. 도금된 참호시계는 '장교용 참호시계'라고 불렀다.

초기 참호시계의 대부분은 스위스에서 제작되었다. 생산량을 늘리기 위해 미국에서 생산 기계를 들여온 덕을 톡톡히 누린 것이다. 인터내셔널 워치 컴퍼니IWC, 오메가, 론진, 그리고 롤렉스 등이 소매를 걷어붙인 첫 주자들이었다. 이들의 참호시계는 단순하고 기능적이었으며 물수제비를 뜨는 조약돌처럼 보이는 케이스는 니켈이나 황동으로 만들어졌다. 다른 인간과 싸워야 하는 전쟁터든 극한의 기후 환경이든, 가장 위험한 상황으로 나서는 주인들과 동행하도록 대량생산되고 설계된 시계들이었다. 크레이그가 복원한 1916년 롤렉스 레베르크는 고객의 할아버지가 페르시아만에서 복무한 사람에게서 구입한 것이었다. 색이 변하고, 긁히고, 찌그러지고, 베젤과 유리가 없는 상태였다. 충격 완화 장치나 방수 장치가 없는데도 불구하고 이 시계는 주인을 따라 사막 전투에 나섰고, 그 후로도 수십 년 동안 사용되었다. 사명을 다 한 것이다.

✦━━━◆━━━✦

한밤중 어두운 참호 속에서 병사들은 '야광시계'의 빛에 의존해 시간을 확인했다. 참호시계의 문자판은 보통 밝은 흰색 법랑 바탕에 발광 라듐 페인트로 숫자가 찍혀 있었다. 바늘은 중심을 길게 투각하고 끝에도 구멍을 뚫어서 거기에 야광 페인트를 채웠다. 선구적인 물리학자 마리 퀴리Marie Curie와 그의 남편 피에르 퀴리Pierre Curie는 1898년 우라늄 함유량이 높고 방사성을 띤 우라니나이트에서 라듐을 발견했다. 슈퍼 원소 라듐의 명성이 대중들 사이에 빠르게 퍼졌다. 암 치료에 성공한 덕분에 알레르기에서 변비에 이르기까지 모든 병에 대한 만병통치약으로 홍보되었다.• 시계 산업계에서는 라듐의 붕괴 과정 중 한 단계에 가장 큰 관심을 보였다. 라듐을 방사성 발광

• 1900년대 초에 접어들 무렵에는 이 새로운 원소의 발광하는 특징을 상업화한 공장들이 전 세계에 우후죽순 생겨났다. 라듐 강화 버터나 우유, 치약("너무 깨끗해서 빛나는 치아를 얻고 싶으세요?") 등 식품류에서부터 화장품에 이르기까지 라듐 제품은 건강 제품으로 홍보되었다. 심지어 라듐을 함유한 의류도 생산되어 남녀 속옷에 사용되었다. 가정에서 파리를 잡을 때 뿌리는 약에도 라듐이 들어갔는데, 그 약만 뿌리면 모든 해충이 전멸한다는 사실을 알고도 그것이 무슨 의미인지 아무도 깊게 고려해 볼 준비가 되어 있지 않았다. 라듐은 큰 돈을 벌어들이는 사업이었고, 이익을 보는 사람들은 어떤 종류의 부정적인 이미지든 덮어버리기 위해 최선을 다했다.

화학물질인 인광체와 혼합하면 둘의 작용으로 인해 희미한 옅은 녹색 형광빛이 나타난다. 시계의 문자판과 과학 기기 등에 라듐 페인트를 칠해서 빛을 발하게 하는 방식은 빠르게 확산되었다. 1926년 집계에 따르면 미국의 시계 제조업체 '웨스트클록스Westclox' 한 곳에서만도 매년 150만 개의 야광시계를 생산하고 있었다.[155] 야광 손목시계와 벽시계, 탑시계의 야광 문자판, 그리고 야광 페인트를 사용한 비행기 계기판, 총의 조준경, 선박 나침반 등에 대한 수요는 예측대로 엄청났다. 미국이 제1차 세계 대전에 참전한 지 일 년이 지난 1918년 즈음에는 미국 병사 여섯 명 중 한 명이 야광시계를 가지고 있었다.[156]

미국, 스위스, 영국 전역에서 문자판을 생산하는 공장이 생겨났고 수천 명의 젊은 여성들이 고용되어 수십만 개의 야광 문자판에 직접 숫자를 적어 넣는 작업을 했다.° 라듐 페인팅 작업은 모두가 원하는 좋은 직업이었고 이 일을 하는 사람들은 숙련된 예술가로 여겨졌다. 문자판은 하나하나 암실에서 정확도에 대한 매우 엄격한 품질 검사를 거쳤다.[157] 실수를 너무 많이 하면 해고 당하기도 했다. 라듐 페인터들은 그 재능을 높이 산다는 의미에서 높은 임금, 특히 그 시대 여성으로서는 이례적으로 높은 임금을 받았다. 고용주들은 여성의 작

° 이 작업과 그로 인해 미국 내에서 관찰된 끔찍한 결과는 케이트 무어Kate Moore의 뛰어난 폭로성 저서 《라듐 걸스》의 주제가 되었다.

은 손이 이 섬세하고 정교한 작업에 안성맞춤이라고 믿었다. 거기 더해 남성보다 여성을 더 쉽게 소모품 취급할 수 있었는 지도 모르겠다. 남성 라듐 작업자들은 납으로 만든 보호용 앞 치마를 받았지만 여성들은 아무런 보호 장비 없이 일했다. 그 러나 여성들은 기꺼이 이 일을 해냈다. 정해진 급여가 아니라 완성한 문자판 개수에 따라 돈을 받았기 때문에 더 많은 문자 판을 그리면 더 많은 돈을 벌 수 있었다. 어떤 사람은 공장 노 동자 평균 임금의 세 배를 벌기도 해서 아버지보다 수입이 많 았다. 지금의 화폐 가치로 환산을 하면 이 여성들은 일주일에 평균 370달러[약 54만 원]를 벌었고, 손이 가장 빠른 사람은 일 년에 4만 달러[약 5,900만 원]까지 수입을 올렸다.[158] 가난한 노 동자들이 사는 지역에서 문을 연 공장들이 많았기 때문에 이 런 수준의 임금은 삶의 질을 완전히 바꿀 수 있었다. 여성들은 가족을 부양하고 미래를 위해 저축할 수 있었다. 구인 광고에 서는 18세 이상이어야 한다고 명시했지만 단속이 느슨했기 때문에 그보다 훨씬 어린 나이에도 취업을 할 수 있었고 열한 살 소녀들도 일을 했다는 기록이 있다.[159]

방사성 발광 페인트에는 '언다크'나 '루나'같은 매력적 인 이름이 붙었고, "액체 햇빛"이라는 명성을 얻었다.[160] 문자 판 제작자들은 도가니에 소량의 라듐 가루와 물 한 방울, 그 리고 접착제 역할을 하는 아라비아 고무를 섞는 방법으로 직 접 페인트를 만들어 사용했다.[161] 스위스에서는 유리 막대로 페인트를 발랐고, 프랑스에서는 한쪽 끝에 솜을 감싼 막대를 사용했고, 이외 다른 나라에서는 날카롭게 깎은 나무나 바늘을 사용했다. 한편 미국에서는 엄청나게 가는 낙타털 붓을 사용해서 1밀리미터 두께밖에 되지 않는 선을 그려냈다.[162] 이 붓은 너무나 섬세해서 자꾸 갈라지는 경향이 있었다. 그래서 도자기에 그림을 그리는 일을 하던 여성들이 그 경험을 살려 '립 포인팅lip pointing'이라는 기술을 개발했다. 이 기술은 '립, 딥, 페인트lip, dip, paint'라고도 불렀는데 립-입술로 붓을 다듬어 끝을 날카롭게 만든 다음, 딥-라듐 용액에 붓을 담갔다가, 페인트-문자판에 숫자를 그려 넣는 공정이었다.[163] 라듐 페인트는 어디에 사용되든 위험한 물질이지만, 바로 이 공정 때문에 미국에서 특히 치명적인 결과를 초래했다.

처음에는 라듐의 안전성에 대한 우려가 나오기는 커녕 오히려 그 반대 현상이 벌어졌다. 문자판 제작자들은 라듐이 몸에 좋다고 믿도록 유도되었다. 따지고 보면 고가의 스킨케어 제품과 화장품을 만드는 데 사용되는 재료 아닌가. 이 여성들은 립 페인팅 공정 때문에 라듐을 먹었을 뿐 아니라 공장 내부 공기에 가득찬 라듐 가루를 온 몸에 뒤집어썼다. 해질녘 집으로 가는 직원들은 으스스한 초록색 빛을 발하곤 했다. 지역 주민들은 그들이 유령처럼 보인다고 말했다. 공장은 대체로 즐거운 곳이었고, 여성들은 그곳에서 일하는 것을 특권으로 여겼다. 전선에서 싸우는 병사들을 위해 일조한다는 자부

야광 페인트로 내부를 채운 시곗바늘.

심도 있었다. 일부 제작자들은 병사들에게 비밀 메시지를 보내는 게임을 하기도 했다. 시계 케이스 뒤에 자기 이름과 주소를 새겨서 보내고 그 시계 주인이 편지를 보내기를 기다리는 게임이었다.[164] 가끔 실제로 편지가 오기도 했다.

경영진은 라듐을 사용한 매우 초기부터 알려지지 않은 위험성이 있다는 것을 인지하고 있었다. 퀴리 부부와 함께 일한 경력이 있고 라듐 페인트를 발명한 세이빈 아널드 폰 소초키Sabin Arnold von Sochocky는 결국 방사선 노출의 장기적 영향으로 사망했다. 퀴리 부부도 이미 라듐 화상을 많이 입은 상태였다. 소초키는 왼손 집게손가락에 라듐이 박히자 결국 스스로 그 손가락을 절단하기도 했다.[165] 라듐이 암세포를 죽이는 것은 사실이지만 건강한 세포와 종양을 구분하는 능력이 없기 때문에 라듐에 닿는 모든 것이 파괴되었다. 작업장 관리자들과 기업 임원들은 문자판 제작자들이 섭취하는 라듐이 미량이기 때문에 해를 끼치지 않을 것이라 스스로를 안심시켰다(사업으로 얻는 엄청난 이윤 또한 마음을 진정시키는 데 크게 도움이 되었을 것이다). 그러나 숫자 하나를 그릴 때 립 포인팅을 두 번이나 하는 소녀들도 있었고, 손이 가장 빠른 제작자는 하루에 문자판 250개를 완성할 수 있는 속도로 일했기 때문에 라듐의 누적 섭취량은 무시할 수 없을 정도로 많아졌다. 라듐은 칼슘과 화학적으로 유사하기 때문에 인체는 체내에 흡수된 라듐을 칼슘으로 오인하고 이 물질을 뼈로 운반했다. 라듐은 시한폭탄처럼 천천히 뼈를 갉아먹기 시작했다.[166]

이런 식으로 누적된 노출은 희생자의 뼈를 썩게 만들었다. 대부분의 문자판 제작자들이 맨 처음 문제를 겪은 곳은 치아였다. 치아가 아프고 흔들리다가 빠지거나 발치를 해야 했다. 잇몸에 난 구멍은 아물지 않았고 궤양과 염증이 생겨 더 점점 커졌으며, 결과적으로 뼈까지 노출되었다. 병이 심해지면서 턱의 괴사가 시작되었고, 뼈가 조각조각 부서져 나왔다. 병에 걸린 여성들은 턱뼈 조각을 입으로 뱉어냈다.

라듐은 패혈증과 내출혈의 위험을 이겨낸 사람들에게도 골격계를 무너뜨리면서 뼈에 스펀지 같은 구멍을 냈고 결국 뼈가 부서지거나 바스러지게 만들었다. 참을 수 없는 통증이 따랐다. 십대, 이십대, 삼십대 여성들이 불구가 되었다. 암은 또 다른 사망 원인이었다. 라듐에 노출되고 몇 년 후 희귀한 육종이 나타났는데 많은 경우 뼈에서부터 시작했다. 라듐 문자판을 제조하는 회사가 고용한 의사들을 포함한 대부분의 의사는 라듐에 노출된 소녀들이 겪는 문제가 여성 특유의 신경 문제, 호르몬, 히스테리 때문이라고 반복적으로 안심시켰다. 검사를 하면 이 여성들이 방사성 물질 그 자체가 되어 있다는 결과가 나오는데도 말이다.[167] 첫 사망자는 뉴저지의 몰리 마지아였다. 1922년 9월 스물넷 나이로 세상을 떠난 마지아는 결혼하지 않고 혼자 사는 젊은 여성이라는 이유만으로 매독으로 사망했다는 오진이 내려졌다.

　오래된 군용 시계가 공항 검색대에서 적발되었다는 이야기를 들은 적이 있다. 만들어진 지 몇 십 년이 흐른 후에도 여전히 방사성 물질로 인식된 것이다. 그러나 단품 시계 문자판에 함유된 라듐의 양은 너무 미량이라 일반 쓰레기로 버려도 무방할 정도다. 그리고 수많은 복원가들이 라듐 페인트가 칠해진 문자판을 가진 시계 무브먼트, 혹은 '신품급 골동품'* 시곗바늘을 서랍 가득 보관하고 있다. 크레이그가 가진 수많

---

* '신품급 골동품'이란 한 번도 사용되지 않은 옛날 물건을 말한다. 중고 거래 사이트에서 '상표도 안 뗀 새 제품'이라는 설명과 함께 판매되는 물건과 비슷하다(물론 이 시계들은 상표를 안 뗀 했지만 100년쯤 된 골동품이라는 점만 다르다).

은 재주 중 하나는 안전한 현대식 대체품으로 빈티지 라듐 도료를 재현해 내는 일이다. 그는 미니어처 모델을 칠하는 데 쓰는 험브롤 페인트를 사용해서 색을 내고, 고운 모래나 돌가루로 원래 페인트의 부피감을 표현한다. 이렇게 섞어 만든 도료를 바르면 표면이 새로 구운 머핀처럼 볼록하게 솟아서 입체감이 생긴다. 한번은 경매장에서 오래된 도구들을 한 무더기 산 적이 있는데, 하얀 먼지가 쌓인 작은 유리병이 숨어 있었다. 오래되서 갈색으로 색이 변한 라벨에 잉크로 쓴 손글씨로 '라듐'이라고 적혀 있었다. 《이상한 나라의 앨리스》에서 읽은 "나를 마셔요"라고 적힌 몸이 작아지는 물약의 사악한 버전처럼 느껴졌다. 나는 두려운 마음으로 '방사성 물질을 안전하게 폐기하는 방법'을 검색했다. 언제라도 사이렌이 울리고 방호복을 입은 무장 경찰들이 작업실 문을 박차고 들어올 것 같았다.

결국 나는 그 가루가 공기 중으로 날리는 것을 방지하기 위해 기름과 섞어 둔 다음 더는 걱정하지 않았다. 그러나 '라듐 걸'들의 삶은 완전히 망가지고 말았다. 1920년대가 끝날 무렵에는 이미 50명 이상이 사망했고, 영향을 받은 사람의 수가 결국 정확히 얼마나 되었는지 알 수가 없다. 제1차 세계 대전에 대한 그들의 기여는 말로 다 할 수 없지만, 그들이 치러야 했던 대가는 끔찍했다.

다만 그들의 비극적 죽음은 헛되지 않았다. 생존한 여성들과 목숨을 잃은 여성들 중 다수가 직접 혹은 가족의 도움으로 20세기 후반의 방사선 노출 피해 연구에 지대한 공헌을 했다. 그들의 몸은 식품 공급망에 낙진이 들어갈 수 있는 지역에서의 핵실험을 중단시키는 데 도움이 되었다. 라듐 걸들은 점점 더 핵이 많이 사용되는 세상의 미래가 어찌 될 수 있는지를 보여준 최초의 집단이었다.

✦━━━◆◆◆━━━✦

제1차 세계 대전이 끝날 무렵에는 손목시계를 가지지 않은 남성이 드물었다. 많은 남성들에게 손목시계는 용맹의 상징이었다. 그 후 몇 년 동안, 참호시계는 새로운 손목시계 디자인과 혁신의 시대를 여는 기초가 되었다. 시계 제조 회사들은 엄청나게 다양한 디자인과 스타일의 시계를 새로 출시했고, 그중에는 아르데코 운동의 도래에 부응한 길쭉한 유선형 직사각형의 우아한 케이스도 있었다. 측면이 바깥쪽으로 휘는 곡선으로 이루어진 직사각형 시계 (내게는 이런 시계가 빵빵하게 속을 채운 소파 쿠션같이 보인다) 역시 엄청난 인기를 끌었다. 원래의 참호시계는 와이어 러그가 납땜으로 고정된 작은 회중시계처럼 보였지만, 이제는 옆으로 벌어진 어깨처럼 보이고 케이스와 일체형으로 디자인된 러그가 시곗줄의 위쪽을 감싸안은 디자인으로 진화했다.

전후 금속공학과 재료공학의 발전으로 금을 더 많이 필

요로 하는 금박 기술을 대신해서 금 도금 기술이 시계 케이스 제작에 사용되었다. 도금 기술로 실제 사용되는 금의 양을 줄이는 것이 가능해지면서 사회적 위상의 상징인 '금시계'를 더 많은 사람에게 보급하는 것이 가능해졌다. 귀금속이 아닌 금속 케이스 제작에도 스테인리스 스틸과 같은 더 나은 재료가 사용되었다. 이는 장비가 더 발달하면서 단단한 금속을 기계로 가공하고 마감하는 것이 용이해졌기 때문이었다. 스테인리스 스틸 케이스는 크롬이나 니켈 케이스를 착용하면 겪을 수도 있는 불쾌한 알레르기 반응을 일으키지 않았다.

손목시계의 태엽이 자동으로 감기도록 하는 메커니즘도 개선되어서 이 장치를 더 효율적이고 저렴하게 만들 수 있게 되었다. 이 장치는 착용자가 손목을 움직이는 것만으로도 태엽이 감기도록 메커니즘의 중심에 축을 둔 무게추를 사용했다. 무게추의 움직임 궤도는 축구 팬이 경기장에서 사용하는 응원용 딸랑이를 닮았다. 회전하는 무게추가 일련의 기어를 돌려 배럴 안의 메인스프링을 감아주기 때문에, 중요한 순간에 손목을 올려 시간을 보려는 순간 시계가 멈춰 있다는 것을 깨닫게 되는 문제를 해결해 주었다.

부가 기능은 늘어나고 가격은 낮아졌다. 이제 손목에 착용하는 크로노그래프가 출현해서 시간을 알려주는 것에 더해 스톱워치 기능과 아침에 소리를 내서 깨워주는 알람 기능까지 제공했다. 손목시계의 인기가 꾸준히 늘면서 기업들은 시계 판매로 거둔 이익을 제품 개발과 품질 개선, 정확도 향상에 투자할 수 있었다.

처음 시계제작 공부를 시작하던 크레이그와 나도 이렇게 혁신적이었던 제1차 세계 대전과 제2차 세계 대전 사이의 기간에 끌렸다. 이는 우리가 처음부터 공유했던 열정 중 하나였다. 정말 이상하고도 신기한 디자인이 많았다. 어떤 시계는 매우 성공적이었지만, 많은 수가 마조히스트가 아니면 자진해서 수선도 하지 않을 듯한 실패작이었다. 이 시기의 시계 중에는 새것이었을 때도 제대로 기능하지 못한 것들이 수두룩했으니 70년에서 100년 정도 사용한 시계는 밀할 것도 없었다. 예를 들어 자동 태엽 감기 기능은 현재 우리가 사용하는 매우 효율적인 시스템이 정착하기까지 수많은 변신을 거쳤다. 섬세하기 짝이 없는 무브먼트 전체를 타원형 케이스 안에서 위아래로 흔들어대는 '위그-웨그wig-wag' 롤러 태엽 감기 시스템도 있었고, 연접식 러그가 접혔다 폈다를 반복해서 착용자가 손목을 움직이면 태엽 감기가 시작되는 '오토리스트 Autorist' 시스템도 있었다. 우리가 수집한 시계 중에도 오토리스트 시계가 있어서 착용해 본 적이 있다. 하지만 태엽을 반정도 감는 데 필요한 격렬한 손목 흔들기 동작 중 공공장소에서 해도 괜찮은 것이 별로 생각나지 않아 포기했다. 이 시계들은 모두 우리의 창의성을 시험하고 발명을 계속해서 최신 혁신 기술을 소유하고자 한 매우 인간적인 욕구의 증거물이다.

다른 어떤 브랜드보다 개발의 물결을 성공적으로 탄 기업이 바로 롤렉스다. 1919년 빌스도르프와 데이비스는 롤렉스를 스위스로 이전했다. 전쟁이 끝난 뒤 영국 정부는 재정 상태를 개선하기 위해 수입 시계 케이스에 높은 관세를 부과했다. 롤렉스는 1931년까지 런던에 사무실을 유지했지만, 그 직후 영국 정부가 금본위제를 폐기하고 금값이 폭락하자 빌스도르프는 회사와 함께 제네바로 이주했다.

롤렉스 시계는 그간 시간이 흐르면서 품질도 많이 좋아졌지만, 회사의 위상을 확고히 한 것은 빌스도르프의 천재적인 마케팅 실력 덕분이었다. 심지어 그가 1908년에 만들어낸 이름인 롤렉스마저 뭔가 특별하다. 뭐랄까… 제왕적인 느낌을 준다고나 할까? 거기에 더해 '프린스' '프린세스' '오이스터' 그리고 후에 나온 '로얄' 같은 제품명과 자매 브랜드 '튜더 Tuder' 등은 이 귀족적인 느낌을 더욱 강화했다. 빌스도르프는 다섯 갈래로 뻗은 왕관이 사람 손의 다섯 손가락에서 영감을 얻은 것이라 말했다. 모든 롤렉스 시계에 들어가는 수작업에 경의를 표한 것이다. 이 로고는 지금까지도 모든 롤렉스의 태엽 감기용 크라운에 새겨져 있다. 이러한 연상 작용은 롤렉스가 절제된 호화스러움과 지위, 부를 표현하는 시계라는 이미지를 강화했다.

또 빌스도르프는 홍보 기회가 오면 절대 놓치지 않았다. 1927년 롤렉스의 첫 방수 시계 '오이스터'가 개발되었다. 케이스가 꼭 굴oyster처럼 딱 닫히기 때문에 그런 이름을 붙였다. 롤렉스는 이 시계를 매장에 출시하고 신문과 잡지에 광고나 몇 개 올리는 데 그치지 않고, 바다를 건너게 했다. 메르세데스 글리츠Mercedes Gleitze가 영국 여성으로서는 처음으로 도버 해협을 수영해서 건널 때 이 시계를 목에 걸고 있었다. 그녀의 목에 걸린 채 10시간을 물 속에서 보낸 후에도 시계는 완벽하게 작동하는 것으로 판명되었다. 글리츠는 롤렉스의 첫 홍보대사가 되었고, 그녀의 유명한 얼굴은 롤렉스의 진정성과 신뢰성을 증명했다. 요즘 우리는 시계 광고에서 유명인이나 스포츠인들을 보는 것이 익숙하지만 그런 관행을 시작한 곳이 바로 롤렉스였다.

롤렉스 시계는 그 시계를 착용한 사람의 용감무쌍한 업적과 동일시되는 독특한 위상을 누렸다. 1933년, 영국 공군대원들이 최초로 에베레스트산을 비행해서 넘었을 때도 롤렉스를 차고 있었다. 롤렉스는 '쏜살같은 시간Time flies'이라는 광고 시리즈를 개제했다. 1935년, 오이스터 시계는 말콤 캠벨 경Sir Malcolm Campbell과 함께 그의 전설적인 자동차 '캠벨-레일튼 블루버드'를 타고 시속 272마일[약 438킬로미터]로 데이토나 비치를 질주했다. 캠벨 경의 수많은 신기록 갱신 시도 중 하나였다. 롤렉스는 1950년대에 출시한 '익스플로러Explorer'

를 착용한 탐험가 에드먼드 힐러리Edmund Hillary 덕분에 세계 정상에 오른 최초의 시계라고 주장할 수 있었다(후에 힐러리는 에베레스트산에 오를 때 착용한 시계는 스미스 제품이었다고 밝혔다). 요즘에는 롤렉스 하면 윔블던, 승마, 마스터스 토너먼트 금메달, 혹은 포뮬러1 자동차 경주 등을 연상하는 사람이 많을 것이다. 이 회사는 전 세계의 예술 축제도 다수 후원하고 있다. 롤렉스라는 이름을 들어본 적이 없거나, 그 상징적인 왕관 로고를 알아보지 못하는 사람은 없다고 해도 무방하다. 롤렉스는 시계 자체보다 브랜드명을 더 널리 알린 최초의 시계 제조 기업이다.

✦───✦

제1차 세계 대전과 제2차 세계 대전 사이 500년 시계 역사상 가장 빠른 진화가 벌어진 시기였다. 그리고 이 혁신의 속도는 오늘날까지 계속되고 있다. 제2차 세계 대전이 발발한 1939년에 접어들 무렵 시계는 이미 20년 전보다 전장의 가혹하고 극한적인 환경을 훨씬 더 잘 견딜 수 있을 정도로 발전해 있었다. 비행사들에게는 두터운 비행복 위에 착용할 수 있고 밤에도 쉽게 시간을 읽을 수 있는 회중시계 크기로 설계한 커다란 손목시계가 공급되었다. 잠수부 시계는 바다로부터 적진을 공격하는 작전이나 적 함선의 선체에 폭탄을 부착시키는 작전을 수행하는 해군 잠수부들의 수중 작전을 함께 했다. 이 고성능 손목시계들은 충격 방지 및 방수 기능을 갖췄고, 심지어 자기 장의 영향을 차단하는 보호막을 갖춘 케이스도 있었다. 초기 비행사들이 공중에서 자신의 위치를 계산할 수 있도록 고안된 베젤은 전투기 조종사들 사이에 점점 더 큰 인기를 모았다.

제1차 세계 대전 당시 스위스의 중립 선언은 그 나라 시계 산업에 큰 축복이 되었다. 젊은이들이 군대에 징집되어 전선으로 나가지 않아도 되었으니 시계 제조업체들은 다른 나라들처럼 인력의 50퍼센트를 잃지 않았다. 그리고 전쟁으로 인한 생산성 감소와 투자 감소라는 이중고 또한 겪지 않았다. 스위스의 제조업자들은 전 세계의 군대에 완제품 시계를 공급했을 뿐 아니라 다양한 브랜드명으로 조립해서 소비자들에게 판매할 수 있는 무브먼트, 케이스, 문자판 등도 개별적으로 수출했다. 그러나 제2차 세계 대전 중에는 수출이 어려웠다. 제2차 세계 대전 중 프랑스의 괴뢰 정부가 있던 프랑스 중부 비시가 공격을 받아 연합국들의 무역로가 완전히 차단되면서 스위스는 추축국들에게 포위되었고, 스위스 시계 산업은 진퇴양난에 빠지고 말았다. 추축국들과 거래하고 싶지 않았지만 생존 자체가 어려운 상황이었기 때문이다. 진쟁 초기, 롤렉스는 이탈리아 해군 잠수부들을 위한 시계를 제조하고 공급하는 이탈리아 기업 파네라이Panerai에 무브먼트를 공급했지만 영국이라는 주요 시장이 사라지면서 입은 손실을 대체하기에는 충분치 않았다.

결국 롤렉스도 다른 시계 회사들과 마찬가지로 중립국들, 그리고 포르투갈이나 스페인처럼 영국과 대립 중이지 않은 국가의 국적을 가진 선박과 항공기를 통해 영국으로 시계를 수출하기 시작했다. 이런 경로로 영국에 도착한 시계들은 그동안 쌓였던 수요, 특히 영국 공군 조종사들 사이에 큰 인기를 모았다. 특히 1939년 알렉스 헨쇼Alex Henshaw가 런던에서 케이프타운까지 최초 비행 기록을 세울 때 롤렉스를 착용한 이후 영국 공군에서는 롤렉스가 필수품으로 자리 잡은 터였다. 빌스도르프는 연합국 대상의 판매량을 유지하기 위해 갖은 애를 썼다. 전쟁 포로가 되어서 시계를 압수당한 영국 장교들에게 대신 자사의 시계를 제공한 것으로도 유명하다.[*] 시계 주문이 들어오면 전쟁이 끝난 후 대금을 지불받을 수 있을 것이라는 암묵적 이해 하에 국제 적십자사를 통해 포로들에게 보내졌다. 빌스도르프의 신사 협정은 사기 진작에 큰 도움이 되었다. 전쟁 포로들은 생존 귀환할 것이고, 전쟁이 연합군의 승리로 끝날 것이라는 빌스도르프의 자신감을 확인할 수 있었기 때문이다. 오플라크 VII-B라는 독일 포로수용소에서는 영국인 포로들이 3,000개 이상의 시계를 주문했다.

---

[*]   군용 시계는 포로수용소에서 압수되는 경우가 많았다. 나침반을 비롯한 탈출 도구를 장착한 시계일 수도 있다는 의혹 때문이었다.

베를린에서 남동쪽으로 약 161킬로미터 거리의 스탈라크 루프트 III 수용소에 억류되어 있던 제럴드 이메슨Gerald Imeson 공군 대위는 오이스터 크로노그래프 라인 중 최상급인 '롤렉스 3525'를 주문했다. 그는 방수 케이스, 라듐 문자판과 시곗바늘을 장착한 이 시계의 빛을 벗삼아 100미터가 넘는 긴 터널을 통과하는 대담한 탈출 작전을 벌였다. '해리'[*]라는 별명의 그 터널은 이메슨과 동료 포로들이 탈출을 위해 판 터널이었다. 그는 탈출을 계획한 200명 중 한 명이었는데, 그의 임무는 터널에서 나온 수 톤에 달하는 흙을 헐렁한 코트 안에 숨기고 나와 수용소 여기저기에 뿌리는 '펭귄' 역할이었다.

어쩌면 이메슨은 탈출 당일 밤 그의 정교한 시계를 이용해 경비원들이 수용소를 순찰하는 빈도와 한 사람이 터널을 기어서 통과하는 데 몇 분이 걸리는지, 한 시간에 몇 명이 터널에 들어갈 수 있는지를 (시간당 10명이었다) 계산했을지도 모르겠다. 새벽 1시에 터널 일부분이 무너져서 통과 속도가 지연되었다. 새벽 4시 55분에 경비원이 77명의 포로를 발견했다. 터널 저쪽에 도달한 사람들은 목숨을 걸고 뛰었다. 수색 작전이 벌어져 73명이 생포되었고, 히틀러는 본보기로 그들의 처형을 명령했다. 탈출에 성공한 사람은 단 세 명에 불과했

---

[*] 해리는 세 터널 중 하나였다. '톰'이라는 이름의 터널은 발각되어서 폭파되었고, '딕'은 터널의 다른 쪽 구멍 위에 건물이 서있어서 포기했다.

고, 이메슨은 그 셋에 포함되지 않았다. 그는 포로수용소로 돌아갔고, 다른 수용소로 이감된 후 1945년에 풀려났다. 그는 죽을 때까지 롤렉스 3525를 소중히 간직했다.°

✦ ━━━━ ◆◆ ━━━━ ✦

제2차 세계 대전이 끝날 무렵, 롤렉스의 상황은 좋았지만 영국과 유럽 대부분 국가들은 경기 침체에 빠져들기 일보 직전이었다. 롤렉스는 이번에는 미국 시장에 집중하는 쪽으로 정책을 선회했고 효과적인 마케팅과 새로운 디자인으로 미국 브랜드인 월썸, 해밀튼 등과 팽팽하게 경쟁할 수 있게 되었다. 이러한 성공의 열쇠는 당시 세계 최대 광고 회사였던 J. 월터 톰슨J. Walter Thompson과의 제휴였다. 이 두 회사는 그 후 몇 십 년 동안 관계를 지속했다.

　　광고에 힘입은 빌스도르프의 시계는 단순한 시간 기록 장치가 아니라 '스토리텔러'가 되었다. 극한 스포츠의 대담함과 극도의 정밀성, 극상류층의 고급스러움을 연상시킴으로써 롤렉스 시계는 지금 자신의 모습뿐 아니라 앞으로 어떤 사람이 되기를 원하는지, 다시 말해 '추구미'를 표현하는 상징이 되었다. 현대에 사용되는 마케팅 용어 중에서 배타적이고 고

⓮　　이 엄청난 탈출 작전은 영화 〈대탈출〉에 영감을 준 이야기로 유명하다.

급스러운 이미지를 유지하면서도 대중 시장을 겨냥하는 상품을 가리키는 말이 있다. 우리는 이런 상품을 '매스티지masstige'라고 부른다. 대량생산을 뜻하는 매스 프로덕션mass-production의 앞부분과 위신 혹은 명망을 뜻하는 프레스티지prestige의 뒷부분을 합성한 신조어이다. 내 생각에 한스 빌스도르프의 천재성이 바로 여기에 있었다.

한스 빌스도르프와 알버트 아인슈타인은 매우 다른 커리어를 추구했다. 한 사람은 명민한 기업가였고, 또 다른 한 사람은 뛰어난 이론가였다. 그러나 두 사람 사이에는 놀랄만큼 공통점이 많았다. 두 사람 모두 독일에서 불과 두 해 차이로 태어나 스위스로 이주했고 초년에는 사무원으로 일했다. 하지만 내게 가장 흥미로운 공통점은 이 뛰어난 두 남성이 인간과 시간 사이의 관계를 변화시켰다는 사실이다. 아인슈타인은 수 세기에 걸쳐 당연히 여겨졌던 시간의 본질을 뒤집었고, 빌스도르프는 시간 측정 기구가 어떤 것이어야 한다는 수 세기에 걸친 고정관념을 새로운 시각으로 보게 만들었다. 우리는 지금도 이 두 사람이 남긴 유산 속에서 살아가고 있다.

✦ 10 ✦

인간과 기계

우리는 언제나 현재의 순간에서 멀어지고 있다.

⬤

H.G 웰스, 《타임머신》, 1895년.

1940년 6월 9일 정오 가까운 시간, 영국 공군 소속 브리스톨 블렌하임 Mk IV 경폭격기 L9323의 승무원 세 명은 기지로 돌아가고 있었다. 프랑스 북부 솜 지역의 포아-드-피카르디 근처에서 독일군 장갑차 수송대를 폭격하는 작전을 성공적으로 수행한 후였다. 독일군이 연합군을 향해 빠르게 진격하고 있었고, 그 결과 연합군은 독일군과 해안선 사이에 갇힌 꼴이 되어 있었다. 덩케르크 철수 작전은 이미 끝난 상태였다. L9323의 승무원들은 주 철수 작전을 놓치고 뒤에 남은 연합군이 도버 해협을 건널 시간을 최대한으로 벌어주는 것을 목적으로 한 작전명 '에어리얼'에 참여하고 있었다.

기지로 돌아가던 L9323은 노르망디 상공에서 적의 플락 대공포 사격을 받았다. 당시 스물다섯 살이던 조종사 찰스 파월 봄포드Charles Powell Bomford 중위가 그 자리에서 사망했다. 관측병이었던 로버트 앤서니Robert Anthony 병장은 사망한 친구의 시신을 옆으로 밀치고 조종간을 잡았다. 그는 한 번도 비행기를 몰아본 적이 없었지만 비행기가 그대로 자유낙하하면 자신과 사수 프란시스 에드워드 프레인Francis Edward Frayn 소위는 지면과 충돌하면서 사망한다는 것을 알고 있었다. 그는 빠른 속도로 추락하는 비행기의 조종간과 씨름한 끝에 추락 속도를 조금이나마 늦추는 데 성공했고 두 사람은 착륙으로 인한 충격에서 살아남을 수 있었다. 그러나 땅과 충돌하면서 비행기의 앞부분이 조종석 쪽으로 밀려 들어와 로버트는 조종간에 끼고 말았다. 꼼짝달싹할 수 없이 갇힌 것이다. 프란시스가 서둘러 다가와 그를 도왔지만 꺼내줄 수가 없었다. 새어 나오던 연료에 불이 붙어 폭발하면서 프란시스는 비행기 밖으로 튀어 나갔고, 로버트는 불 속에서 사망했다.

그 후 오랫동안 프란시스의 운명은 알려지지 않았다. 항공 기록에 따르면 그가 목숨을 건졌으나 전쟁 포로가 되었을 가능성도 있었다. 하지만 수용 기록을 찾을 수는 없었다. 결국 진실은 이보다 훨씬 더 놀라운 것으로 드러났다.

프란시스는 움직일 수 없을 정도로 부상이 심했고, 멀지 않은 곳에 적이 있다는 사실도 알고 있었다. 떨어진 자리에 속수무책으로 누워 있는데 군화 발자국 소리가 다가왔다. 마침내 그들의 말소리가 들릴 정도로 가까워졌는데, 그것이 스코틀랜드 억양의 영어라는 사실을 깨달았을 때 그가 느꼈을 안도감을 상상해 보라. 그 지역에 남은 마지막 대규모 연합군 부대인 51번 (하이랜드) 보병 사단이었다. 그들도 해안 지역으로 후퇴하는 중이었다. 그들은 프란시스를 구조해서 들것에 눕힌 후 비행사용 재킷을 둘둘 말아 머리 밑에 대준 상태로 이틀을 걸어 프랑스 생발레리앙코에 있는 병원에 데려다 주었다. 그리고 그곳에서 모두 함께 후송되기를 기다렸다. '덩케르크의 기적' 후 며칠 동안 20만 명에 달하는 연합군 병력과 부상병들이 배를 타고 안전한 곳으로 피할 수 있었다. 프란시스도 그랬다. 그가 탄 배는 적군의 폭격으로 항구가 봉쇄되기 전 마지막으로 항구를 떠난 배였다. 배의 선장은 존경받는 자연주의자이자 영국 해군 장교 피터 스콧Peter Scott 경이었다. 그는 탐험가 로버트 팰콘 스콧의 외아들이었다.

프란시스를 구출해 준 보병단은 프란시스만큼 행운을 누리지 못했다. 원래 계획은 다시 항구로 돌아가 그들을 구출하는 것이었지만 안개가 너무 짙어서 불가능했다. 6월 12일 동이 틀 무렵에는 모두들 이미 구조선이 오지 못할 것이라는 사실을 깨달았다. 사면초가에 빠진 그들은 사기가 땅에 떨어지고 지쳐서 그날 아침 항복했다.

　우리가 프란시스의 놀라운 이야기를 알게 된 것은 그가 아들에게 이 이야기를 자세히 들려주었고, 그 아들이 내게 그 이야기를 들려주었기 때문이다. 그리고 이제 나도 이 이야기에서 작은 역할을 맡게 되었다.

　프란시스가 프랑스의 병원에서 치료받는 동안 간호사가 그의 머리 밑에 개켜져 있던 비행 재킷을 들어서 침대 옆에 걸어두려고 먼지를 털었다. 그때 작은 은색 물체가 바닥에 떨어지면서 금속성 소리가 났다. 간호사는 허리를 굽혀 그 물건을 주웠다. 비행기의 추락에도 불구하고 주인과 함께 살아남은 프란시스의 시계였다. 금속 조각들이 케이스에서 떨어져 나갔고, 손목끈이 끊어졌으며, 폭격 간격을 측정할 때 사용하던 회전 베젤은 오래 전에 없어졌지만 시계와 시계 주인 둘 다 죽지 않았다. 전투의 상흔이 남긴 했지만 살아남은 것이다.

　이제 그 시계가 내 앞에, 작업대 위에 놓여 있다. 프란시스는 전후에도 시계를 잘 간직하다가 아들에게 남겼고, 그 아들이 시계를 비닐백에 담아 내게 가져왔다. 진한 우유빛이 감도는 고급스러운 상아색이었던 문자판은 이제 녹이 슬어 어두운 반점들로 가득하다. 오래된 고서의 종이에 나타나는 점들과 비슷해서 나는 이것을 '폭싱foxing'[퇴색]이라 부른다. 공식 시계학 용어는 아니지만 오래된 시계와 오래된 책을 모두 좋아하는 내게는 적당한 표현이다. 문자판 12시 바로 아래 부분에 '모바도MOVADO'라는 브랜드 이름의 흔적이 남아 있다.

모바도는 롤렉스가 설립된 해이기도 한 1905년 라쇼드퐁에서 시작한 스위스 기업이다. 당시 19세였던 창립자 아킬레스 디테스하임Achilles Ditesheim은 폴란드 안과의사 L.L. 자멘호프L.L. Zamenhof가 1887년에 만든 국제어 에스페란토의 잠재력에 큰 기대를 걸었음이 분명하다. 모바도가 에스페란토로 '항상 움직이는'이라는 뜻이기 때문이다. 모델명은 '윔즈'인데 린드버그의 항법 전문가 필립 반 혼 윔즈*의 이름을 딴 것이다. 경도를 계산할 수 있도록 움직이는 외부 베젤을 장착한 이 모델은 전쟁 발발 초기에 영국 공군 조종사들과 항법사들에게 지급되었다. 단 2,500개만 제작되었으니 그중 하나를 눈앞에 둔 지금 이 모델 중 몇 개나 살아남았는지가 궁금해진다.

이상하게도 프란시스의 시계에서 '모바도'라는 글씨가 거의 완전히, 매우 조심스럽게 지워져 있다. 마치 핀 끝으로 긁어낸 듯 보인다. 남아 있는 유일한 글자는 V뿐이다. 프란시스는 아들에게 왜 문자판이 손상되었는지, 그 의미가 무엇인지는 알려주지 않았다. 어쩌면 프란시스가 승리의 상징인 V

⊛   이 시계는 사실 윔즈 소령이 찰스 린드버그와 함께 개발한 론진 시계의 한 버전이었다. 론진은 전쟁 중 수요를 감당할 수 없게 되자 모바도를 포함한 여러 회사에 이 디자인 사용을 허가했다.

복원을 마친 프란시스 에드워드 프레인 소위의 모바도 윔즈 시계.
이런 종류의 프로젝트를 진행할 때는 먼 미래에 소유주가 원하면 우리가
수선한 부분을 제거해 시계를 원 상태로 돌리는 것이 가능하도록 주의를
기울인다. 새로 붙인 베젤은 제거가 가능하고, 케이스에 생긴 찌그러진
자국이나 조각이 떨어진 부분은 최대한 손대지 않고 그대로 뒀다.

만 남기기 위해 직접 나머지 글자들을 긁어내 버렸는지도 모른다. 이유가 무엇이든 그마저도 이 시계의 중요한 역사의 일부이니 그대로 보존할 생각이다. 내 주된 목표는 시계가 다시 작동하도록 수선해서 프란시스의 후손들이 그 시계를 착용하고 거기 깃든 이야기를 기억하도록 돕는 것이다.

　모든 시계마다 이야기가 담겨 있지만 20세기의 시계들은 우리에게 특히 더 가깝게 느껴진다. 책이나 기록보관소에서 글로 읽는 대신 시계 주인이나 그들과 가까웠던 이들에게서 직접 이야기를 들을 수 있어서인지도 모르겠다. 제2차 세

계 대전 즈음의 시계들은 군의 표준 지급품이든 사비로 구입한 귀중한 가보든 소유주의 경험이 깃들어 있다. 모든 시계가 전투를 겪은 것은 아니다. 일부는 군대의 수많은 행정 직원들이 사용했을 것이다. 군용 시계의 경우 보통 어느 부대, 어느 나라, 어느 해에 지급되었는지를 알 수 있는 참조 번호와 코드 정보를 문자판에 인쇄하고 케이스 뒷면에도 새긴다. 예를 들어 영국 군용 시계에는 넙적한 화살표가 있는데 모래에 찍힌 새 발자국처럼 보여서 '까마귀 발'이라는 별명이 붙었다. 그 외에도 다양한 코드들이 새겨져 있는데 AM은 항공성Air Ministry, ATP는 육군 시계Army Time Piece, W.W.W.는 글자 그대로 시계Watches, 손목 스트랩Wristlet, 방수Waterproof 즉 방수 손목시계를 의미한다. 또 R.C.A.F라는 이니셜은 캐나다 왕립 공군Royal Canadian Air Force에 지급된 시계를 뜻한다. 다른 나라들도 나름의 시스템을 따랐고, 군대에서 지급된 시계에 사용된 표식은 거의 모두 직관적인 논리를 따랐기 때문에 (언제나 예외는 있지만) 소속과 연대를 식별하는 것은 어렵지 않다.

　　1930~1940년대에 나치 군대에 지급된 시계들도 본 적이 있다. 독일 해군의 상징인 크릭스마리네의 독수리와 스와스티카 문양 혹은 독일 공군 루프트와프의 비행사를 뜻하는 플리거Flieger의 약자 F.L.이 찍혀 있거나, 독일 육군Deutsches Heer의 약자 D.H. 표시가 있기도 하다. 아주 드물지만 우리 작업장에 이런 시계가 들어오면 나는 재빨리 크레이그에게 넘

기곤 한다. 그는 나보다 훨씬 객관적인 태도로 이런 물건을 대할 줄 알기 때문이다. 크레이그는 그 나치 군용 시계가 지급되지 않은 채 저장고에 보관만 되어 있었거나 중요하지 않은 하급 사무관이 사용하던 것, 혹은 연합군 포로수용소에 갇힌 수많은 병사 중 한 사람의 것이었다가 담배 몇 개비와 교환된 물건일 수도 있다고 지적한다. 하지만 우리에게 넘어온 시계의 역사를 완전히 파악하지 못하는 이상 엄청난 잔학 행위의 현장에 있었던 물건일 가능성도 존재한다. 이 부분에 대해서 나는 깊이 생각하지 않으려고 노력한다. 크레이그는 이런 것들을 그저 생명이 없는 물체로 대한다. 소유자나 제작자의 행동에 대해 무생물을 비난할 수는 없는 일이다.

금속, 법랑, 유리로 만들어진 무생물이니 그 자체에는 죄가 없다 하더라도 그런 물건을 수집하는 사람들의 의도에 대해서는 충분히 의문을 제기할 수 있다. 그런 물건을 단순히 역사의 한 조각이라고 여기고, 20세기 군대의 역사에 흥미를 느껴서 양쪽 진영의 다양한 군사 물품을 수집하는 사람들도 많다는 건 나도 안다. 그러나 인류 역사에서 가장 끔찍했던 시기를 미화하려는 의도로 형성된 나치 기념품 시장이 존재하는 것 또한 사실이다. 경매장과 딜러들은 이런 문제로 항상 딜레마에 빠진다. 아주 최근에는 히틀러의 것이라 알려진 '후버 Huber'의 1933년 손목시계가 경매장에 나왔다. 유대인 지도자 30명이 그 경매장에 서한을 보내 계획된 경매를 취소하라고

호소했지만 시계는 경매 첫 날 유럽의 유대인이라고만 알려진 인물에게 110만 달러[약 15억 원]에 팔렸다. 이와 비슷한 논란이 2021년에도 있었다. 1989년 천안문 광장 학살에 참가한 중국 군인들을 치하하기 위해 중국 정부가 지급했던 시계가 영국의 한 경매장에 모습을 드러냈다. 문자판에는 초록색 군복과 헬멧을 쓴 병사의 모습 아래 '89년 6월 반란 진압 기념'이라는 문구가 새겨져 있다. 정부 통계로 300명, 외부 추산으로 3,000명이 되는 사람들을 살해한 진압이었다. 경매장 측은 처음에는 그 시계가 "국제적인 관심을 끄는 물건"이고, 경매 자체가 이 정책에 대한 지지 의사의 표현도 아니며, 소유주는 중국 인민 해방군과 하등의 관계가 없다고 밝혔다.[168] 하지만 이 시계를 경매에 내놓았던 익명의 소유주에 대해 경매장의 사회관계망과 웹사이트를 통해 살해 위협이 들어오자 경매가 취소되었다. 물건들은 우리가 과거를 절대 망각하지 않도록 하는 데 중요한 역할을 한다. 그러나 역사의 어두운 시기와 관련 있는 유물들에 대해서는 어떤 태도를 취해야 할까? 박물관에 보관하면서 대중들이 볼 수 있도록 전시를 하는 게 좋을까, 아니면 저장고에 숨겨두는 게 좋을까? 아니면 폐기하는 게 좋을까? 그런 물건이 시장에 나오면 어떤 사람의 손에 들어가 어떻게 사용될지 알 길이 없어진다. 이 문제에 대한 쉬운 답은 없다.

나는 모든 시계에 그 시계를 착용했던 사람의 흔적이 깃들어 있다고 생각한다. 나치가 '동부 재정착'을 명목으로 내걸고 유대인들을 체포했을 때 많은 이가 단순한 이주일 것이라 믿었다. 짐을 쌀 시간도 없었고, 많이 들고 가는 것도 허락되지 않았기에 휴대가 가능한 것 중 가장 소중한 물건들만 서둘러 챙겼다. 시계, 옷, 안경, 의족이나 의수 등은 강제수용소에 도착하자마자 돈과 함께 맨 먼저 압수된 물건들이었다. 마침내 나치가 패망하고 수용소의 문이 열렸을 때 무더기로 쌓여 있는 수천 개의 시계가 발견되었다. 시계 하나하나에 얽힌 이야기는 전해질 수 없지만, 다같이 모여 있을 때 그 시계들은 인류 역사상 가장 수치스러운 순간을 증언하는 증거물이 된다.

일본 히로시마의 폭격 현장에서 수집된 시계들은 현재는 히로시마 평화 기념 공원에 가슴 아픈 전시물로 보관되어 있다. 1945년 8월 6일 아침, 4,600킬로그램 무게의 '리틀 보이'가 투하되었을 때 8만 명이 즉사했다. 폭탄은 음속보다 빠른 압력파를 만들어냈다. 폭발 당시 현장에 있었던 시계들은 모두 폭발 순간인 오전 8시 15분에 영원히 얼어붙어 있다.

두 차례의 세계 대전을 치르는 동안 손목시계는 전쟁터와 수용소는 물론이고 첩보 활동, 탈출 시도를 하는 사람들과 늘 함께했다. 전쟁이 끝난 후에도 시계는 이러한 영웅적 유산을 계

속 키워나갔다. 병사들이 집으로 돌아와 민간인 신분이 된 후에도 시계는 용기와 인내를 발휘한 큰 성취와 연관 지어 판매되었다. 온갖 종류의 극한 상황에서도 신뢰할 수 있는 시계의 이미지를 현대 남성들에게 각인한 것이다. 비록 이 남성들은 이제 전투보다는 잔디 깎기에 동원될 확률이 더 크지만 말이다.

시계 제조사들은 시간 측정과 기술적 정밀성에서 서로를 능가하려는 경쟁을 벌였다. 방수 케이스 기술이 향상되면서 잠수용 시계는 더 깊은 물 속까지 들어가는 것이 가능해졌다. 1960년, 롤렉스는 자사 최강의 잠수용 시계인 '딥씨 스페셜Deep Sea Special'을 심해용 잠수정 '트리에스테'의 외부에 부착한 후 마리아나 해협에서 1만 911미터 해저까지 잠수시켰다. 수면으로 돌아온 시계는 완벽하게 작동했다. 인간이 시계와 함께 잠수했다면 남아나지 못했을 것이다(현재 스쿠버다이빙 세계기록은 '단' 332.35미터에 '불과'하다). 1965년, 오메가는 '스피드마스터Speedmaster' 크로노그래프를 버즈 올드린과 닐 암스트롱의 손목에 채워 달에 보내는 데 성공했다. 우주여행에 수반되는 극단적인 온도 및 압력의 변화, 충격, 진동, 소음 등을 견디는 능력에서 모든 경쟁자를 물리치고 뛰어난 성적을 보인 결과였다. 반면 여성용 시계는 기능보다는 장식적인 부분을 더 강조해서 더 섬세해지고 문자판도 점점 더 작아졌다. 여성용 시계의 변화는 전시에는 여성의 역할이 확장되었지만 이제는 다시 앞치마를 두르고 하루 중 가장 중요한 시간, 다시 말해 퇴근하는 남편을 맞이할 시간을 준비해야 한다는 사실을 상기시켜 주는 듯했다.

오늘날에도 스포츠용 시계는 시계 산업에서 가장 인기 있는 분야다. 시계 주인이 시계만큼 극단적인 환경을 견뎌낼 수 있을지 모르지만 적어도 온전한 상태로 자손에게 물려줄 시계는 건질 수 있을 것이다.

✦━━━◦◦◦━━━✦

히로시마와 나가사키를 그토록 참혹하고 황폐하게 만든 현대 과학은 제2차 세계 대전 후 새로운 방향을 찾았다. 바로 우리와 시간 측정과의 관계를 영원히 바꾸는 일이었다. 이미 1930 년대부터 컬럼비아 대학의 물리학 교수 이지도어 라비Isidor Rabi가 덴마크 물리학자 닐스 보어Niels Bohr의 원자 구조 이론°을 확장한 원자시계 연구를 시작했다. 보어는 전자가 원자핵 주위 궤도를 놀랍도록 규칙적으로 돌고, 에너지를 증가시키면 전자가 더 높은 궤도로 점프한다는 사실을 발견했다. 전자는 점프를 하면서 특정 진동 주파수를 방출한다. 시간 측정은 시

° 1940년대에 보어와 라비는 원자폭탄 개발에 큰 역할을 한 맨해튼 프로젝트에 참여했다.

계추부터 밸런스 휠, 헤이스프링에 이르기까지 주로 진동하는 것에 의존한다. 그러나 원자가 방출하는 주파수는 이전 어느 것보다 더 정확하고 안정적이다. 결국 라비는 원자 방출 주파수를 이용해서 1945년 최초의 원자시계를 만들었다. 이후 곧바로 콜로라도의 미국표준기술연구소NIST와 런던의 국립물리학연구소NPL에서 세슘 1원자를 이용한 원자시계가 나왔다. 1967년에는 국제도량형총회CGPM에서 1초를 세슘 133원자가 9,192,631,770번 진동하는 시간이라고 재정의했다. 이후 원자시계는 GPS, 인터넷, 우주 탐사선 등의 개발을 가능하게 했다.

원자시계는 획기적인 돌파구가 된 발명이었지만 한동안 전 세계 과학 연구소 내부의 트럭만한 크기의 기계에 보관되어 있었다. 그사이 또 다른 과학 기술의 발전이 민간인의 시간 측정에 영향을 끼치고 있었다. 진동하는 시계추나 메인스프링이 아닌 전기적 자극으로 구동되는 원리를 대형 시계에 이용한 경우는 1920년대부터 존재했지만, 스위스와 미국의 발명가들이 이제 휴대용 소형 시계에도 이 기술을 적용하기 위해 경쟁했다. 최초로 출시된 배터리 구동 시계는 1957년 '해밀턴Hamilton'에서 출시한 '벤츄라Ventura'였다. 삼각형 문자판과 아르데코풍의 계단식 금속 케이스 덕분에 누구나 한눈에 알아볼 수 있는 모델이었고, 엘비스 프레슬리가 영화 〈블루 하와이〉에 이 시계를 착용하고 출연한 후 모두가 탐내는 상품이 되었다. 하지만 벤츄라는 너무 서둘러 출시된 느낌이 있었다. 배터리 수명이 짧아서 팔리자마자 시계를 판매한 소매점으로 돌아오기 일쑤였지만 거기서 일하는 수선공들은 이 새 기술에 대응할 만한 훈련이 되어 있지 않았기 때문이다. 해밀턴사가 벤츄라의 초기 문제를 해결했을 때는 이미 경쟁사들이 기술 격차를 거의 따라잡은 상태였다. 그중에는 미국의 '부로바 Bulova'에서 1960년 출시한 혁신적인 '아큐트론 Accutron'도 포함되어 있었다. 아큐트론은 정확성accuracy의 첫 부분과 전자electronic의 중간 부분을 가져와 합성한 이름이다.

아큐트론은 작은 배터리로 구동되는 단일 트랜지스터 전자 회로를 이용한 소리굽쇠로 시간을 측정했다. 전자 발진기가 소리굽쇠를 초당 360회 일정하게 진동하도록 유지하며, 이를 통해 정밀한 시간 측정을 가능하게 했다(부로바는 하루에 2초 이상 오차가 나지 않는다고 주장했다). 이 기술로 인해 밸런스 휠이 불필요해졌다. 아큐트론은 시각적으로나 청각적으로 미래에서 온 물건처럼 보였다. 그중 대표 모델인 '아큐트론 스페이스뷰Accutron spaceview'는 문자판이 없어서 무브먼트 내부의 전자 회로를 들여다볼 수 있도록 디자인되었다. 청록색 보드에 고정된 두 개의 와이어 코일이 소리굽쇠에 자기장을 제공했고, 휠은 연동되어 있는 300개의 톱니를 가진 작은 휠들이 일정한 간격으로 정확히 돌면서 회전했고, 이렇게 회전하는 휠은 시곗바늘을 움직이게 하는 일련의 기어들을 구동했다. 무브먼트 안에 들어 있는 작은 소리굽쇠는 끊임없이 웅웅거렸는데 이 소리가 의외로 컸다. (아큐트론은 이 점을 매력으로 어필하는 광고를 내보냈다. "정확성의 새로운 소리를 들어보셨나요? 아큐트론의 조용한 웅웅거림이 바로 그 소리입니다")[169] 나도 아큐트론을 침대 옆 탁자에 놓고 잠이 든 적이 있었는데 엄청나게 소란스러운 벌을 유리컵 안에 가둔 듯한 소리가 밤새 들렸다. 아큐트론 스페이스뷰의 디자인은 소형 전자제품의 최첨단 기술을 기념하는 의미를 지녔다. 투명한 문자판은 무브먼트를 들여다보는데 그치지 않고 미래를 엿보는 창이 되었다.

그러나 전통적인 기계식 손목시계에 대한 개념을 결정적으로 뒤집은 시계는 일본에서 나왔다. 1969년 크리스마스, 일본의 시계 제조업체 '세이코Seiko'가 '아스트론Astron'을 출시했다. 세계 최초의 상업용 쿼츠시계였다. 카즈나리 사사키 Kazunari Sasaki의 이 새 발명품은 회전하는 소리굽쇠 대신 수정을 사용해서 기계적 에너지를 전기 에너지로 변환했다. 피에조 전기 혹은 압전기라 부르는 이 과정은 피에르 퀴리와 자크 퀴리 형제가 1880년에 발견한 현상이다. 압력을 받으면 수정이 소량의 전기 펄스를 방출하는데 이를 이용하면 놀라울 정도로 안정적인 주파수를 얻을 수 있다*. 이 주파수로 기계식 시계에서 이스케이프먼트의 역할을 하는 자성 회전자의

⊕   피에조 전기piezoelectric의 피에조는 '쥐어짜다, 압력을 가하다'라는 의미의 피에진piezin에서 온 것이다.

회전을 제어할 수 있다. 수정으로 제작한 쿼츠는 1초에 수백만 회 진동할 수 있는데 이는 당시 기계식 시계가 한 시간에 1만 8,000번 진동하는 것과 큰 차이가 난다. 이 새로운 쿼츠시계는 기계식 시계에 비해 100배나 정확하다고 광고되었다.

아스트론은 값싼 시계가 아니었다. 처음에는 단 100개만 제작되었고 개당 45만 엔, 현재 화폐 가치로 계산하면 1만 파운드[약 1,800만 원] 정도에 판매되었다. 그러나 그 상황이 오래가지는 않았다. 생산 과정을 효율화하고 더 많은 부분을 자동화하는 데 대규모로 투자한 끝에 쿼츠시계의 무브먼트는 점점 더 단가가 낮아졌다. 요즘은 작동에 아무런 문제가 없는 쿼츠시계를 단돈 몇 파운드에 살 수 있다. 이 발전 속도에 충격을 받은 것은 스위스였다. 아스트론 등장 당시 스위스 시계 제조사들은 미국의 회사들과 마찬가지로 몇 년 동안 쿼츠 무브먼트를 자체 연구하고 있었다. 그러나 전후 고정된 글로벌 환율로 보호받던 상황이라 산업 자체를 혁신하고 구조조정을 하는 데 실패했다. 스위스의 시계 산업은 여전히 소규모로 분산되어 쥐라 지역의 중소 도시와 마을에 뿔뿔이 흩어진 제조장 형태로 돌아가고 있었다. 이 시스템은 존 월터 시대에는 경쟁력으로 작용했으나 이제는 아니었다. 쿼츠 기술은 이전과는 완전히 다른 기술의 조합을 필요로 했다. 쿼츠 시계제작에 필요한 것은 전통적인 기계공학이 아니라 전자공학이었고 이 분야에서는 스위스나 미국보다 일본과 홍콩이 앞서 있었다.

퀴츠 혁명이 동아시아 지역에서 시작되어 빠르게 발전한 것도 놀라운 일이 아니다. 일본과 홍콩은 캐논, 파나소닉, 미쯔비시 등의 눈부신 성공으로 이미 일반적인 전자제품 시장을 주도하고 있었고, 자국의 독자적인 시계 회사를 발전시키고 있었다. 홍콩은 저렴한 시계와 타 기업에 납품하는 시계 부품으로 명성을 쌓았고, 일본은 '시티즌CITIZEN', '세이코SEIKO', '카시오CASIO' 등의 고유 브랜드를 보유하고 있었다. 역사상 처음으로 완전히 기계 공정으로 시계가 제작되었고, 더는 숙련된 장인이 필요하지 않게 되었다. 1977년 세이코는 매출 면에서 세계 1위를 기록했다.

한편 스위스 시계 산업은 여전히 깨어나지 못하고 비틀비틀 벼랑 끝을 향하고 있었다. 스위스의 시계제작자들은 한 세기 전 영국의 시계제작자들이 그랬던 것처럼 기계적 우수성을 믿고 거기에 집착한 나머지 시대의 변화에 적응하지 못했다. 그들은 새로운 기술에 투자하기를 주저했고, 수입해야 하는 부품이 점점 많아졌다. 이런 약점과 스위스 프랑화의 강세가 겹치면서 스위스 시계는 저가 시장에서 경쟁력을 완전히 잃고 말았다. 1980년대 초반 무렵 스위스 시계 산업은 이미 파국의 위기까지 치달아 대규모 해고와 수백 개 회사의 폐업이 이어지면서 전통적인 시계제작계의 불황을 가져왔다.[170]

엎친 데 덮친 격으로, 업계에서 '퀴츠 위기'라 부르게 된 상황에 이어 또 하나의 위협이 찾아왔다. 바로 디지털 시계였다.

나는 같은 반 친구 빅토리아의 카시오 G-SHOCK '베이비-G'
시계를 어린 마음에 부러워했던 것을 아직도 기억하고 있다.
중학교에 들어간 첫 해였다. 우리는 팀워크 함양을 위해 '아웃
워드 바운드'라는 이름의 센터로 수련회를 갔다. 첫째 날 밤 프
로그램은 '동굴 탐험'이었다. 현실은 열두 살 소녀 30명을 동
굴이 아니라 건물의 다락방 한쪽을 막아놓은 공간에 몰아 넣
고 암흑 속에서 장애물을 거쳐가도록 하는 활동이었다. 우리
는 두더지처럼 그 다락방 한쪽에서 다른 쪽까지 더듬거리며
가야 했지만, 빅토리아의 베이비-G에서 나오는 신비한 초록
빛 덕분에 어둠 속에서 길을 헤쳐 나갈 수 있었다. 버튼만 누르
면 반짝 빛이 들어오는 그 시계가 너무 좋아 보였다. 나도 하나
가질 수만 있다면! 하지만 그런 시계는 근검절약하는 우리 부
모님 형편에 맞지 않았다. 나는 기다려야 했다.

　　빅토리아의 디지털 시계에 사용된 기술이 부분적으로
미항공우주국NASA에서 진행한 연구에서 나왔다는 점은 놀랄
만한 일이다. 최초의 디지털 시계는 미국의 해밀턴이 출시한
'펄사Pulsar'였다.

　　1972년 시장에 나온 이 시계는 NASA에서 개발한 LED
기술을 사용했고, "궁극의 신뢰도, 움직이는 부품 전무! 소모
나 손상 가능성이 있는 밸런스 휠, 기어, 모터, 스프링, 소리굽

쇠, 시곗바늘, 태엽 감기용 부품이 하나도 없습니다"라고 광고되었다.[171] 그러나 펄사도 이전에 나온 벤츄라나 아큐트론과 마찬가지로 동아시아에서 생산되는 시계들과 가격 면에서 경쟁할 수 없었다. 1973년에 출시된 일본 세이코 'LCD'와 1974년의 카시오의 등장에 펄사는 먼지를 뒤집어쓴 채 판매대를 떠나지 못하는 신세가 되었다.

움직이는 부품이 하나도 없는 시계는 나 같은 수공예 시계제작자에게는 최악이라 생각하는 독자들도 있을 것이다. 하지만 나는 여전히 디지털 시계를 진심으로 좋아한다. 사실 나는 카시오 시계를 몇 개 소장하고 있고, 지금도 작업할 때 착용하는 시계로 가장 선호한다. 나는 늘 정반대의 조합에 끌리는 성향이 있다(개와 고양이가 똑같이 좋고, 어릴 때 가지고 있던 단 두 장의 앨범이 홀스트의 '행성The Planet'과 신디 로퍼의 '그레이티스트 히츠'였다). 나는 전통적인 시계제작을 연구하고 직접 그런 시계를 만드는 사람이지만, 동시에 카시오 시계가 가진 플라스틱의 감촉과 내구성에서도 큰 매력을 느낀다. 전자시계의 조상인 민감하기 짝이 없는 기계가 다시 작동하도록 돕기 위해 고도의 정밀함과 세심한 손길로 작업을 할 때 고층 아파트 꼭대기에서 떨어뜨려도 멀쩡한 시계를(적어도 광고에서는 그렇게 주장한다) 착용하면 느껴지는 안도감이 있다.

카시오 시계는 내 사랑을 필요로 하지 않는다. 날카로운 금속 절삭 지스러기에 표면이 긁히거나 밀링 머신에 부딪혀 깨질 것을 걱정하지 않아도 된다. 수리할 필요도 없다. 이 시계는 그냥 작동한다. 배터리 교체도 빠르고 쉽다. 그리고 어느날 시계가 멈추고, 새 배터리를 끼워도 다시 작동하지 않는 상황이 온다고 하더라도 세상의 종말은 아니다. 원래 30파운드[약 5만 원]밖에 들지 않은 물건이니까.

스위스 시계 산업은 단 한 사람의 손에 구원받았다. 바로 니콜라스 하이예크Nicolas Hayek라는 사람이다. 레바논 혈통의 스위스 산업가인 하이예크는 쿼츠 위기로 도산한 스위스 시계 기업 두 곳의 청산 과정을 감독해 달라는 은행의 요청을 받았다. 하지만 그는 이 기업들의 문을 아예 닫아버리기보다 대규모 구조조정을 감행하는 쪽이 더 낫다고 믿었다. 스위스 시계 산업이 완전히 사멸하는 운명을 피하려면 빠르게 진화하면서 경쟁력 있는 쿼츠 기술을 거부하기보다는 포용하고, 더 낮은 가격으로 뭔가 새로운 것을 시장에 내놓아야만 했다. 그래서 하이예크는 플라스틱과 수지처럼 값싼 재료로 대담하고 패셔너블한 총천연색 쿼츠 시계를 생산해서 대중적인 가격으로 판매하자는 아이디어를 냈다. 그는 이 신생 브랜드를 '스와치Swatch'라 불렀다.

스와치는 패션시계 시장을 장악하면서 단숨에 아날로그 시계를 부활시켰다. 1985년 〈LA타임즈〉는 스와치를 "시장에서 가장 뜨거운 새 패션 아이템"이라 불렀다.[172] 스와치 USA의 제품 개발 담당자였던 셰릴 정은 너무나 매력적이고

1970년대 후반 세이코의 디지털 크로노그래프 시계.

저렴한 이 시계를 "저렴한 세련미"라고 표현했다. 스와치는 사람들이 시계를 구매하고 소비하는 방식을 완전히 바꾼 것이다. 당시 미국의 경쟁업체 '아미트론Armitron'의 마케팅 디렉터였던 래니 마요트는 이 현상을 잘 표현했다. "요즘에는 사람들이 옷장 가득 시계를 가지고 있다. 옛날에는 졸업 기념으로 시계를 사서 평생 쓰다가 자녀들에게 물려줬다⋯. 지루한 구닥다리 시계와 재미있고 신나는 시계 중 어느 쪽을 선택하겠는가?"

500년 전에는 시계가 돈을 주고 살 수 있는 물건 중에서 가장 비싼 사치품 중 하나였다. 이제 시내 백화점에만 나가도

온갖 색상의 시계를 구할 수 있다. 그러다 유행이 바뀌면? 구식은 버리고 새것을 사면 된다. 스와치 시계는 휴대하는 시간과 인간 사이의 관계를 변화시켰다. 하지만 역설적이게도 죽어가던 기계식 시계를 구했다. 하이예크는 스와치의 엄청난 성공을 통해 거둔 수익으로 재정적으로 흔들리는 오래된 시계 브랜드들을 사들이고 새로운 자본을 주입했다. 이제 스와치 그룹은 세계에서 가장 큰 럭셔리 브랜드 복합기업 중 하나로 오메가, 론진, 티쏘, 하우스 오브 브레게 등의 유명 기업들을 소유하고 있다. 값싸고 재미있는 시계가 역사의 뒤안길로 사라질 뻔한 스위스 기계식 시계 산업을 구해낸 것이다.

미국 기업들과 이들 기업의 외국 지사들에는 슬프게도 하이예크 같은 구세주가 없었다. 1993년 스코틀랜드 던디에서는 쿼츠 위기로 인해 일어난 일 중 가장 악명 높은 사건이 벌어졌다. 미국 기업인 '타이멕스Timex' 공장의 파업 현장에서 벌어진 폭력은 1984년 광부 파업 이후 최악이라 묘사된다. 1970년대 전성기 시절 타이멕스사는 던디의 주요 고용주였고 타이멕스 던디 공장에서만 7,000명이 일하고 있었다. 이 공장이 문을 닫을 무렵 고용 인원은 단 70명밖에 되지 않았다.[173] 문제는 1993년 인력 감축, 임금 동결, 부가 혜택 감축 등을 둘러싼 분쟁에서 시작되었다. 모두 동아시아에서 생산되는 제품들과의 경쟁으로 인한 결과였다. 1993년 홍콩은 연간 5억 9,200만 개의 시계를 수출하고 있었고,[174] 제조업체들은 대량 주문이 들어와도 단 25일 안에 전량 공급할 능력이 있었다.[175] 던디의 타이멕스는 경쟁을 할 수가 없었다. 노동조합원들은 인력과 임금 감축을 감수하느니 파업을 하는 쪽에 압도적인 표를 던졌다. 협상이 실패하자 사측은 파업을 지지하는 노동자들을 공장에 들어가지 못하게 막고, 파업에 동참하지 않는 소위 '배반자'들을 버스에 실어서 공장 안으로 들여 보내 파업 노동자들 대신 일하도록 했다. 다음은 파업 시위를 하던 사람의 증언이다. "콜라와 커피 캔들이 자동차 위로 날아다녔고, 기물 파손도 몇 차례 있었다…,[176] 나는 언제나 차 뒷자리에 곡괭이 자루를 가지고 다녔다." 타이멕스 노동자의 대다수는 여성들이었고, 이들은 파업을 통해 정치적 의식을 가지게 되었다. 한 여성 조립 라인 노동자는 〈스코츠맨〉지와의 인터뷰에서 자신들이 "양에서 사자로" 변신했다고 말했다. "작고 여린 여자들에 불과했던 사람들이 갑자기 알아보지 못할 정도로 변했어요…. 생계를 위해 싸우는 사람들이었죠. 대부분 저랑 비슷한 사람들이에요. 어릴 때부터 거기서 쭉 일해왔지요."

6개월에 걸친 폭력적인 시위 끝에 결국 공장은 영원히 문을 닫았다. 던디에서 47년간 사람들의 생계를 책임져 온 역할에 종지부를 찍은 것이다. 타이멕스라는 브랜드는 살아남았고, 여전히 전 세계에 지부를 두고 있지만(생산의 대부분은 스위스와 동아시아에서 이루어지고 있다), 던디 공장의 폐업은 긴 그림자를 남겼다. 2019년 BBC는 이 '스코틀랜드의 마지막 전면 파업'에 대한 다큐멘터리를 제작했다. 도시의 주요 고용주를 잃은 상처가 여전히 아물지 않았다는 것을 명백히 보여준 다큐멘터리였다.

✦━━━◆◆◆━━━✦

시계제작자에게 있어서 20세기의 가장 큰 변화는 시계제작이 장인의 손에서 기계로 넘어간 일이다. 이 변화는 매우 빠르게 벌어졌고, 때로 완전히 돌이킬 수 없이 끝난 것처럼 느껴지기까지 했다. 쿼츠 위기, 가격 전쟁, 예산 삭감 등으로 인해 1970년대부터 1990년대 사이에는 숙련된 장인이 가진 기술이 쓰일 자리가 거의 남지 않은 듯 보였다. 인간의 노동력은 기계보다 비싸기 때문에 기계가 더 많은 시계를 만들수록 더 좋은 것으로 받아들여졌다. 이런 생각은 시계를 유지 관리하는 방식에까지 확장되었다. 1달러에 판매하던 잉거솔 양키 시계는 지금까지도 관리하고 수리하면 사용이 가능하도록 제작되었다. 그러다가 1980년대에는 완전히 밀봉된 시계들이 더 많이 생산되기 시작했다. 이 시계들의 케이스를 여는 것은 불가능하다.˚ 작동을 멈추는 순간 그 시계를 버리고 새것을 사야 한다는 의미다. 요즘 생산되는 대부분의 스와치 시계도 비슷한 방

˚ 　　나도 시도해 봤지만 결국 케이스를 깨는 방법을 택해야만 했다.

식으로 제작되고 있다.

오래 작동하리라 기대하지 않는 시계들이 많아졌다. 금속보다 훨씬 약한 플라스틱은 마모가 빠르고, 마모된 조각이나 가루가 시계의 섬세한 메커니즘에 들어가서 수명을 더 단축시킨다. 시계제작자도 기계식 무브먼트를 수리할 수는 있지만 배터리로 작동하는 시계에 든 회로 기판은 어찌할 도리가 없다. 많은 경우 메커니즘이 케이스와 하나로 결합되어 있어서 케이스를 여는 순간 내부 부품이 산산조각으로 흩어져버리고 만다. 부품 하나가 작동을 멈추면 시계 전체가 함께 죽는다. 이후 몇 십 년이 흐르는 동안 자동차, 컴퓨터, 소프트웨어를 설계할 때 이 '계획된 노후화의 내장built-in obsolescence' 개념이 일반화되어 갔다.

이는 긴 역사를 지닌 시계제작 장인들에게 뼈아픈 순간이었다. 크레이그와 나는 쿼츠 위기 바로 전 시대에서 영감을 찾았다. 여러 이유가 있지만, 무엇보다 그때는 인간과 기계가 조화롭게 협력하며 일했던 시기였기 때문이다. 기계는 생산성, 효율성, 정확도를 향상시켰지만 여전히 그런 기계를 조작하는 인간을 필요로 했다. 1940년대의 밀링 머신은 숙련된 기술자가 설정하고 모니터하면서 손으로 직접 조작해야 한다. 기계는 우리가 하는 작업의 속도를 높여주고, 만족스러운 정확도를 확보해 주지만, 혼자서 작동하지는 못했다. 반면, 컴퓨터 수치 제어CNC의 경우 일단 필요한 수치를 설정하고 설계

프로그램을 입력하고 나면, 기계가 완성에 가까운 상태까지 모든 것을 해낸다. 밤새 기계가 움직이도록 설정해 놓고 다음 날 아침 작업실에 돌아가 보면 자는 사이에 작업이 완료되어 있을 것이다.

전통적인 시계를 제작하는 장인에게는 초현실적인 일이다. 우리가 사용하는 모든 연장과 기계는 오래된 것들이다. 스위스제 선반 기계 한 대 가격의 절반 정도 금액의 소액 대출로 사업을 시작한 우리는 오래된 중고 장비들을 사들인 다음 필요한 용도에 맞춰 직접 복원해서 사용할 수밖에 없었다. 하지만 그 기계들로 일하는 것이야말로 내가 하는 일의 가장 즐거운 부분이기도 하다. 일단 이 기계들과 친해지고 나면 녀석들 하나하나가 서로 다른 개성을 가지고 있다는 것을 깨닫게 되고, 심지어 이름까지 지어주게 된다. 선반 기계 헬가 옆에는 자매 하이디가 놓여 있다. 1950년대 동독에서 제작된 8밀리미터 선반 기계다. 헬가와 하이디는 상자에 나란히 앉은 상태로 불가리아에서부터 우리에게 왔다. 우리는 어떤 책의 표지에 나온 사진을 참고해서 헬가를 휠 커팅 선반으로 변형해서(역설적이게도 《시계제작자와 그의 선반 기계》라는 제목이었다) 우리가 사용하는 모든 휠의 작은 톱니와 피니언을 제작하는 데 사용하고 있다. 한편 하이디는 경화 강철 조각칼을 사용해서 작은 축과 굴대 등을 절단하는 역할을 한다. 이외에도 1960년대에 브리티시 아이디얼 머신 앤 툴 컴퍼니에서 제작한 조지는 0.1밀리미터 크기의 미세한 구멍도 뚫을 수 있다. 조지 옆자리에는 알버트가 앉아 있다. 그는 1900년대에 올프 얀에서 만든 밀링 머신인데 드릴처럼 작동하지만 받침대를 좌우로 움직일 수 있어서 움푹 들어가도록 금속을 깎거나 긴 홈을 팔 수도 있다. 우리 작업실에서 가장 작은 선반 기계는 1940년대에 로치에서 제작된 마우스로, 친구의 작업실 바닥에서 쌍둥이 자매인 스피츠마우스와 함께 구조되었다. 독일 태생인 것을 잊지 않기 위해 독일어로 쥐와 뒤쥐를 의미하는 마우스*Maus*와 스피츠마우스*Spitzmaus*라는 이름을 각각 붙여주었다. 스피츠마우스는 이제 정위 도구로 개조되어서 서로 다른 금속판에 뚫린 작은 구멍들을 정밀하게 정렬하는 용도로 사용되고 있다. 이 기계들은 우리가 그들을 필요로 하는 만큼이나 우리를 필요로 한다. 우리는 녀석들을 동료로 생각한다.

시계제작 훈련을 받을 당시 복원해서 포트폴리오에 올릴만한 시계가 없어서 내가 당황하고 있을 때면 크레이그는 자기 '무브먼트 깡통'을 뒤지는 것을 허락했다. 그는 20세기 전반부에 만들어진 오래된 시계와 메커니즘 수백 개로 가득 찬 비스킷 깡통을 들고 기쁜 얼굴로 활짝 웃곤 했다. 대다수의 다른 학생들은 최신 시계 수선에 전력을 쏟았다. 주요 시계 브랜드들이 보유하고 있는 서비스 센터에서 일자리를 구하는 것이 목표였기 때문이다. 하지만 우리는 1920년대와 1930년대 물건을 주로 다뤘다. 부품이나 케이스, 혹은 케이스 뒤판이 없는 경우도 많았고, 유명 브랜드 물건도, 값이 나가는 물건도 아니었다. 오메가에서 시계제작자로 일했던 우리의 지도교사 폴 털비는 "너네는 도대체 왜 구닥다리 잡동사니만 가지고 작업을 하니?"하며 한탄하곤 했다.

우리는 사람의 손길을 느낄 수 있다는 점에서 그 물건들에 매력을 느꼈다. 그 시계들은 생산이 점차 자동화되는 시기에 만들어졌지만 요즘 기계에 비해 정확도가 엄청나게 떨어졌기 때문에 일부 부품은 수작업으로 완성해야 했다. 부품들을 맞추고 조정하는 일도 모두 사람 손을 거쳤다. 옛 시계를 들여다보면 다른 장인의 실수까지는 아니지만 독특한 개성을 명확히 볼 수 있다. 또 상점 진열창에서 그 시계를 처음 본 누군가가 사야겠다고 마음을 먹은 순간을 상상하게 만든다. 그 사람에게 이 시계는 얼마나 소중한 물건이 되었을까! 그 시계는 다시 보석상에 되팔려 다른 사람과 새로운 이야기를 시작했을까? 아니면 수십 년 동안 서랍에 방치되어 있었을까? 어쩌면 가족에게 물려줬지만 오래된 스타일이라 반기지 않은 건 아닐까? 1970년대와 1980년대에는 유행에 뒤처진다는 오명을 쓰고 수많은 기계식 시계가 이런 운명을 맞이했다. 그 시계들은 이제 크레이그의 오래된 비스킷 깡통에 들어 있다.

요즘 시계에 비해 꽤 작은 초기 참호시계들마저도 이런 운명을 겪은 경우가 많았다. 심지어 빌스도르프 앤 데이비스 같은 회사에서 제작한 시계들도 그런 홀대를 받곤 했다. 이 시

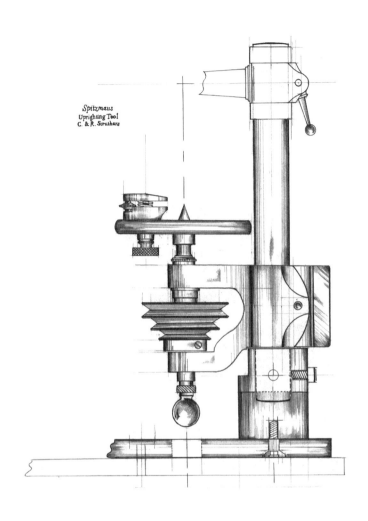

Spitzmaus
Uprighting Tool
C. & R. Struthers

◇◇

스피츠마우스는 친구의 작업실 바닥에 방치되어
있다가 우리에게 도착한 후 정위 도구의 용도에
맞춰 개조되었다.

◇◇

계들의 가느다란 와이어 러그는 은처럼 약한 금속으로 만들어져서 물리적으로나 유행 면에서나 시간의 흐름을 이겨내지 못했다. 사람들은 최근 들어서야 이 시계들이 복원할 가치가 있는 백 년 넘은 골동품이라는 사실을 깨닫기 시작했다. 마침내 비스킷 깡통에서 살아남은 시계들을 복원해서 착용하기 시작한 것이다. 쿼츠 위기 기간에는 시계 수리에 대한 보수가 높지 않았고, 작업을 빨리 마쳐야 한다는 압박이 엄청났다. 은퇴한 시계제작자들에게 물어보니 어떨 때는 30분 내로 시계 하나를 수리해야 할 때도 있었다고 한다. 크레이그와 나는 메커니즘 하나를 수리하는 데 최소 하루, 어떨 때는 몇 주를 들일 때도 있다. 현재 우리는 거의 2년에 걸쳐 시계 하나를 복원하는 작업을 하고 있다. 쿼츠 위기 때만 해도 수리를 위해 들어오는 시계를 최대한 빨리, 최대한 저렴하게 다시 작동하게 만드는 것이 목표였고 그 결과 의도치 않게 손상을 입히는 경우도 많았다. 일부에서는 그렇게 일하던 시계제작자들의 작업을 깎아내리기도 하지만 나는 동의하지 않는다. 그들은 열악하고 보상은 받지 못하는 조건에서 일하고 있었다. 고도로 숙련된 시계제작자가 골동품 시계를 복원하고 받는 보수보다 시계 배터리를 교환하고 받는 보수가 더 높았던 경우도 들었다. 쿼츠 위기는 여러 면에서 전통 시계제작을 최악의 상황으로 몰아넣었다.

이제 우리는 또다시 새로운 단계에 들어섰다. 현대의 테크놀로지는 쿼츠 시계마저 넘어섰다. 요즘 나오는 애플워치는 브레게가 상상할 수도 없었을 수많은 부가 기능을 가지고 있다. 오차 범위 50밀리초 이내의 정확한 시계일 뿐 아니라 전화, 인터넷 브라우저, 이메일, 자동차 열쇠, 피트니스 추적 기능에 더해 소유자의 혈중 산소포화도ECG 측정까지 한다. 그 작은 시계 안에 다중 기술이 들어 있는 것이다. 시계를 작동시키는 부품들은 여전히 쿼츠이지만 시간 자체는 위성에서 송신을 받고 원자시계에 의해 조정된다. 휴대전화나 스마트 워치가 우리 위치를 확인할 때마다 지구 궤도 위 적어도 세 개의 위성에서 나노초 시간 판독값을 전송받는다. 우리 위치를 파악하기 위해 GPS는 이 세 판독값 사이의 상대성을 조정한다. 아인슈타인이 들었으면 기뻐할 일이다. 그러한 조정 없이는 우리 위치를 파악하는 데 항상 약간의 오류가 생긴다. 클로디즐리 쇼벨과 그의 함대가 1707년 경도값을 오판해서 치명적인 운명을 맞이했던 경우와 비슷하다.

개인적으로는 스마트 워치의 기능이 너무 많이 앞서버렸다는 생각이 들고 어쩐지 침해받는 느낌도 떨칠 수 없다. 나는 스마트 워치를 가져본 적이 없다. 이미 가는 곳마다 휴대전화와 노트북 컴퓨터가 나를 따라다니는 느낌이니 그 정도로도 충분하다. 휴대전화와 와이파이, 그리고 트래킹 쿠키가 터지지 않는 곳에 가는 것보다 더 즐거운 일도 없다. 기술이 나를 내 주변 세상과 완전히 단절시켜 버릴 것 같아 두렵다.

전자책이 처음 나왔을 때 모두가 책의 종말이 다가왔다고 떠들었다. e북 리더기로 모든 책을 다운받을 수 있는데 책이나 책방, 심지어 책꽂이는 무슨 소용이 있겠는가? 하지만 이상하게도 손으로 만든 아름다운 책들이 부활해 인기를 모으는 놀라운 일이 벌어졌다. 독서를 할 때 촉각으로 느끼는 즐거움도 크다는 것을 사람들이 깨달은 것이다. 시계 업계에도 비슷한 일이 벌어지고 있다. 상황이 반전되기 시작한 것이다. 빈티지 시계의 가격이 최근 들어 하늘 높은 줄 모르고 치솟고 있다. 복원 작업이 가치 있게 여겨지고 있다. 1970년대에는 몇 파운드 이상 부르지 못했을 수선 작업을 요즘 일부 큰 브랜드에서는 수만 파운드로 견적을 잡는다. 레베르크 같은 시계는 이제 수집 가치가 있다고 여겨져서 좋은 가격에 팔리고 있고, 그에 따라 장인들도 그런 시계를 제대로 복원할 수 있게 되었다. 마모된 플레이트에 맞춰 맞춤 제작으로 태엽 스템을 더 크게 만들고, 동시에 메인스프링의 힘을 늘려서 시계가 제대로 작동하도록 최선을 다해 수선 작업을 한다. 스프링 두께에 아주 미세한 차이만 줘도, 심지어 0.05밀리미터만 더 두껍게 해줘도 정확도와 신뢰성을 향상시키기에 충분하다. 부품을 구할 수 없으니 우리는 부서진 밸런스 축을 대신할 새

축을 만든다. 충격 방지 장치가 일반화되기 전에 만들어진 시계에서 가장 고장이 잦은 부품인 밸런스 축을 대체하기 위해 우리 작업실의 선반 기계를 돌리고 강철로 직접 새로운 밸런스 축을 제작한다. 밸런스 부분 전체가 진자 운동을 할 때 전체를 지탱하는 섬세한 피벗은 높이가 0.5밀리미터도 되지 않고 두께는 그보다 더 얇다. 우리가 바꿔 끼운 피벗 중 일부는 쿼츠 위기 때 수리를 거치면서 재빨리 저렴하게 제작된 것들이다. 그래서 우리는 제대로 된 피벗을 만들어 끼우고 '포이징 poising' 작업을 한다. 이것은 모래알보다 더 작은 미세한 금속 조각들을 밸런스 휠에서 조심스럽게 제거해서 밸런스 휠의 무게가 완벽하게 균등하게 분산되도록 하는 작업이다. 자동차 타이어의 균형을 맞추는 일과 비슷하지만 비교할 수 없을 만큼 작은 규모로 축소된 것이라 할 수 있겠다.

레베르크 시계의 매우 가는 헤어스프링은 거의 예외 없이 조정이 필요하다. 우리가 요즘 시계에 사용하는 것보다 더 약한 금속으로 만들어진 이 부품은 우리에게 오기 전 많은 수선을 거치면서 휘어져 모양이 망가져 있는 경우가 잦다. 이 섬세한 헤어스프링을 조정하려면 끝이 바늘처럼 가는 핀셋을 사용해서 조심스럽게 원래의 완벽한 나선형으로 되돌려야 한다. 동일한 구경의 무브먼트가 서너 개 있다고 하더라도 거기 들어간 부품을 섞어서 쓸 수는 없다. 무브먼트마다 맞춤 제작, 다시 말해 원래 설정된 부품으로만 작동하도록 만들어졌기 때문에 인조 보석을 다시 끼우거나 수정해야 한다. 어떨 때는 나중에 모두 완성해서 하나하나 조립할 때 혼돈되지 않게 하려고 시계제작자가 각 무브먼트 주요 부품의 잘 보이지 않는 구석에 점이나 숫자를 새겨둔 것을 보게 될 때도 있다.

　　오늘날 제작되는 기계식 시계는 정밀 컴퓨터 수치 제어 공정CNC 을 거치기 때문에 부품을 호환하는 것이 가능하다. CNC는 흠잡을 수가 없다. 놀라운 기술이고, 그 기술이 없다면 오늘날 만들어지는 극도로 복잡하고 정확한 시계는 존재하기 힘들 것이다. 그러나 이 기술은 우리 작업실에는 영원히 발을 들이지 못할 것이다. 크레이그는 "서로 잘 안 맞는 부품을 가지고 몇 시간씩 헤맬지언정 내 손을 거치지 않고 자동으로 모든 게 해결되게 하고 싶진 않아" 말하곤 한다. 오래된 물건을 구출하고 복원하는 일의 의미가 바로 거기에 있다. 시간이 오래 걸릴지 몰라도 그 과정과 결과에는 영혼이 깃들어 있다.

언젠가 멀고 먼 우주 공간에도 시계가 갈 것이다. NASA의 제트추진연구소는 20년 넘게 GPS˚의 범위를 넘어서는 우주 탐

---

⑩　　GPS는 지구에서 약 3,000킬로미터 고도까지 우주선의 항로를 안내할 수 있다.

사 미션에 탑재할 수 있을 정도로 작은 원자시계를 개발하고 있다. 지금까지는 우주선의 항법 좌표를 얻어내려면 현재 있는 위치에서 원자시계로 신호를 보낸 후° 명령을 기다려야 한다. 지구와 우주선 사이의 거리를 감안하면 이 과정은 몇 시간이나 걸릴 수도 있다. 원자시계의 경이로운 정확성을 유지하기 위해서는 하루에도 몇 번씩 업데이트를 해야 한다. '딥 스페이스 원자시계Deep Space Atomic Clock'는 현재 "빵 네 쪽이 들어가는 토스터" 정도의 크기인데 부피를 줄이기 위한 노력이 계속되고 있다.[177] 수은-이온 트랩 기술을 사용해서 하루에 2나노초 이내의 오차 범위를 유지한다. 이 정도면 먼 우주에서 우주비행사들이 스스로 항법 결정을 내릴 수 있다. 미지의 영역을 향한 원정에서 믿고 의지할 수 있을 만큼 작고 정확한 시간 측정 장치를 찾으려는 노력은 존 해리슨의 드라마를 재연하는 느낌이다. 이번에는 SF 스타일의 속편이다.

그러나 지구의 시간은 오로지 지구만을 기준으로 한 상대적 개념이다. 따라서 우주 공간을 여행하면서 지구에서 멀어지면 멀어질수록 지구의 시간은 덜 중요해진다. 그리고 인간의 삶을 세상에서 가장 정확하다고 알려진 원자시계로(이

⊕ 신호를 받은 시계는 빛의 속도로 이동하는 전자기파가 우주선에서 위성이나 안테나와 같이 미리 알고 있는 위치에 있는 물체까지 이동하는 시간을 측정해서 우주선의 위치를 계산한다.

점에 관해서는 아직 논란이 있다!®) 1초, 1초를 제어한다 하더라도 우리는 여전히 생체 리듬에 따라 생활하고 있다. 참고로 세상에서 가장 정확한 시계는 콜로라도의 JILA, 구 실험천체물리학 합동연구소의 원자시계로 150억 년에 1초의 오차를 내는 것으로 알려져 있다. 150억 년은 우리가 알고 있는 우주의 역사에 맞먹는 시간이다.^{®®} 프랑스 혁명 기간에 사용했다가 폐기된 십진법 시간의 예에서도 알 수 있듯이 습관을 바꾸는 것은 쉽지 않다. 그러나 화성의 하루는 지구의 하루와 길이가 비슷하기 때문에 아직은 시간 개념을 바꾸지 않아도 괜찮을지 모른다. 2002년, NASA의 화성 착륙선 '서베이어 2001호'가 해시계를 싣고 가서 화성 표면에 설치했다. "두 개의 세상, 하나의 태양"이라는 말이 새겨진 이 해시계는 이 새 행성의 빛과 그림자의 주기를 기록할 것이다. 시간의 개념을 처음으로 돌려 다시 시작하는 것이다.

한편 지구에서는 인터넷이 다시 한번 우리와 시간과의 관계에 변화를 가져왔다. 이제 정확한 시간의 측정은 지역적인데 그치지 않고 세계적으로 확장되었고, 그 정확도는 100만

®   파리천문대의 광학 격자시계와 테딩턴의 국립물리연구소의 스트론튬 원자시계가 강력한 경쟁자다.

®® 표준 원자시계는 1억 년에 1초씩 오차가 난다. 원자시계는 너무도 정확해서 상대성이 문제가 되었다. 1센티미터만 높아져도 중력으로부터 받는 상대적인 영향을 감지할 수 있기 때문이다.

분의 1초 이내로 좁혀졌다. 국제 항공 여행, 전화망, 은행 업무, 방송 등은 모두 엄청난 수준으로 정확하게 시간을 지켜야 가능한 일이다. 예전에는 "일이분만 기다려줘"라고 말할 수 있었지만, 이제는 나노초만에 모든 일이 벌어지는 것을 당연시하게 되었다. 나노초는 빛이 30센티미터 이동하는 시간이다.

✦ ─── ◆◆ ─── ✦

현대 사회는 무서우리만치 빠르게 움직인다. 나는 느림이 좋다.

현대 시계에서는 1초당 이스케이프먼트가 작동하는 횟수, 즉 '똑딱거리는 횟수' 혹은 '박동수'가 위상의 상징이 되었다. 이 박동수가 많을수록 위치의 변화에 영향을 덜 받기 때문에 더 정확하다. 16세기 버지 시계는 많아야 한 시간에 1만 번 박동했다. 이는 현대 시계의 1만 8,000번 내지 2만 8,800번과 비교된다. 현재 존재하는 기계식 시계 중 가장 빠른 이스케이프먼트는 한 시간에 12만 9,600회를 똑딱거린다. 이 정도 속도면 똑딱거리는 소리가 완전히 뭉개져서 웅웅거리는 소리로 들린다. 물론 느린 똑딱 소리든, 고성능 웅웅 소리든, 1초 단위로 측정을 하든, 나노초 단위로 측정을 하든, 시간은 동일한 속도로 흘러간다. 그러나 나는 버지 이스케이프먼트의 크라운 휠 톱니가 플래그를 당겨 끌었다가 다음으로 넘어갈 때마다 나는 소리, 서두르지 않고 안정적인 그 똑딱 소리를 들을 수 있을 때 어쩐지 시간이 더 여유롭게 느껴진다. 피아노 위에 놓인 메트로놈처럼 마음을 안심시키는 소리다.

우주 시간에서 1초는 화성에 착륙하느냐, 거기서 수만 킬로미터 떨어진 곳에 착륙하느냐의 차이를 만들어낼 수도 있다. 하지만 지구에서는 현대에 나온 최신 시계와 18세기 골동품 시계 사이의 정확도 차이가 '잠깐'에 지나지 않는다는 사실을 기억하려 한다. 이 '잠깐'은 하루 중 몇 분 혹은 몇 초에 불과하다. 나는 그 정도면 충분하다. 나는 삶을 나노초 단위로 측정하며 사는 사람이 아니기 때문이다.

11

마지막 순간

잎은 무성해도 뿌리는 하나,
거짓으로 가득 찬 내 젊은 날들 내내
나는 햇빛 아래에서 나의 잎과 꽃을 과시했으니
이제 진실 속으로 시들어가도 여한이 없으리.

W.B. 예이츠, 〈시간과 함께 여물어가는 지혜〉, 1916년.

시간은 내 생계 수단이다. 시간을 측정하는 기구를 만드는 일
과 그 방대한 역사를 연구하는 일 모두 내 직업이다. 때로 벅
차게 느낄 때도 있다. 이 책을 쓰는 일은 내가 지금까지 배운
것을 한데 묶는 엄청난 과정이었다. 매일 시계를 다루지만 조
금 떨어져서 이 일을 바라볼 때 비로소 시간이 얼마나 엄청난
것인지를 깨닫는다. 무한한 우주 공간 머나먼 별들의 움직임
으로 측정하는 방대한 무엇인 동시에 지금 이 순간 이 글을
읽는 우리 몸속의 세포에 영향을 주는 엄청나게 친밀하고 작

은 무엇이기도 하다. 시간을 어떻게 보내는지는 개인에 따라, 문화에 따라 다르다. 시계와 인간은 모두 맥락의 산물이다.

가장 중요한 정체성인 시계제작자로서의 나는 시계를 만드는 일로 시간 속에서 내 위치를 매긴다. 금속에 내 작업 흔적을 남기는 일은 나만의 작은 유산을 남기는 것처럼 느껴진다. 내가 사라진 후에도 살아남아 지구를 떠도는 기계 유령처럼 말이다. 물론 내 작품이 미래에 어떤 돌봄을 받을지, 누가 돌봐주기는 할지 알 수 없는 일이다. 어쩌면 수백 년이 흐른 후 우리가 만든 시계가 박물관의 강화유리 캐비닛 안에 놓여 있을지도 모른다. 어쩌면 어느 가족의 가보로 전해질 수도 있다. 그도 아니면 비스킷 깡통 안에서 누군가가 구조해 주길 기다리는 운명이 될 확률도 있다. 미래는 알 수 없다. 그러나 과거는 이미 펼쳐진 후다. 내 분야의 역사를 생각하는 일은 나 자신과 내 작업 방식의 뿌리를 찾는 데 도움이 된다.

어느 날 크레이그와 나는 다른 장인들의 작품을 수리해 온 몇 년 동안 우리도 결국 시계의 모든 부품을 한 번씩은 만들어봤다는 사실을 깨달았다. 마침내 우리만의 시계에 들어갈 모든 부품을 직접 제작하는 도전을 할 때가 온 것이다. 우리는 이 시계에 '프로젝트 248'이라는 별명을 붙였다. 사람 둘, 손 넷, 8밀리미터짜리 전통 시계제작용 선반 기계를 사용해야 한다는 사실을 반영한 이름이었다. 우리가 사용하는 오래된 도구들과 재활용된 기계들을 둘러본 후 우리는 자연스럽게

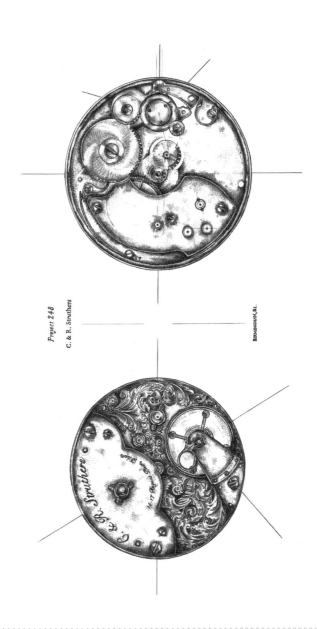

크레이그가 그린 프로젝트 248의 오리지널 콘셉트 일러스트레이션.

19세기 말에서 영감을 얻어야 한다는 결론에 도달했다. 영국의 시계 산업이 마지막 숨을 몰아쉬고 있던 그때로 돌아가 우리 선배들이 멈춘 바로 그 지점에서 다시 시작하는 것이다.

　디자인은 1880년대 코번트리의 토마스 힐이라는 제조장에서 기계로 만들어진 회중시계에서 아이디어를 얻었다. 그러나 우리 손목시계의 기계적 요소와 재료는 우리가 존경하는 여러 세기의 다양한 시계제작자와 기업에 경의를 표하는 마음으로 선택했다. 우리 식의 미니 '알자자리의 코끼리 시계'를 제작해 우리가 하는 일을 가능하게 만들어준 여러 문화와 장인들에 대한 오마주도 의도했다. 토마스 힐의 회중시계에는 충격 완화 장치가 없었기 때문에 우리는 브레게의 파레-슈트 스타일의 장치를 제작했다. 플레이트는 '저먼 실버'라는 금속을 사용해서 잘라냈다. 구리, 아연, 니켈을 재료로한 합금으로, 이름에서도 알 수 있듯 은은한 녹회색 느낌이살짝 나는 은색이다. 시간이 흐르면 그윽한 녹청색으로 변하면서 따뜻한 느낌을 주는, 독일 남부의 시계제작자들 사이에 150년 이상 큰 인기를 얻은 재료다. 시계의 박동하는 심장인밸런스는 내 기억 속 가장 위대한 시계제작자 중 한 사람인조지 다니엘스 스타일로 제작했다. 내게 나만의 시계를 만들것인지, 그렇다면 그게 언제인지 물은 바로 그 조지 다니엘스말이다. 그는 2011년 세상을 뜰 때까지 맨섬Isle of Man에 살면서 작업을 했다. 타의 추종을 불허하는 독보적인 시계제작자였던 그는 나와 크레이그에게 늘 영감을 주는 분이었다. 무엇보다 필요한 부품을 모두 처음부터 스스로 제작할 뿐 아니라 전통적인 도구, 기계, 제작 과정을 사용하고 따랐기 때문이다.

　크레이그와 함께 프로젝트 248을 제작하는 일은 우리 둘의 경험, 합치면 40년에 가까운 경험을 하나의 시계에 모두 쏟아붓는 일이기도 했다. 크레이그를 만나서 시계제작 훈련을 받기 시작한 이후 그는 늘 나를 지지하고 곁을 지켜줬다. 여학생을 거의 볼 수 없었던 학교 작업실에서 나는 늘 관심의 대상이 되었지만 대부분 긍정적인 방향의 관심이 아니었다. 그런 환경에서 크레이그는 내게 없어서는 안 될 중요한 동료였다. 이제 우리는 서로를 격려하고 동기부여를 하는 사이가 되었다. 비즈니스 관계든 개인적인 관계든 격려와 동기부여는 항상 중요한 요소지만, 두 관계 모두를 공유할 때는 더욱 중요하다. 스스로에 대한 확신이 약해질 때면 서로에 대한 확고한 신뢰에서 힘을 얻는다. 그리고 때로는 서로를 밀어붙여 한계를 극복하고 서로의 능력을 시험하게 하기도 한다.

　우리의 기술과 영향을 단 하나의 물체 안에 융합하는 일은 재미있는 일이었지만 도전도 많았다. 개념을 잡을 때부터 완성품을 만들기까지 전체 과정은 거의 7년이 걸렸고, 그사이 우리는 인생을 변화시킨 사건들을 겪었다. 이 경험을 통해 나는 겉보기에 단순한 물건도 외관이나 기능을 훌쩍 뛰어넘는 상징적인 의미를 가질 수 있다는 사실을 알게 되었다. 우리 손길과 기술과 쏟아부은 시간의 흔적이 시계의 모든 면에 속속들이 깃들어 있다. 부속 하나하나, 과정 하나하나는 7년 동안의 사건과 순간들에 대한 우리의 기억과 연결되어 있다.

우리가 사용할 수 있는 모든 도구 중에서 손만큼 놀라운 도구는 없다. 사람들은 내가 시계제작자이니 내 손이 굉장히 섬세할 것이라고 생각한다. 사실은 우리가 하는 모든 일은 미세한 핀셋을 사용하기 때문에 손 모양은 별 상관이 없다. 야구 글러브처럼 큰 손을 가진 남자가 사람 머리카락만큼이나 가는 밸런스 스프링을 섬세하게 조작하는 모습을 경외심을 품고 지켜본 적도 있다. 중요한 것은 민감한 촉각과 작업하는 재료의 허용 오차에 대한 이해다.

몇 년 전, 심장외과 의사인 로저 니본^{Roger Kneebone} 교수의 강연에 참석했다. 나는 그가 수술에 대해 묘사하는 대목에서 매료되고 말았다. 그는 어린이의 생체 조직과 노인의 생체 조직, 혹은 건강한 성인과 건강하지 못한 성인의 생체 조직이 어떻게 반응할 것인지, 그 차이를 예측할 수 있도록 촉각을 기르기까지 쌓아야 하는 오랜 경험에 대해 이야기했다. 그는 젊은이들의 혈관은 고무처럼 강하고 단단하지만, 나이가 들면서 얇은 종이처럼 약해질 수 있다고 했다. 시계제작에서도 비슷한 것을 배운다. 200년 된 황동은 새 황동과 연성이 다르다. 16세기에 만들어진 시계에 사용된 철은 2020년에 만들어진 시계의 철과 다른 방식으로 열에 반응한다. 역설적이게도,

시계의 경우에는 낡고 닳은 오래된 재료들이 새것보다 품질이 더 좋을 때가 많다.

흥미롭게도 지난 몇 년 동안 우리를 찾는 고객의 상당수가 외과의사들이었다. 사실 우리에게 자신의 소중한 시계를 처음으로 맡긴 고객도 손을 전문으로 하는 정형외과 의사였다. 그는 자신이 손을 얼마나 사랑하는지 들려주었고, 크레이그와 나는 그 이야기가 너무도 아름답다고 느꼈다. 그는 손을 폈을 때, 피부 아래 구조가 로봇을 방불케 하는 동시에 살아 있어서 마치 생체로봇 같다고 했다. 부드러운 조직은 거의 없이 힘줄, 신경, 핏줄, 뼈로만 이루어진 신체 부위라고 말이다. 손은 인체 생물학적 대상 이상의 것이고, 정형외과 의사는 손 관절의 물리학까지도 이해하고 거기 맞춰 진단과 치료를 해야 한다. 시계제작자와 마찬가지로 그들도 톱과 파일과 드릴을 사용한다. 그는 외과의사는 "다른 무엇보다도 숙련된 장인"이어야 한다고 설명하면서*, 우리 손이 가장 복잡한 시계와도 맞먹는 "의학계의 신비"라고 묘사했다.

'수제 시계'가 특별한 이유도 바로 인간의 '손'을 거쳤기 때문이다. 착용하기 편하도록 시계 케이스를 다듬을 때 나는 더 강한 연마 스틱이나 사포보다는 연마제를 묻힌 천을 사용

---

* 만약 이론적 지식이 뛰어난 외과의사와 손재주가 뛰어나다고 정평이 난 외과의사 중 한 명을 선택해야 한다면 후자를 선택하라고 그는 조언했다.

한다. 내 손바닥 곡선에 따라 금속의 모양이 잡히면서 너무나도 유혹적인 촉감을 갖게 된다. 나는 눈을 가리고도 기계가 만든 시계와 손으로 만든 시계를 구분할 수 있다. 진정한 지각을 지닌 인공지능이 나오기 전까지는 수제 시계에서 느껴지는 차이를 흉내 낼 수 없을 것이다.

　　손으로 무엇을 만드는 것은 오랜 시간이 걸리는 작업이다. 작업이 끝난 시계를 케이스에 넣기 전 내가 마지막으로 하는 일은 헤어스프링의 길이를 조절해서 시계가 정확하게 작동하도록 하는 작업이다. 오래된 영국 시계에는 '인덱스Index' 라고 부르는 헤어스프링 조절용 피벗 레버가 있는데 여기에는 '빠름'과 '느림'이라는 표시가 되어 있다. 우리는 프로젝트 248의 최초 프로토타입에 이 레버를 장착했다.° 시계를 손으로 제작하는 일을 생각하면 이 레버를 '느림'으로 조절하는 느낌이 든다. 장인으로 일하는 즐거움 중 하나는 제작하는 물건마다 자체적인 시간표가 있고, 거기에 맞춰 일하는 것이다. 단계마다 완성에 이르는 충분한 시간이 필요하고, 그 흐름에 자신을 맡기는 것 말고는 다른 방법이 없다. 어제는 팔각형 밴드에 완벽하게 맞도록 팔각형 케이스의 옆면을 파일로 다듬는 일만 종일 했다. 0.1밀리미터 차이였지만 그것을 맞추는 데

° 　결국 우리는 248에 인덱스가 없는 프리 스프링 매커니즘을 사용해서 헤어스프링이 밸런스의 무게로 조절되게 했다. 정확도를 더 높이는 방법이다.

거의 여덟 시간이 걸렸다. 이제 그 시계에는 내가 바친 시간이 담겨 있다. 빠르게 움직이는 세상에 살고 있지만 나는 그런 데서 관대함을 느낀다. 시계는 시간을 측정할 뿐 아니라 시간을 구현한 것, 우리에게 가장 소중한 것의 상징이기도 하다.

✦ ———————— ✦

나는 늘 시간이 얼마나 소중한 것인지에 대한 인식을 기본으로 깔고 생활한다. 시계로 가득한 작업실에서 어떻게 그렇게 생각하지 않을 수 있겠는가. 하지만 내 인생에서 일어난 사건들로 인해 시간의 소중함을 더욱 절감하게 되었다. 2017년 6월 어느 날 아침 나는 왼쪽 다리가 심하게 저리고 몸통 왼쪽이 손만 대도 찌릿한 느낌에 잠에서 깨었다. 통증이 너무 심해서 십대 시절 창문을 넘어 방에서 나가다가 미끄러져 갈비뼈가 부러졌을 때가 생각날 정도였다. 병원에 갔지만 겉으로 보이는 증상이 없었기 때문에 의사는 과도한 스트레스 때문인 것 같다며 나를 안심시켰다. 몇 주 후, 증상이 없어졌다. 그러다가 같은 해 9월 갑자기 오른쪽 눈이 부분적으로 보이지 않으면서 타는 듯한 통증이 느껴졌다. 권투 선수에게 얼굴을 맞은 듯한 느낌이었다. 하지만 이번에도 상처도, 부은 곳도 없었다. 겉으로 보기에 잘못된 곳이 없었던 것이다. 이번에도 처음 나를 진찰한 의사는 스트레스 때문이라는 진단을 내렸지만, 나는 뭔가 대단히 잘못되었다는 확신이 들었고 추가 검사를 받겠다고 고집했다. 이 병원 저 병원으로 여러 차례 보내지고, MRI 스캔을 하며 몇 달이 흐른 후, 나는 다발성 경화증 진단을 받았다.

　　검사를 받으며 보냈던 그 몇 달을 지금도 잊지 못한다. 아무도 잠깐 시간을 내서 내게 어떤 가능성이 있는지 설명해주지 않았기 때문에 나는 이 괴상한 신경학적 문제들이 뇌종양 때문이라 짐작했다. 영원히 죽지 않을 거라고 생각한 적은 없지만 어쩌면 훨씬 일찍 죽음을 맞이할지 모른다는 생각이 들자 갑자기 세상을 경험하는 방법이 달라졌다. 그해 겨울 별안간 폭설이 내렸다. 우리가 살던 집 뒤쪽으로 바로 공원이 있었는데 우리 마당 끝부분부터 시작되는 언덕에 눈이 쌓이자 썰매를 타는 아이들이 엄청나게 즐겁게 그 언덕에서 놀았다. 나는 추위를 타는 크레이그를 끌고 엎드리면 코 닿을 거리에 있는 마트에 빠르게 가는 대신 공원을 크게 한 바퀴 돌아서 장을 보러 갔다. 버밍엄에 그렇게 많은 눈이 내리는 경우는 드물어서 그 기회를 놓치고 싶지 않았다. 얼음장 같은 바람에 볼이 에는 듯하고, 하얀 땅과 나무에 빛이 반사되던 모습, 아이들이 노는 소리와 흥분한 개들이 짖는 소리가 쌓인 눈으로 인해 약간 먹먹하게 들리던 그날의 기억은 오늘까지도 생생하다. 할 수 있을 때 세상 전체를 온전히 흡수하고 싶었다.

　　나를 두렵게 했던 것은 죽음 자체라기보다 내가 그때까지 어떻게 시간을 보냈는지에 관한 것이었다. 나는 일만 하고 또 했었다. 도대체 무엇을 위해서? 그렇게 일했다고 얻은 것은 무엇인가? 오랜 시간을 스트레스와 긴장, 피로감에 시달리며 살았고, 행복을 위한 시간은 허락하지 않았는데 이제 내게 시간이 더는 남지 않았을지도 모르는 일이었다.

나는 운이 좋았다. 다발성 경화증 환자의 기대 수명은 최근 몇 십 년 사이 많이 향상되었다. 그러나 언제 터질지 모르는 제2차 세계 대전 불발탄이 머릿속에 있는 느낌과 함께 사는 것은 그다지 유쾌한 일이 아니다. 이 불발탄이 죽을 때까지 머릿속에서 평화롭게 그저 자고 있을 수도 있고, 언제라도 빵 터질 수도 있지만 과거에 비해서는 상황이 훨씬 더 희망적이다. 다발성 경화증을 치료하는 선택지가 많이 향상된 시대에 산다는 것이 얼마나 행운인지 모른다. 신경과 의사와 내가 "길고도, 축복처럼 무탈한 삶"이라 부르는 삶을 누리며 살 수 있는 확률이 꽤 높다. 나는 또 공공 의료 시스템이 세계에서 가장 좋은 나라 중 한 곳에 살고 있다는 것도 기쁘다. 감사할 일이 얼마나 많은지 모른다. 나쁜 병을 얻은 후에야 감사한 마음을 가질 준비가 되었다는 것이 아쉽기는 하지만 말이다.

프랑스 작곡가 루이 엑토르 베를리오즈(1803~1869)는 "시간은 위대한 스승이다. 불행히도 모든 제자가 스승의 손에 목숨을 잃지만 말이다"라는 유명한 말을 남겼다. 우리는 모두 시간의 제자들이다. 그리고 나는 시간이 얼마나 소중한 것인지를 확실히 배웠다.

내가 받은 진단은 내게 주어진 일 초, 일 분, 한 시간, 하루를 어떻게 살고 싶은지에 대한 생각을 영원히 바꿔 놓았다. 처음에 오진을 내린 의사들도 한 가지 점에서는 옳았다. 내 상태의 많은 부분이 스트레스 때문이라는 점 말이다. 재발할 때마다 직전에 불안 발작이 있었고, 불안 발작을 겪은 후에는 재발하지 않은 적이 없었다. 한때 스트레스를 명예의 훈장으로 여겼던 적이 있다. 스트레스가 큰 상황에 나를 던져 넣고, 괴롭힘과 차별을 견뎌낸 후에도 여전히 싸우는 것을 포기하지 않는 나의 용감함을 증명해 주는 내면의 상처. 나는 늘 불안의 극한을 달리며 살았다. 이제는 스트레스를 견디는 것이 축하할 일이 아니라는 사실을 깨달았다. "아니오"라고 말하고, 스스로 그런 상황에서 벗어나는 길을 택하는 일도 스트레스를 이겨내는 일에 못지않은 강인함과 회복력이 필요하다. 스트레스가 나를 얼마나 아프게 하는지 알기 때문에 이제는 역병 피하듯 피한다. 나는 일 중독을 극복하고 살아남은 생존자다.

　그리하여 흠잡을 데 없이 평온한 삶을 영위하고 우주와 평화를 이루었다고 말할 수 있으면 좋겠지만 슬프게도 그렇지는 못하다. 여전히 전기 회사나 가스 회사에서 실수로 이상한 공지가 날아오거나 컴퓨터에 로딩이 빨리 되지 않는 등의 말도 안 되는 사소한 일에 신경을 곤두세운다. 하지만 전과 비교하면 훨씬 더 편한 마음으로 삶을 대하게 되었다. 내 삶 속에서 나를 지지해 주는 사람들에게 에너지를 집중한다. 그렇지 않은 사람들에게는 신경 쓸 여력도, 가치도 없다. 내 주변의 세상을 받아들이고 음미하는 데 더 많은 시간을 할애한다.

물론 우리 모두에게 주어진 시간은 제한적이고, 그 길이는 우리가 제어할 수 있는 것이 아니다. 그럼에도 시계에 기록되는 시간과 상관없이 우리가 시간을 어떻게 보낼지, 어떤 경험을 하는지에 따라 시간을 보는 우리의 시각이 달라질 수 있다. 크레이그와 함께 눈 덮인 공원을 걷던 그날의 기억은 시계가 기록하는 시간으로 얼마나 과거인지와 상관없이 어제 일처럼 선명하게 내 머릿속에 각인되어 있다. 최근의 신경과학 논문들도 시간에 대한 우리의 경험은 경험의 질에 따라 달라진다는 이론을 뒷받침하고 있다.

철학자들은 수백 년 전부터 긴 시간을 사는 것과 파란만장하고 활동적이며 풍부한 삶을 사는 것은 다르다는 사실을 알고 있었다. 나이듦이 늘 경험과 지혜로운 상태를 의미하지는 않는다. 기원후 49년경 스토아학파 철학자 세네카가 쓴 《인생의 짧음에 대하여》에는 이런 유명한 명언이 나온다. 그는 살아낸 시간과 경험의 차이를 폭풍우의 은유로 요약한다.

흰머리와 주름이 있다고 해서 그 사람이 오래 살았다고 생각해서는 안 된다. 그는 오래 살았다기보다 오래 존재했을 뿐이다. 항구를 떠나자마자 사나운 폭풍우에 휩쓸려 이리저리 밀려다니고 반대 방향에서 동시에 몰아닥쳐

는 바람을 만나 원을 그리며 빙빙 돌기만 하면서 긴 시간
을 보냈다고 해서 그가 긴 항해를 했다고 하겠는가? 그
는 긴 항해를 한 것이 아니라 그저 오래도록 휩쓸려 다녔
을 뿐이다.[178]

충만한 삶을 사는 경험을 하는 동안에는 시간이 쏜살같
이 흘러가 버린다고 느낄지 모르지만 그 시간은 생생한 기억
을 남기기 때문에 나중에 되돌아보았을 때 긴 삶을 살았다고
느끼게 될 것이다.

우리 모두는 시간의 순간들과 그 시간을 동반하는 기억
들로 삶을 측정한다. 우리가 태어나기 전부터 조상들에게 시
간을 알려주었고 우리에게도 여전히 시간을 알려주는 시계는
그런 기억들에 변함없는 상수를 제공한다. 시계에 특별히 관
심이 없더라도 증조할아버지에게서 물려받은 시계를 내게 맡
겨 복원을 의뢰하는 사람들이 있다. 자신이 그 시계를 쓸 일이
전혀 없다는 것을 알면서도 말이다. 오래된 시계의 문자판을
보면 우리의 어머니와 아버지, 할아버지와 할머니, 증조할아
버지와 증조할머니가 봤던 시곗바늘을 볼 수 있고, 그들이 흘
러가는 삶을 측정하며 들었던 것과 같은 소리를 들을 수 있
다. 그리고 운이 좋다면 시계의 태엽을 감고, 삶을 살아가는
동안의 동반자로 삼을 것이다.

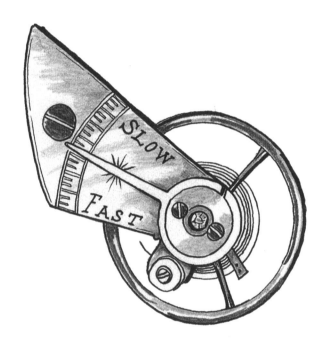

느림과 빠름. 영국적인 조절 장치다.

마지막 순간

시계 고치는 법

짧은 (그리고 개인적인) 가이드

모든 시계는 저마다 독특한 개성이 있다. 심지어 현대식 공장에서 대량생산된 시계도 그렇다. 일단 누군가 시계를 착용하기 시작하면 시계는 주인의 삶을 반영하는 흔적을 갖게 된다. 함께 나눈 경험과 모험, 일상적인 착용, 특별한 행사를 위해 조심스럽게 꺼내진 기억, 심지어 상자 안에 보관되어 있던 시간까지 모두 흔적을 남긴다. 우리 작업실에 시계가 도착하면 그동안 생긴 모든 결함을 하나도 놓치지 않기 위해 체계적으로 샅샅이 살피는 이유도 바로 그런 이유에서다.

제일 먼저 나는 시계제작자용 루페를 착용한다. 눈에 끼우는 작은 돋보기로, 시계를 세 배 확대해서 볼 수 있도록 돕는 물건이다. 주의 깊게 전반적인 외관을 훑으면서 케이스에 흠집이 나지는 않았는지, 문자판에 물이 들어가서 손상된 흔적은 없는지, 크라운이 닳았거나, 시계를 크라운 쪽으로 바닥에 떨어뜨려 부딪혀 난 충격의 흔적은 없는지 살핀다. 이곳이 충격을 받았으면 내부에도 충격이 전해졌을 가능성이 있다. 문자판에 작은 흠집이 있으면 과거에 조심성이 덜한 시계제작자의 손에 수리되었겠다는 추측이 가능하고, 그러면 내부에 수리 과정에 생긴 손상이 남아 있을 확률도 높아진다. 태엽 감는 것과 관계된 부분이 모두 잘 작동하는지, 무브먼트는 아직 작동을 하는지, 크라운을 빼면 시곗바늘을 돌릴 수 있는지, 그럴 때 바늘이 너무 헐겁게 돌아가지는 않는지에도 주의를 기울인다. 크라운으로 바늘을 돌릴 때 약간의 마찰이 느껴져야 하지만 너무 빡빡해도 안 된다. 케이스 뒷면을 열 즈음에는 안에서 무엇이 나를 기다릴지 대충 예측할 수 있다.

시계 케이스 뒤쪽 내부는 이 시계를 과거에 수리한 사람의 흔적을 발견할 수 있는 가장 좋은 곳이다. 금속을 긁거나 유성펜으로 쓴 글씨가 있을 때도 있다. 알아볼 수 있는 이름과 날짜를 발견할 때도 있지만 그것을 남긴 사람 말고는 아무도 알 수 없는 암호 같은 흔적이 남아 있을 때도 있다. 표시가 여럿 있으면 자동차 정규 서비스를 받듯 한때 정기적으로 유지 보수를 받아온 시계여서 관리 상태가 좋을 확률이 높다. 그러나 때로는 여러 번 수리를 맡겨야 했을 정도로 해결되지 않은 일련의 문제들이 있고, 이제 그 문제를 해결할 임무를 내가 맡게 되었다는 의미일 수도 있다.

이후의 과정은 시계제작자에 따라, 무브먼트의 등급에 따라 다르다. 시계 안에 펼쳐진 세계에서 내가 만나는 문제의 종류는 거의 무한할 정도로 다양하다. 그리고 내 커리어 일생에서 단 한 번 마주치는 종류의 문제도 있다. 다음은 20세기 중반 이후에 만들어진 전형적인 수동 태엽 감기 손목시계를 다룰 때 내가 따르는 방식이다. 포괄적인 가이드와는 거리가 멀지만 시계 수리 과정이 어떤 것인지 맛을 볼 수 있는 정도는 될 것이다.

시계가 적어도 가기는 한다면, 우리 작업실에 있는 타이밍 기계를 이용해서 시계의 기본 성능을 확인한다. 그런 다음에는 문자판 보호 크리스탈을 고정하는 원형 틀인 베젤을 제거해서 문자판을 더 자세히 볼 준비를 한다. 크라운을 당겨 12시 혹은 분침과 시침이 서로 정확히 겹치는 시각이 되도록 조정한다. 바늘을 손상 없이 들어 올릴 수 있는 최적의 위치다. 엄청난 주의를 기울여 조심하는 것은 물론이며, 나는 주로 얇은 비닐을 사용해서 시곗바늘들을 들어 올리는 방법으로 문자판을 보호한다. 6시 문자 위에 있는 초침도 같은 방법으로 제거한다. 바늘을 모두 제거하고 나서 문자판을 보호하기 위해 베젤을 다시 끼우고 시계를 뒤집는다.

나는 크라운과 이어진 가느다란 스템 옆에 있는 나사를 약간 풀어 크라운과 와인딩 스템을 케이스에서 빼낸다. 커다랗고 반질거리는 머리가 살짝 돔 모양으로 생겨서 무당벌레의 등을 연상시키는 나사 두 개가 무브먼트를 케이스에 고정하고 있다. 나는 그 두 개의 나사를 제거하고 다시 베젤을 제거한 다음 케이스 밴드에서 문자판을 위로 향한 채 무브먼트를 분리한다. 케이스는 청소를 하기 위해 옆에 놓아두고, 무브먼트 측면에서 수평으로 뻗어 안쪽에 숨겨진 문자판의 발과 연결된 평행 그러브 나사[❶]를 풀고 문자판을 제거한다. 나사를 풀면 문자판을 들어 올리는 데 아무 문제가 없다. 나는 문자판을 시곗바늘들과 함께 작은 밀폐 상자에 넣어 안전하게 보관하고 메커니즘으로 주의를 돌린다.

이제 무브먼트에서 제거할 것은 모두 제거했으므로, 조절 가능한 거치대에 무브먼트를 고정한다. 거치대에는 안쪽으로 향한 나사못이 있어서 그걸 조여 무브먼트의 가장자리를 단단히 고정할 수 있다. 그런 다음에는 동력 전달 장치 motion work를 들어 올린다. 동력 전달 장치는 시곗바늘의 회전을 제어하는 일련의 휠(톱니바퀴)들로 무브먼트와 문자판 사이에 위치한다. 나는 분리한 부품들을 먼지 방지 상자 한쪽에 조심스럽게 놓는다. 먼지 방지 상자는 도시락처럼 생긴 용기로, 내부가 낮은 칸막이로 분리되어 있어서 시계 하나를 구성하는 다양한 부품을 메커니즘별로 한데 보관할 수 있다. 위에 작은 손잡이가 달린 투명한 돔 모양 플라스틱 뚜껑이 있어서 꼭 프랑스 요리 서빙 그릇처럼 생겼는데 부품에 먼지가 앉거나 작업대에서 굴러 떨어져 분실되는 것을 방지해 준다.

---

❶   한쪽 끝에 드라이버용 홈이 있는 대가리 없는 나사 – 옮긴이.

이제 크라운이 아직 붙어 있는 상태로 와인딩 스템을 다시 시계에 끼우고 작은 나사못을 조여 고정시킨다. 이렇게 하면 무브먼트를 다루기가 더 쉬워지고, 크라운 메커니즘과 태엽 장치 전체가 움직이는 것을 보면서 재확인할 수가 있다.

다음으로는 메커니즘을 확인하기 시작한다. 섬세한 나선 헤어스프링이 밸런스 휠 위에 완벽하게 자리 잡고 있는지 확인한다. 스프링이 평평하고 코일이 한쪽으로 치우치지 않아야 한다. 그리고 인덱스를 점검한다. 인덱스는 헤어스프링의 유효 길이를 길게 하거나 짧게 해서 시계가 작동하는 속도를 제어하기 위해 '느림'과 '빠름' 설정을 할 수 있는 부품이며 중앙에 정렬되어 있어야 한다. 인덱스가 '느림'(프랑스어로 '지연 *Retard*'이라는 의미의 이니셜 R로 표시된 경우가 많다) 쪽으로 완전히 기울어져 있다면 이 섬세한 스프링이 과거에 교체된 적이 있거나 부러지는 바람에 짧아진 채 고정되어서 시계가 빨라지는 경향이 있다는 단서가 될 수도 있다.

녹이 슬거나 기름이 눌어붙은 곳은 없는지 무브먼트 전체를 살핀다. 문자판을 제거하기 전부터 이런 문제를 발견했을 수도 있다. 녹이 슬면 문자판에 적갈색 변색이 생기고, 보통 물 얼룩과 함께 나타난다. 이전에 시계를 수리한 사람이 기름을 과도하게 사용했다면 기름이 문자판 중앙의 구멍으로 스며 나와 녹색 빛이 도는 잔여물을 남기고, 가끔 페인트가 벗겨지기도 한다. 빠진 부품은 없는지도 확인한다. 헐거워진 부품이 떨어져 무브먼트의 다른 곳에 끼어 있거나, 아예 종적을 감춰버린 경우도 많다. 이즈음에서 도수가 더 높은 루페로 바꿔 쓴다. 이런 루페는 사물을 20배로 확대해서 루비 주얼 베어링에 금이 가서 그 안에서 돌고 있는 피벗을 마모시키지는 않는지 점검할 수 있다. 시계를 떨어뜨린 후 피벗이 완전히 부서져서 평행 휠이 한쪽으로 기울어진 경우도 있다. 나는 핀셋으로 태엽 부분에 들어간 먼지나 오래된 보푸라기 같은 이물질을 제거한다. 일반적인 작업에는 3번 핀셋을 사용하는데 잘 깎은 연필심처럼 끝이 날카로운 녀석이다.

　　그다음으로 할 일은 너무 작아서 눈으로 확인하는 것보다 느끼는 쪽이 더 정확할 정도의 결함을 확인하는 것이다. 보이지 않을 정도로 미세하지만 시계의 작동을 완전히 멈춰버리게까지 할 수 있는 결함이다. 밸런스 휠, 트레인 휠, 메인스프링 배럴에 이르기까지 시계 내부에 있는 각각의 휠은 시계 제작자들이 '셰이크shake'라 부르는 것을 적절하게 갖추고 있어야 한다. 셰이크란 각 부분이 효율적으로 기능하는 데 필요한 약간의 여유 공간을 말한다. 그 여유분이 너무 크면 부품 간의 거리를 뜻하는 '디프팅depthing'에 문제가 생겨서 불필요한 마모가 생기고, 시간 측정이 불규칙해지기도 하고, 휠의 톱니가 튀면서 제어되지 않는 일까지 생긴다. 반면에 이 여유분이 너무 작으면 메커니즘이 마비되어서 완전히 작동이 멈추어버릴 수도 있다. 적절한 양의 셰이크는 1밀리미터의 100분의 1, 경우에 따라 1,000분의 1로 측정될 만큼 정밀하다. 이를 측정하려면 시계제작자용 정밀 핀셋으로 그 부품을 잡고 부드럽게 흔들어본다. 연습을 많이 해야 하지만 결국은 셰이크가 적절한가를 본능적으로 느낄 수 있게 된다.

나는 이 과정을 단계적으로 진행한다. 첫 번째로는 밸런스의 셰이크를 점검한다. 그 부분이 만족스럽다 판단되면 밸런스 코크의 나사를 풀어서 무브먼트에서 들어낸다. 밸런스는 바로 아래 있는 헤어스프링 위에 앉아 있다. 나는 피벗들에 마모가 있는지 주의를 기울이면서 밸런스 전체를 살핀다. 그리고 휠 아래에 흠집이 있지는 않은지 확인한다. 그런 흠집은 축이 대체된 적이 있다는 증거일 수도 있고, 무게를 조정해서 포이징을 하기 위해 파일로 다듬은 흔적일 수 있다. 다음에는 주얼들을 빼내서 마모가 시작되었는지, 대체가 필요한지를 살핀다. 내 계산으로는 보통 80년간 작동하는 시계의 트레인 휠은 126억 1,440만 회 진동한다. 이 정도 마찰이면 합성 루비처럼 단단한 물질도 강철 축에 의해 마모되기 시작할 수 있다.

다음으로는 이스케이프 휠의 톱니에 팰릿들이 얼마나 깊이 물려 있는지를 확인한다. 나는 오일러 끝으로 레버를 조심스럽게 넘겨 가면서 매 톱니가 잘 물려 있는지를 살핀다. 시계제작용 작은 윤활기인 오일러는 강철로 만들어진 매우 작은 주걱처럼 생겼고, 뻣뻣한 페인트붓의 털 정도 두께다. 작은 올리브 모양의 끝부분을 오일에 담그면 표면 장력으로 오일을 그 부분에 머금고 있다가 목표 지점에 대면 오일이 거기 가서 묻는다. 사실 오일을 사용하지 않을 때도 오일러는 작고 정확해서 유용한 도구로 사용할 수 있고, 핀셋보다 덜 날카로워 장점이 많다. 팰릿들과 이스케이프 휠의 톱니 사이의 완벽한 디프팅을 찾는 수학 공식도 있지만, 사실 작업하는 대상이 너무도 작을 때는 표도 차트도 별 의미가 없다. 눈과 촉감에 의지하는 편이 더 쉽다. 디프팅은 셰이크보다 더 크기 때문에 보통 만져서 느낄 뿐 아니라 눈으로 볼 수도 있다.●

팰릿들을 제거하기 전에 메인스프링에 남아 있는 동력을 모두 소진시키는 과정을 잊어서는 안 된다. 일단 무브먼트에서 팰릿이 제거되고 나면 남은 동력이 트레인을 통해 빠르게 전달되는 것을 막을 길이 없다. 무브먼트가 깨끗하지 않은 상태에서 이런 일이 벌어지면 더 큰 마모와 손상을 가져올 위험이 있다. 나는 래칫 휠과 맞물려 메인스프링이 풀리는 것을

● 디프팅을 설명하는 방법으로 손가락을 편 채 왼손과 오른손을 맞물리게 잡아서 손가락의 중간 마디가 정렬되도록 하는 상태를 상상해 보는 법이 있다. 이 상태에서 손을 움찔거리면 손가락은 움직이지만 두 손은 여전히 단단히 맞물린 상태를 유지할 수 있을 것이다(최적의 디프팅 상태). 그러나 모든 것이 같지만 맞물리게 하는 부분이 손가락 끝부분 마지막 마디로 한 채 손을 움찔거리면 손가락이 빠져버릴 수도 있다(디프팅이 너무 얕은 경우). 손바닥에 너무 가까운 지점에서 손가락을 맞물리게 하면 손을 움찔거리기조차 힘들 것이다(디프팅이 너무 깊은 경우).

막는 클릭을 뒤로 젖힌다. 크라운을 조심스럽게 잡은 상태로 스프링이 풀리는 힘으로 내 손가락 사이에서 크라운이 역회전하도록 해서 메인스프링이 풀리면서 거기 들어 있던 모든 동력이 빠져나가게 한다. 팰릿 피벗들의 셰이크를 확인하고, 피벗을 붙잡고 있는 브리지 나사를 풀어서 뺀다. 팰릿의 루비면이 마모되거나 금이 간 곳은 없는지 점검한다. 그런 다음 브리지와 브리지 나사, 팰릿들을 모두 먼저 도착한 다른 부품들이 기다리고 있는 먼지 방지 상자에 넣는다.

　　트레인 휠들을 하나하나 점검하면서 걸린 곳은 없는지 셰이크는 모두 적절한지 확인한다. 피벗의 윗부분을 고정하는 브리지를 제거하면 피벗의 마모를 자세히 점검할 수 있다. 그런 다음 마지막으로 가장 큰 브리지를 제거해서 배럴이 드러나도록 하고, 래칫 휠과 클릭을 제거해서 셰이크를 확인한다. 배럴을 꺼내서 손에 든 다음 그 안에 든 굴대의 셰이크를 점검하고, 마침내 뚜껑을 열어본다. 굴대와 스프링을 꺼내서 모두 온전하고 상태가 좋은지 본다. 오래된 시계의 경우 메인스프링은 거의 항상 쌓인 세월과 사용감으로 낡아서, 교체가 필요한 상태가 되어 있다. 메인스프링을 교체할 때는 균형 잡기의 기술이 요구된다. 적절한 동력을 제공할 수 있는 높이와 굵기를 갖춰야 하는데, 시계마다 이 '적절함'이 다르다. 예전에 나온 공식 차트를 사용해서 동일한 치수의 메인스프링을 찾아 교체하면 힘이 너무 센 경우가 많다. 현대에 만들어지는 스프링들은 더 효율적인 강철을 사용하기 때문이다. 반대로 오래된 레베르크처럼 심하게 마모된 시계는 가능한 한 가장 강한 힘을 필요로 하기 때문에 새것일 때보다 더 강한 메인스 프링이 필요할 수 있다. 일반적인 규칙에 매달리기보다는 약간의 시행착오를 거치면서 몇 개의 스프링을 시험한 다음 작업하는 시계에 가장 맞는 것을 선택하는 것이 좋다. 하지만 이런 시험 단계는 시계의 청소와 조립이 끝난 후에야 가능한 일이니 지금은 한쪽에 잘 놓아둔다. 청소 전 마지막으로 와인딩 스템을 제거하면 시간을 조정하는 부품들과 와인딩 스템 사이의 상호작용을 제어하는 휠과 슬라이딩 클러치가 함께 분리된다. 이것들은 배럴 브리지 아래의 공간에 들어 있기 때문에 노출이 되면 이 부품들을 관통하는 스템 하나에만 의지해서 메커니즘과 연결된 상태가 된다.

마지막으로 분리해야 하는 부품군은 키리스 워크라고도 부르는 크라운 메커니즘이다. 키 없이 태엽을 감고, 태엽 감기와 시곗바늘을 돌려 맞추는 기능 사이를 조절하는 부품들이다. 이제 대부분의 부품이 제거된 채 거치대에 고정된 무브먼트를 돌려 보통은 문자판 아래 숨겨져 있는 측면을 살핀다. 스템뿐 아니라 작은 휠, 레버(리턴 바라고 부른다), 스프링 등을 고정하고 있는 부품은 모두 이 '키리스keyless 커버'라고 부르는 것 아래 숨어 있다. 나사를 풀고 조심스럽게 커버를 열면서 스프링이 튀어나와 작업실 저편으로 날아가 버리지 않도

353
시계 고치는 법

록 주의를 기울인다. 대개 양치기의 지팡이 모양을 한 리턴 바 스프링은 헤어스프링보다는 조금 더 두껍지만 찾기 쉽지 않 을 정도로 작다! 마지막 부품들은 핀셋으로 꺼내면서 바로바 로 간수를 한 후, 뾰족하게 깎은 나무 조각으로 루비 주얼과 베어링들을 손으로 청소하면서 말라붙은 오래된 기름까지 신 경 써서 말끔히 제거한다. 그런 다음에는 지금까지 먼지 방지 상자에 조심스럽게 간수해 온 부품들 전부를 전문가용 시계 세척기에 넣는다.

시계 세척기는 식기 세척기와 비슷하다. 대부분의 오염 을 제거하고 집어넣었을 때 가장 좋은 세척 결과를 얻을 수 있다. 그래서 나는 용제(솔벤트)를 사용해서 부품 하나하나에 묻은 기름때를 직접 제거한 다음 세척기 하네스에 고정할 수 있는 작은 쇠 바구니에 담는다. 보통 황동 부품과 강철 부품을 각각 다른 작은 바구니에 따로 담는다. 세척기 안에서 회전하 는 동안 강철 부품이 황동 부품을 긁어서 흠집을 내지 않도록 하기 위해서다. 특별히 섬세한 부품들은 모두 개별적인 작은 바구니에 따로 담는다. 하네스는 로봇 팔처럼 바구니들을 일 련의 세척액과 헹굼 용액에 담갔다 꺼냈다 하는 작업을 한다. 마지막 칸에는 히터가 있어서 무브먼트에 남은 헹굼 용액을 말끔히 증발시킨다. 히터를 지난 바구니는 만질 수 없을 정도 로 뜨거워진다.

무브먼트가 세척되는 동안에는 케이스로 다시 주의를

돌려 먼지를 닦고 때로는 광택 작업으로 색을 돋우기도 한다. 70년 이상 된 케이스라면 분명 사용감이 있을 것이다. 나는 소유주가 원하지 않는 이상 이런 오래된 케이스들을 '새것처럼' 만들려 하지 않는다. 소유주에게는 사연을 담은 흔적들이어서 제거를 원치 않을 수도 있다는 사실을 기억해야 한다.

무브먼트의 부품들이 반짝반짝 깨끗하게 세척되고 나면 다시 조립한다. 트레인 휠과 배럴을 먼저 조립하고, 특수 도구를 사용해서 메인스프링을 다시 감은 다음 신선한 윤활유를 조금 바르고 제자리에 끼워 넣는다. 배럴을 약간 누르면 트레인 휠 전체가 회전을 시작하기 때문에 모든 부품이 걸림 없이 움직이는지를 확인하기는 어렵지 않다. 이 단계에서 어딘가 걸리는 데가 있으면 그 문제를 해결하기 전에 다음 단계로 넘어가는 것은 무의미하다.

다음은 크라운 메커니즘 조립이다. 작은 스프링을 조심스럽게 넣으면서 튀어 나가버리지 않게 커버 아래에 조심스럽게 고정한다. 풀밭에서 손을 오므려 메뚜기나 여치를 잡을 때와 조금 비슷하다. 주얼이 박힌 베어링들의 표면과 마찰 부분에 윤활유나 오일을 조금씩 바른다. 기능하기에 적절한 양이면서 문자판을 비롯해 필요 없는 곳까지 스며들지 않을 정도로 양 조절을 잘해야 한다. 크라운을 빼서 시간 조절 기능이 제대로 되는지, 태엽 감는 기능도 제대로 돌아가는지를 확인하면서 메커니즘 전체 기능을 살핀다. 이제 태엽을 감으면 기어 휠이 자유롭게 돌아가야 정상이다.

다음으로, 트레인 휠들을 팰릿으로 고정하고 원래 위치로 복귀시켜 이스케이프 휠의 톱니와 맞물릴 수 있도록 한다. 크라운을 한두 번 돌려 태엽을 감고 트레인 휠의 압력을 받아 레버가 갑자기 제 위치로 툭 들어가는 것을 지켜본다. 레버가 활기차게 움직이는지 확인한 후 마지막 단계로 넘어간다.

메인스프링을 최대한으로 감아보고 새로 오일을 바른 주얼들을 장착한 밸런스를 조립해 무브먼트에 다시 장착한다. 시계가 다시 똑딱거리며 가기 시작하는 순간이 바로 이때다. 오랫동안 침묵 속에 빠져 있던 시계를 긴 시간에 걸쳐 복원한 후에 만나는 이 순간은 특히 감동적이다. 시계가 다시 살아나, 이스케이프먼트가 심장처럼 뛰고 헤어스프링이 규칙적으로 숨을 들이쉬었다 내쉬었다 하는 것이다.

진폭의 정도를 보면 밸런스가 얼마나 건강한지 짐작할 수 있다. 이 정도 오래되고, 이런 스타일의 시계는 280도에서 300도 정도가 적당하다. 그보다 더 크면 밸런스가 너무 돌아가 레버의 잘못된 쪽을 쳐서 전력 질주하는 말발굽 소리 같은 소음이 날 수 있다. 새로 장착한 메인스프링이 너무 강해도 이런 현상이 벌어질 수도 있다. 각도가 그보다 더 작으면 시계가 위치 오류를 낼 확률이 높아져서 시계를 찬 사람의 움직임에 따라 빨라지거나 느려질 수 있다. 나는 보통 이 진폭이 내가 원하는 범위 안에 있다는 것을 눈으로 확인한 다음에야 비로

소 시계의 성능을 정확히 읽어내는 타이밍 기계에 넣는다.

타이밍 기계는 밸런스 휠의 무게가 균일하게 분포되어 있는지, 다시 말해 포이징을 확인할 수 있게 해준다. 특정 부분이 너무 무거우면 밸런스가 수직 위치일 때 (손목시계를 찬 팔이 차렷 자세로 있을 때) 시간이 느려지고, 밸런스가 수평으로 놓였을 때 빨라지는 것으로 측정된다. 이런 변화는 시간 측정에 영향을 준다. 밸런스의 포이징이 맞지 않으면 다시 떼어내서 루비로 만들어진 V자 형태의 지지대에서 끼운 다음 혼자서 돌아가게 만들어 무거운 부분이 바닥 쪽으로 떨어지게 둔다. 그렇게 해서 어디가 무거운지 확인하면 절삭 도구를 사용해 금속을 아주 조금 깎아서 무게를 줄인 다음 다시 지지대에 끼워 돌아가게 해본다(누군가가 이 작업을 한 적이 있다면 금속을 깎아낸 흔적을 볼 수 있을 것이다). 그리고 또 같은 작업을 반복하고 또 반복한다. 밸런스가 걸리는 곳 없이 구르며 뒤뚱거리지 않고 천천히 멈출 때까지 계속해서 반복해야 한다. 어떨 때는 한 번에 맞춰지기도 하지만, 인내가 필요할 때도 있다.

임펄스 주얼이라고도 부르는 루비 핀은 팔릿 레버를 앞뒤로 왔다 갔다 하게 만드는 역할을 하는데 동력이 꺼진 상태에서는 밸런스 아래에 있다. 이때는 레버가 갈라지는 곳 중앙에 위치해야 한다. 이 상태를 우리는 비트가 맞는다고 표현한다. 다른 점검을 모두 마치고 나면 무브먼트를 다시 케이스에 넣을 준비가 끝난 것이다. 동력 전달 장치와 문자판을 제자리

357

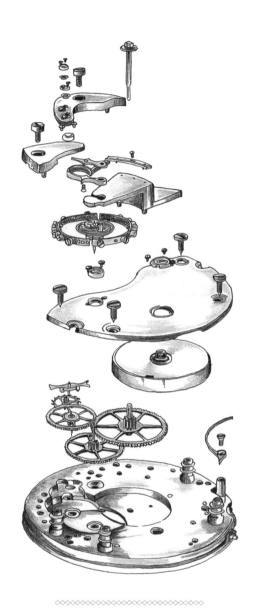

회중시계 무브먼트 분해도.

에 다시 끼우고 문자판을 단단히 고정하는 그러브 나사들을 조인다. 시곗바늘을 끼우고, 정시에 시침과 분침이 정확하게 겹치는지 확인한다. 무브먼트를 케이스 밴드에 넣고 스템을 마지막으로 다시 한번 빼서 케이스의 구멍을 통해 끼워 단단히 고정한다. 무브먼트를 밴드에 고정하는 마지막 두 개의 나사를 조이고 뒷면을 덮는다.

마지막 시험은 실제 상황 속에서 이루어진다. 아니, 우리 작업실에서 할 수 있는 한 가장 실제 상황에 가까운 환경을 만들어 그 안에서 시험을 한다. 시계가 작동하는 동안 가능한 한 모든 위치와 각도로 움직이게 할 수 있는 기계의 '손목'에 시계를 채우고 사람이 착용하는 것과 비슷한 환경을 만들어서 제대로 작동하는지를 확인한다. 낮 동안에는 움직이게 하고, 밤에는 한 위치에 그대로 두는 것을 일주일간 계속하는 동안 시계는 계속 똑딱거리며 작동한다. 그런 시험을 거치고 제대로 작동하는지 최종 확인을 하고 나면 시계는 주인에게 돌아갈 수 있다.

시계 고치는 법

용어 정리

굴대Arbor. 자체적으로 혹은 축을 중심으로 회전하는 부품, 예를 들어 시계의 트레인 휠 등을 장착하는 막대 또는 평행 스핀들을 말한다.

오토매틱 시계 Automatic. 셀프 와인딩, 즉 자동 태엽 감기 시계라고도 부른다. 착용자가 움직이면 무게추가 흔들리거나 회전하도록 해서 메인스프링을 감는 메커니즘을 가지고 있다.

원자시간Atomic time. 원자시계를 사용하는 고도로 정밀한 시간 측정 방식. 에너지가 증가하면 원자핵 주위를 도는 전자가 더 높은 궤도로 점프한다. 이렇게 전자가 높은 궤도로 점프할 때 특정 진동 주파수에서 에너지를 방출하는데 이를 이용해 시간을 측정한다.

밸런스 스프링 Balance spring. 헤어스프링 참조.

밸런스 브리지 Balance bridge. 버지 이스케이프먼트(간혹 초기 레버 이스케이프먼트나 실린더 이스케이프먼트 시계에도 적용)를 가진 시계의 맨 위 플레이트에 장착된 부품으로 밸런스 스태프의 상단 피벗을 고정하도록 설계되었다. 투각이나 판각 장식이 된 원형 판 혹은 테이블로 되어 있는데 두 개의 다리가 두 개의 나사에 의해 플레이트에 고정되어 있어서 브리지[다리]처럼 보인다.

밸런스 코크 Balance cock. 다음 그림에서 볼 수 있듯 하나의 발과 나사로 고정된다.

밸런스 축 Balance staff. 밸런스 조립체의 척추, 즉 중심 구성 요소다. 밸런스 휠, 임펄스 롤러, 헤어스프링 중심의 콜레트는 밸런스 축에 마찰 결합이 되어 있고, 밸런스 축은 축의 위와 아래의 피벗에 연결되어 있어 진동한다. 지금까지 발명된 모든 시계 밸런스 조립체는 밸런스 축을 기본으로 해서 조금씩 변형한 것이다.

밸런스Balance. 밸런스는 시계 무브먼트의 진동 휠이다. 자동차 운전대와 비슷한 모양으로, 메인스프링에서 방출되는 동력을 제어하는 역할을 한다. 밸런스 휠은 밸런스 축에 마찰 고정시킨 후 다시 한번 리벳으로 부착한다.

베젤Bezel. 베젤은 시계 케이스 맨 윗부분의 투명한 유리(혹은 크리스탈이나 사파이어)를 고정하여 그 아래 있는 문자판을 보여주는 기능을 한다.

그린맨 모양으로 천공 장식과 판각 장식이 된 **밸런스 코크**.
1760년대에 영국에서 제작된 시계에서 볼 수 있다.

블루드 스틸 Blued steel. 전통적으로 알코올램프로 가열해서 열처리를 한 철. 열처리
를 하면 산화층이 형성되어 푸른 빛을 띤다. 가열되는 동안 철은 처음에는 누런
색을 거쳐 짙은 보라색이 되었다가 결국 짙은 파란색이 된다. 시간이 흐르면서
짙었던 파란색이 서서히 밝아져서 남색처럼 보이다가 청회색으로 바랜다. 이렇
게 형성된 산화층은 녹이 스는 것을 방지하고 철을 더 강화하며, 시계제작에서
는 미적 이유만을 위해서도 이 과정을 거친다. 시계제작자들은 철을 가열하는
시간을 조절해서 자신이 원하는 색을 얻는다.

샹플레베Champlevé. 샹플레베는 순은이나 순금을 사용한 문자판으로, 숫자를 판각
한 후 그곳을 검은색 법랑이나 왁스로 채운다. 보통 화려한 판각이나 투각, 양각
무늬 장식을 한다. 현대에 들어서는 판각 장식을 한 후 투명한 유리 느낌이 나는
법랑으로 덮은 문자판을 의미하기도 한다.

크로노미터Chronometer. 매우 높은 수준의 정확도로 작동하는 대형 혹은 휴대용 시
계를 가리키는 용어. 이 이름은 국가 수준의 독립 관리 기간에서 테스트를 거쳐
인증된다. 예전에는 이 테스트는 영국의 큐, 프랑스의 브장송과 뇌샤텔, 스위스

의 제네바 등에서 이루어졌다. 현대에는 '스위스공식크로노미터 인증기관'에서 평가가 이루어진다. 정확도는 다양한 온도와 위치에서 며칠에 걸쳐 측정되었다 (COSC에서는 15일 간, 큐에서는 44일 간 측정하곤 했다!). 이런 엄격한 기준에 부합하는 시계들만 크로노미터라 부를 수 있다.

크로노그래프Chronograph. 스톱워치 기능이 포함되어 있고, 시간 측정 기능을 방해하지 않고 스톱워치를 시작, 정지, 리셋할 수 있는 시계를 가리킨다.

부가 기능 Complications. 스톱워치, 날짜, 리피터 장치 등 시간 측정 기능을 향상하는 것 이외의 모든 기능을 말한다.

크라운Crown. 케이스 측면에 달린 작은 단추 같은 것으로 태엽을 감거나 시곗바늘을 돌려 시간을 맞추는 기능을 한다.

디프팅Depthing. 상호작용하는 두 부품 사이의 위치 관계를 뜻한다. 디프팅이 너무 작아서 미끄러져 지나쳐버리거나, 너무 커서 부딪힘 혹은 심한 마찰을 일으키지 않고 효율적으로 작동하는 상태가 최적의 디프팅이다.

에보쉬_Ébauche_. 주문에 따라 완성은 했으나 마감은 되지 않은 채 납품해서 구매자가 조정, 마감을 거쳐 구매사의 브랜드를 찍고 케이스, 문자판, 바늘 등을 추가할 수 있도록 하는 표준화된 무브먼트를 부르는 용어. 에보쉬 제작 관행은 19세기 중반에 완성되었다.

블루드 스틸 시계제작자가 사용하는 알코올램프.
철을 가열해서 푸른색으로 변색시키는 작업 등에 사용한다.

엔진 터닝 Engine turning. 기요쉐 패턴이라고도 한다. 로즈 엔진이나 직선 엔진 기계로 판각을 해서 호흡운동 기록지 혹은 바구니의 짜임을 연상시키는 정교한 기하학적 패턴을 만들어낸다.

영국식 레버 English lever. 영국에서 발명된 이스케이프먼트의 한 형태. 18세기 중반 이후부터 20세기 초반까지 영국에서 사용되었다. 스위스식 레버와 달리 이스케이프 휠의 톱니가 길고 가늘며 뾰족하다.

시간 방정식 Equation of time. 평균 태양시와 실제 태양시의 차이를 말한다. 시계로 측정한 시간과 태양의 위치 혹은 해시계로 측정한 시간의 차이라는 뜻이다.

이스케이프먼트Escapement. 메인스프링에서 방출되는 동력을 제어하고 트레인 휠들의 회전 속도를 시간 측정에 사용할 수 있는 정도로 줄이는 역할을 하는 부품 전체를 가리키는 용어.

에타블리사주Établissage. 표준화되지 않은 공백 상태의 무브먼트. 18세기 초에 스위스에서 개발된 초기 생산 라인 제조 방식을 따랐다. 후에 에보쉬로 진화했다.

폼 워치 Form watch. 16세기 말, 17세기 초에 제작된 시계로 글자 그대로 시계가 아닌 다른 물건의 형태form를 띤 시계라는 의미다. 꽃, 동물, 해골, 종교적 상징물 등의 형태가 인기 있었다.

퓨제Fusee. 메인스프링에서 균일한 토크를 얻기 위한 장치. 메인스프링이 완전히 감겨 있을 때는 거의 풀렸을 때보다 더 강한 힘을 발휘한다. 초기에는 동물의 창자로 만든 줄을, 후기에는 체인의 단계식 배럴로 전달해서 메인스프링에서 나오는 힘을 고르게 조정한다. 메인스프링이 완전히 감겼을 때는 퓨제 배럴들 중 가장 작은 지름을 가진 배럴을 돌려서 동력을 줄인다. 단계적으로 지름이 큰 배럴이 작동하면서 점점 줄어드는 메인스프링의 동력을 도치시킨다.

금박Gilding. 금 도금의 이전에 사용된 기술로 불 금박 혹은 세척 금박이라 부르기도 한다. 금을 다른 금속, 화학물질 등과 혼합해 페이스트 형태로 만들어 은이나 구리 혹은 황동 등의 금속 표면에 바른다. 불꽃으로 액체를 태우면 금이 표면에 구워져서 결합된다. 혼합물 페이스트에 수은, 암모니아, 질산 등이 들어가기 때문에 이때 나오는 연기는 매우 위험하다. 금박은 전기도금 기술로 대체되었다.

그리니치 자오선 Greenwich meridian. 영국 런던의 그리니치를 지나가는 가상의 선으로 국제 날짜변경선과 지구상의 정반대 위치에 있다.

헤어스프링Hairspring. 밸런스 스프링이라고도 한다. 밸런스가 진동하는 속도를 조절하는 나선형의 가느다란 스프링. 길이를 줄이면 시계가 더 빨리 가고, 늘이면 시계가 더 늦게 간다. 중심에 위치한 콜릿으로 밸런스 축에 고정된다. 초기 시계에서는 돼지털로 만들어졌었다.

주얼Jewels. 인조 강옥(루비나 사파이어)으로 만든 피벗 베어링이다. 커런덤이라고도 하는 강옥은 매우 뛰어난 내구성을 가지고 있어서 황동 베어링을 대체했고, 18세기 경부터 사용되기 시작했다.

키리스 워크 Keyless work. 시계의 태엽을 감고, 태엽 감기와 시곗바늘을 돌려 시간을 맞추는 기능을 선택하고 제어하는 데 필요한 모든 부품을 일컫는 용어다(현대적 시계에서는 크라운을 당기면 가능하다). 시곗바늘을 돌려 시간을 맞출 때 크라운 메커니즘은 동력 전달 장치와 맞물려 작동한다.

위도Latitude. 지도에 적도와 평행이 되게 동서 방향으로 그려진 가상의 선을 기준으로 계산한 위치.

경도Longitude. 그리니치 자오선에서 시작해 15도 간격으로 북극과 남극을 수직으로 잇는 가상의 선을 기준으로 계산한 위치.

루페Loupe. 눈에 대고 사용하는 시계제작용 확대경. 일반적인 작업에는 3배 확대 렌즈를 사용하고, 더 세밀한 것을 들여다봐야 할 때는 이보다 더 강력한 확대경을 사용하는데 보통 20배 확대경까지 사용된다.

메인스프링Mainspring. 기계식 시계의 동력원이다. 배럴(메인스프링 배럴) 안에 감겨 있는 리본 모양의 스프링을 가리킨다. 이 스프링은 감을 수 있는데 감겨진 스프링이 풀리면서 회전력이 생기고, 그 힘이 일련의 톱니가 있는 휠들을 통해 이스케이프먼트로 전해지고, 거기서 힘의 전달 속도가 제어된다.

매스티지Masstige. '대량생산mass produced'의 매스mass와 '특권prestige'의 티지tige를 붙여 만든 합성어로, 명품의 상업화를 뜻한다.

동력 전달 장치 Motion work. 모션 워크라고도 한다. 시곗바늘의 움직임을 제어하는 일련의 휠과 피니언을 일컫는다. 시침 휠은 12시간에 한 번 회전하도록 맞춰져 있고, 분

◇◇◇◇◇◇◇◇
루페
◇◇◇◇◇◇◇◇

침을 움직이는 캐논 피니언은 60분에 한 번 회전하도록 되어 있다. 일반적으로 이들의 움직임은 트레인 휠들의 제어를 받는다. 손으로 시간을 맞출 때는 크라운 메커니즘이 이 시스템보다 우선적으로 작동해서 수동 시간 설정이 가능해진다.

진동Oscillation. 진자나 휠과 같은 물체가 규칙적으로 앞뒤 혹은 양옆으로 흔들리는 움직임이나 리듬을 말한다.

팰릿Pallets. 입구 팰릿과 출구 팰릿. 이스케이프먼트 휠의 톱니를 하나씩 걸었다 풀어주는 역할을 하는 부품. 이렇게 규칙적인 걸림과 풀림으로 메인스프링의 힘을 시간 측정에 사용할 수 있는 속도로 제어한다.

파레-슈트*Pare-chute*. 혹은 패러슈트parachute. 1790년에 최초로 시계 메커니즘에 도입된 충격 흡수 장치의 이름. 아브라함-루이 브레게가 파리에서 발명한 장치로 시계가 부딪히거나 떨어져도 밸런스 축의 섬세한 피벗이 부러지지 않도록 방지해 준다.

이중 케이스 Pair-cases. 무브먼트가 내부 케이스에 담겨 있고, 그것을 다시 외부 케이스로 감싸서 추가적으로 보호하는 디자인을 가리키는 용어.

압전효과Piezoelectricity. 압력 혹은 밀기라는 뜻을 가진 그리스어에서 유래했다. 쿼츠 크리스탈이 기계적 스트레스를 받을 때 생성되는 적은 양의 전기신호를 말한다.

피벗Pivots. 굴대의 좁은 끝부분을 가리키는 용어. 직경을 줄이고 가능한 한 마찰을 최소화하기 위해 매우 매끄럽게 연마한다. 피벗은 굴대가 회전하는 중심축이 되어준다.

위치에 따른 오차 Positional error. 시계를 착용한 사람의 자세와 위치가 바뀌면서 시계에 미치는 중력 방향의 변화로 시간 측정에 오차가 생기는 현상을 말한다.

쿼츠Quartz. 쿼츠 크리스탈은 압전효과를 이용한 쿼츠 배터리로 작동하는 손목시계의 전자 진동을 제어한다.

레이징Raising. 금속을 망치로 두드린 다음 불에 달궜다가 천천히 식히는 열처리를 통해 부드럽게 만들고 늘려서 그릇, 컵, 시계 케이스와 같은 형태를 만드는 과정.

리피터Repeater. 시계에서 정시와 15분 단위 혹은 시간, 분, 15분 단위 등으로 시간을 알려주는 메커니즘. 보통 철사로 만든 징이나 작은 종으로 소리를 낸다.

레푸세Repoussé. 은세공에서 사용되는 기술로, 금속의 뒤쪽에 디자인을 찍어 넣어 부조를 만든 다음 앞쪽에서 판각과 조각 작업을 통해 정교하게 다듬는다. 18세기에 이중 케이스 시계의 외부 케이스에 주로 사용되었다.

셰이크Shake. 피벗이 베어링 내에서 상하좌우로 움직일 수 있는 정도를 말한다. 너무 많이 움직이면 디프팅을 방해하고, 너무 적게 움직이면 부품이 고정될 위험이 있다.

충격 완화 장치 Shock setting. 시계가 충격을 받았을 때 피벗이 부러지지 않도록 보호하는 구성 요소들을 가리키는 용어. 파레-슈트 등이 여기 포함되며, 이 개념은 수 세기에 걸쳐 계속 개발되고 발전해서 다양한 시스템으로 정착했다.

Louis Audemars Quarter Repeater

C. Struthers
Birmingham, b1.

15분마다 시간을 알려주는 기능을 가진 15분 **리피터** 회중시계의 무브먼트. 1860년경 스위스의 루이 벤자민 오데마 제작.

축Staff. 밸런스 축 참조.

온도 보정 Temperature compensation. 열팽창과 수축으로 인한 변동을 보상하기 위해 개발된 다양한 발명품들을 말한다.

투르비용 *Tourbillon*. 아브라함-루이 브레게가 1801년에 개발한 장치로, 이스케이프먼트와 밸런스 부품을 끊임없이 360도 회전하도록 해서 위치에 따른 오차를 줄이는 역할을 한다.

트레인 휠 Train wheels. 시계 무브먼트에서 메인스프링의 동력을 감소시켜 시간 측정에 적합하게 만들기 위해 서로 연결된 일련의 톱니를 새긴 휠과 피니언들을 말한다.

버지Verge. 시계에 가장 먼저 사용되기 시작한 이스케이프먼트. 처음에는 대형 시계에 사용되다가 19세기로 접어들 무렵부터 점점 사용 빈도가 줄었다. 직각을 이루는 두 개의 플래그와 밸런스 축으로 구성되어 있다. 진동하는 밸런스에 고정이 된 축은 앞뒤로 회전하면서 팰릿이 휠의 톱니를 한 번에 한 개씩 풀어주도록 한다. 이 휠은 이스케이프 혹은 크라운 휠이라 부른다.

사진 출처

P1: (위)남아프리카 공화국 킴벌리 소재 맥그리거 박물관. 뼈 사진 © F. D'Errico and L. Backwell/McGregor Museum/Andy Pilsbury. 디지털 에디터: 젠 오쇼너시Jen O'Shaughnessy.

P1: (아래 좌우)영국 런던 소재 과학 박물관 내 시계제작자 박물관 제공.

P2: (위, 아래)영국 옥스포드 소재 애쉬몰리언 박물관 제공.

P5: (위, 아래)영국 런던 소재 과학 박물관 내 시계제작자 박물관 제공.

P6: 영국 뉴아크 뮤지엄 오브 타임키핑 제공.

P7: (위, 아래)제임스 다울링James Dowling 제공.

P8: 케빈 카터Kevin Carter 제공(SNS: kccarter1952).

감사의 말

이 책은 내가 지금까지 경험해 온 삶, 커리어, 교육의 너무도 많은 부분을 담고 있어서, 지금까지 나를 도와준 모든 이들에게 하나하나 똑같은 길이의 감사 인사를 쓰고 싶고 그렇게 하고 싶은 마음이 굴뚝같지만 간단히 요약해 보려 한다.

시계제작의 세계를 소개해 준 내 스승 폴 털비Paul Thurlby 와 짐 카인스Jim Kynes 에게 감사드린다. 보석 제작에 관해서는 피터 슬루사르칙Peter Ślusarczyk 과 에이머 콘야드Eimear Conyard 의 가르침을 통해 많은 것을 배웠다. 역사학자로서 내 연구는 로렌스 그린Lawrence Green 박사와 케네스 퀵켄던Kenneth Quickenden 교수의 지원 없이는 불가능했을 것이다.

이 책은 수많은 출판사에 원고를 보내고, 수없이 거절당하며 출판에 대한 모든 희망을 잃어갈 무렵 계약이 되었다. 나를 발견해서 다시 도전할 수 있도록 응원해 준 커스티 맥락클란Kirsty McLachlan , 내 에이전트 데이비드 갓윈David Godwin 그리고 이 책의 저작권 계약을 제안해 준 편집자 커리티 토피왈라Kirty Topiwala 와 호더Hodder 출판사의 멋진 팀, 레베카 먼디Rebecca Mundy, 재키 루이스Jacqui Lewis, 톰 애킨스Tom Atkins, 헬렌 플루드Helen Flood 그리고 그림 편집을 담당해 준 제인 스미스Jane Smith 등에게 감사의 마음을 보낸다. 홀리 오벤든Holly Ovenden은 아름다운 표지를 디자인해 주었다. 로마 아그라왈Roma Agrawal은 내 비공식 멘토 역할을 맡아 나를 올바른 길로 인도했다. 또, 나를 만난 후 오랜 고생을 마다하지 않고 여러 갈래로 갈라진 이야기들의 가닥을 잡는 데 많은 도움을 준 빅토리아 밀라Victoria Millar를 언급하고 싶다. 내가 힘든 시기를 지날 때 늦은 밤에도 언제나 내게 귀를 기울여주고 위로의 고양이 사진들을 보내줘서 고마워.

연구 관련 문의에 친절히 답해주고 이 방대한 주제의 세부 사항을 확인하는 데 큰 도움을 준 이들이 있다(순서는 임의로 나열했다). 저스틴 코울라피스Justin Koullapis, 알롬 샤하Alom Shaha, 미셸 바스티안Michelle Bastian 박사, 케빈 버스Kevin Birth 교수, 마이클 클레리조Michael Clerizo, 마이크 카디오Mike Cardew, 리처드 홉트로프Richard Hoptroff 박사, 스테파니 데이비스Stephanie Davies 박사, 데이비드 굿차일드David Goodchild, 짐 베버리지Jim Beveridge 박사, 카렌 베넷Karen Bennett, 샹탈 브리스토Chantal Bristow, 프란체스코 디에리코Francesco D'Errico 교수, 케이티 러셀-프리엘Katie Russell-Friel 박사, 로널드 미프수

드Ronald Mifsud, 안나 롤스Anna Rolls, 엘리자베스 도어Elizabeth Doerr, 세스 케네디Seth Kennedy, 데이비드 바리David Barrie, 몰리 휴즈Mollie Hughes, 마이크 프레인Mike Frayn, 제임스 폭스James Fox 박사에게 감사드린다. 또한, 스미스 오브 더비Smith of Derby의 유서 깊고 멋진 작업장을 내게 보여주신 조 스미스Joe Smith 교수와 레나타 티슈크Renata Tyszczuk 교수께도 고마운 마음을 간직하고 있다.

뛰어난 재능의 소유자 앤디 필스버리Andy Pilsbury 는 이 책의 모든 이미지뿐 아니라 그동안 나와 클레이그의 사진 대부분을 찍어 주었다. 우리에게 이렇게 뛰어난 친구들이 있어서 행운이다. 앤디는 2022년, 첫째 아이 포피 필스버리Poppy Pilsbury를 얻었다. 이 기회를 통해 포피의 이름을 종이에 인쇄된 글씨로 영원히 남겨 이 세상에 온 것을 환영한다고 뜻을 전하고 싶다. 환영해, 포피! 사진 편집 기술을 제공해 주신 젠 오쇼너시Jen O'Shaugnessy 와 이 책에 포함된 시계와 물건의 소유자 및 관리인들에게도 감사드린다. 이 책에 대한 그분들의 지원 덕분에 이러한 풍부한 이미지들을 실을 수 있었다.

박물관 당국과 큐레이터들의 지지가 없었으면 내 연구의 많은 부분은 불가능했을 것이다. 특히 다음 분들께 감사의 마음을 표현하고 싶다. 대영박물관British Museum 의 데이비드 톰슨David Thompson, 폴 벅Paul Buck, 올리버 쿡Oliver Cooke, 로라 터너Laura Turner, 뮤지엄 오브 타임키핑Museum of Timekeeping

의 앨런 미들턴Alan Midleton, 알렉스 본드Alex Bond, 이지 데이
비슨Izzy Davidson, 로버트 피니건Robert Finnegan 박사, 데이브
엘리스Dave Ellis. 시계제작자 길드Worshipful Company of
Clockmakers의 안나 롤스Anna Rolls. 맥그리거 박물관McGregor
Museum의 데이비드 모리스David Morris 박사. 애쉬몰리언 박물
관Ashmolean Museum의 에이미 테일러Amy Taylor, 고맙습니다!
전 세계의 시계 관련 물건과 컬렉션에 대한 상세한 목록은 내
놀라운 인스타그램 팔로워들 덕분에 크게 풍부해졌다. 여러
분의 친절한 조언에 감사드립니다.

지난 수년간 우리와 우리 작업실을 지원해 준 여러 교육
기관과 자선 단체들이 있다. 이들을 언급하는 이유는 감사의
마음을 전하고, 이 책에서 설명한 전통 공예나 시계제작의 예
술에 대해 더 알고 싶은 분들을 위해 정보를 제공하기 위함이
다. 영국시계학연구소British Horological Institute, 엘리자베스여
왕장학재단Queen Elizabeth Scholarship Trust, 헤리티지 크래프트
Heritage Crafts 그리고 헤리티지 엔지니어 협회Association of
Heritage Engineers 등이다.

함께 협업할 수 있는 즐거움을 누리게 해 준 창의성 넘
치는 일단의 동료 제작자들에게도 감사드린다. 우리가 하는
일을 가능하게 만드는 사람들이 바로 그들이다. 헨리 디킨
Henry Deakin, 마술사(본명 스티브 크럼프Steve Crump), 데이브 펠로
우스 Dave Fellows, 앤드류 블랙Andrew Black, 아니타 테일러Anita

Taylor, 리암 콜Liam Cole, 샐리 모리슨Sally Morrison, 루이스 히스Lewis Heath, 플로리안 뷔르트Florian Güllert, 마이크 카우저Mike Couser, 닐 베이시Neil Vasey, 아누스카 휴메Anousca Hume, 가비 구치Gabi Gucci, 메이 무어헤드May Moorhead, 캘럼 로빈슨Callum Robinson, 마리사 지아나시Marisa Giannasi 그리고 우리의 지극히 인내심 있는 친구이자 감독인 잔 로슨Jan Lawson에게 특별히 감사드린다. 크레이그와 내게는 없는 잔의 예리한 사업적 통찰력이 없었다면, 우리가 여전히 작업실을 운영하고 있을지 의문이다.

또한 내 건강 유지를 도와주시고 시계제작을 계속할 수 있도록 도와준 샤론 레티시에Sharon Letissier와 니라즈 미스트리Niraj Mistry 박사께도 감사드린다.

내 영혼의 동반자이자 영감이며 일러스트레이터인 크레이그 스트러더스Craig Struthers에게, 이 책을 쓰는 동안 그리고 지난 20년 동안 내게 보내준 변함없는 지지와 응원에 고맙다는 마음을 보내고 싶다. 그리고 네 발 달린 가족들, 내가 긴장을 늦추지 않도록 만들고 필요할 때마다 포옹해 주는 내 작은 털북숭이들, 시계견 아치, 고양이 앨라배마와 이슬라, 그리고 쥐 모리시에게도 고맙기 그지없다. 그리고, 물론 내 부모님과 가족들, 오늘날 제가 이렇게 된 것은 모두 여러분 덕분입니다. 그러니 제가 성가시게 굴면 저를 잘못 키운 여러분 자신을 탓하세요!

이 책을 집필하는 도중 두 번의 큰 상실을 겪었다. 애덤 필립스Adam Phillips는 영국의 마지막 독립 시계 케이스 제작자로 2017년 크레이그를 비공식 견습생으로 받아들여 기술을 전수해 주었다. 그의 관대함과 지식, 친절함을 우리는 절대 잊지 못할 것이다. 또한 항상 새 (오래된) 도구가 필요한 이유를 크레이그에게 제공해 준 것도 절대 잊지 않을 것이다. "선반은 많을수록 좋다"가 선생님의 모토였다. 내 충실한 오랜 친구 인디는 내가 이 책을 쓰는 시간의 대부분을 내 무릎 위에서 지냈다. 그녀는 내가 원고를 보낸 다음날 세상을 떠났다. 정말로 대단한 고양이였다. 정말로 대단한 고양이…. 동료 고양이 집사로서 애덤도 이 책을 인디와 함께 헌정받는 것을 싫어하지 않을 것 같다. 이 책을 애덤과 인디에게 바친다.

추가 정보

물건을 기반으로 한 역사는 연구 대상인 물건 자체를 실제로 보고 관찰할 수 있어야만 가능하다. 전 세계 박물관과 미술관에 소장된 시계 관련 소장품이 없었다면 이 책을 쓰는 것이 불가능했을 것이다.

이 책에 묘사된 시계나 이와 비슷한 예를 보고 싶은 독자들을 위해 시계 컬렉션을 대중에게 공개하는 박물관 목록을 작성해 보았다. 박물관에 따라 소장하고 있는 시계 작품을 다른 예술품과 함께 섞어 전시해 둔 곳도 있어서 컬렉션을 모두 보기 위해서는 좀 많이 걸어 다녀야 할 수도 있다. 여기에서 거론한 박물관 중 일부는 규모가 작아서 날마다 개관을 하지 않는 곳도 있으니 미리 확인하고 방문하는 것이 좋다. 미리 예약하면 도슨트의 안내나 전시되지 않은 소장품을 관람할 기회를 주는 박물관도 있다. 사전에 박물관에 연락해서 현재 전시된 작품이 어떤 것들인지, 혹시 전시되지 않은 작품을 큐레이터의 안내로 볼 수 있는지 문의해 보는 것도 좋은 방법이다!

유럽

영국

베리 세인트 에드먼즈: 모이시스 홀 박물관Moyse's Hall Museum

코번트리: 코번트리 시계 박물관Coventry Watch Museum

런던: 과학 박물관 내 시계제작자 협회 컬렉션 Clockmakers' Company Collection, Science Museum, 대영박물관British Museum, 그리니치 천문대 Royal Observatory, 월리스 컬렉션Wallace Collection, 빅토리아 앨버트 박물관Victoria & Albert Museum

뉴어크: 뉴어크 뮤지엄 오브 타임키핑Museum of Timekeeping in Newark

옥스포드: 애쉬몰리언 박물관Ashmolean Museum, 과학사 박물관History of Science Museum

오스트리아

칼슈타인: 시계 박물관Uhrenmuseum

빈: 빈 박물관 내 시계 박물관Uhrenmuseum of the Wien Museum

벨기에

메헬렌: 시계 박물관Horlogeriemuseum

덴마크

오르후스, 구시가지: 덴마크 시계 박물관The Danish Museum of Clocks and Watches

핀란드

에스포: 핀란드 시계 박물관Finnish Museum of Horology

프랑스

브장송: 시간 박물관Musée du Temps

클뤼스: 시계제작 및 절삭 공구 박물관Musée de l'Horlogerie et du Décolletage

파리: 국립 예술 및 공예 컨서바토리Conservatoire National des Arts et Métiers, 예술 및 공예 박물관 Musée des Arts et Métiers, 브레게 박물관Breguet Museum

생 니콜라 달리에르몽: 시계제작 박물관Musée de l'Horlogerie

독일

알브슈타트: 필립-마테우스-한 박물관 hilipp-Matthäus-Hahn-Museum

푸르트방겐: 독일 시계 박물관Deutsche Uhrenmuseum

글라스휘테: 독일 시계 박물관Deutsches Uhrenmuseum

하르츠, 바트 그룬트: 시계 박물관Uhrenmuseum

뉘른베르크: 칼 게브하르트 시계 박물관 Uhrensammlung Karl Gebhardt

포르츠하임: 기술, 보석 및 시계 산업 박물관 Technisches Museum der Pforzheimer, Schmuck und Uhrenindustrie

슈람베르크: 융한스 테라센바우 박물관Junghans Terrassenbau Museum

이탈리아

바르디노 누오보: 토보 산 쟈코모 시계 박물관 Museo dell'Orologio di Tovo S.Giacomo

밀라노: 국립 레오나르도 다빈치 과학 기술 및 기술 박물관Museo Nazionale della Scienza e della Tecnologia Leonardo da Vinci

네덜란드

프라네커: 아이제 아이싱가 천문관Eise Eisinga Planetarium

야우레: 야우레 박물관Museum Joure

잔담: 잔세 시간 박물관Museum Zaanse Tidj

루마니아

세인트 플로이에슈티 프라호바: 니콜라에 시마체 시계 박물관Nicolae Simache Clock Museum

러시아

모스크바: 뮤지엄 컬렉션Museum Collection

시베리아 앙가르스크: 앙가르스크 시계 박물관 Angarsk Clock Museum

상트페테르부르크: 에르미타주 국립 박물관The State Hermitage Museum

스페인

마드리드: 골동품 시계 박물관Museo del Reloj Antiguo

스위스

바젤: 키르슈가르텐 하우스-역사 박물관Haus zum Kirschgarten–Historisches Museum

플뢰리에: L.U.CUEM -시간의 흔적L.U.CUEM– Traces of Time

제네바: 미술 및 역사 박물관Musée d'Art et d'Histoire, 파텍 필립 박물관Patek Philippe Museum

라쇼퐁: 국제 시계제작 박물관Musée International d'Horlogerie, MIH

르 로클: 샤토 데 몽Château des Monts

발레주: 시계제작자의 공간Espace Horloger

취리히: 바이에르 시계 박물관Beyer Clock and Watch Museum

아프리카 ────────

남아프리카 공화국

킴벌리: 맥그리거 박물관McGregor Museum

아시아 ────────

중국

베이징: 자금성 고궁박물원The Palace Museum

마카오: 마카오 시계 박물관Macau Timepiece Museum

옌타이: 폴라리스 시계 문화 유산 박물관Polaris Heritage Museum of Clock and Watches

일본

히로시마: 히로시마 평화 기념 박물관The Hiroshima Peace Memorial Museum

나가노: 기쇼도 스와코 시계 박물관Gishodo Suwako Watch and Clock Museum

도쿄: 국립 자연 과학 박물관National Museum of Nature and Science, 세이코 박물관The Seiko Museum, 다이묘 시계 박물관Daimyo Clock Museum

태국

방콕: 골동품 시계 박물관Antique Clock Museum

호주

멜버른: 빅토리아 박물관Museums Victoria

뉴질랜드

황가레이: 클래팜스 시계 박물관Claphams Clock Museum

중동

이스라엘

예루살렘: 마이어 이슬람 예술 박물관 내 살로몬 컬렉션The Salomons Collection, Meyer Museum of Islamic Art

튀르키예

이스탄불: 톱카프 궁전Topkapı Palace

북미

캐나다

앨버타, 피스 리버: 앨버타 중국 시계 박물관The Alberta Museum of Chinese Horology

온타리오, 딥 리버: 캐나다 시계 박물관The Canadian Clock Museum

멕시코

멕시코시티: 시간 박물관Museo del Tiempo

푸에블라: 시계제작 박물관Museo de Relojeria

미국

캘리포니아, 샌프란시스코: 인터벌-롱 나우 파운데이션The Interval – The Long Now Foundation

코네티컷, 브리스톨: 미국 시계 박물관American Watch & Clock Museum

워싱턴 D.C.: 국립 항공 우주 박물관National Air and Space Museum

일리노이, 에반스톤: 할림 타임 앤 글래스 박물관Halim Time & Glass Museum

메릴랜드, 볼티모어: B&O 철도 박물관B&O Railroad Museum

매사추세츠, 노스 그래프턴: 윌라드 하우스 앤 클록 박물관The Willard House and Clock Museum

매사추세츠, 월섬: 찰스 리버 박물관Charles River Museum

뉴욕, 뉴욕: 메트로폴리탄 미술관Metropolitan Museum of Art, 프릭 컬렉션The Frick Collection

오하이오, 해리슨: 오빌 R. 헤이건스 시간의 역사 박물관Orville R. Hagans History of Time Museum. AWCI

펜실베이니아, 콜럼비아: 국립 시계 박물관National Watch & Clock Museum, NAWCC

펜실베이니아, 필라델피아: 필라델피아 미술관Philadelphia Museum of Art

텍사스, 록하트: 사우스웨스트 시계 박물관Southwest Museum of Clocks and Watches

남미

브라질

상파울루: 시계 박물관Museu do Relógio (디마스 데 멜로 피멘타 Dimas de Melo Pimenta 교수)

여기 열거된 박물관들 외에도 시계 컬렉션을 소장한 박물관들이 많다.

뒤를 향한 머리말

1. 홈A Hom. A (2020)이 인용한 BBC 통계. 가장 많이 사용되는 명사 10위에 든 단어 중 시간과 관련 있는 단어 '년year', '날day'도 포함되어 있었다.

1장. 태양을 마주하기

2. Wadley, L. (2020).
3. Walker, R. (2013), p. 89.
4. Helfrich-Förster, C.; Monecke, S.; Spiousas, I.; Hovestadt, T.; Mitesser, O. and Wehr, T.A. (2021).
5. Häfker, N.S.; Meyer, B.; Last, K.S.; Pond, D.W.; Hüppe, L.; Teschke, M. (2017), p. 2194.
6. Popova, M. (2013).
7. 프라델레스Pradelles 하이에나 뼈 또한 규칙적인 평행 절개 자국이 있는 유물이다. 이 무늬는 사냥감을 해체해서 고기를 얻는 과정에서 만들어졌다고 보기 어렵고, 레봄보 뼈와 비슷한 시기에 만들어진 것으로 추정된다. 한 가지 다른 점은 프라델레스 뼈는 우리의 사촌인 네안데르탈인이 깎은 것이라는 사실이다. 절개 자국은 장식일 수도 있고, 일정 수준의 숫자 개념이 있었다는 증거일 수도 있다. Wragg Sykes, R. (2020) p. 254참조.
8. 이상고 뼈는 현재 브뤼셀에 소재한 벨기에 왕립 자연과학 연구소Royal Belgian Institute of Natural Sciences에 상설 전시되어 있다.
9. Thompson, W.I. (2008), p. 95.
10. Snir, A.; Nadel, D.; Groman-Yaroslavski, I.; Melamed, Y.; Sternberg, M.; Bar-Yosef, O.; et al. (2015).
11. Zaslavsky, C. (1999), p. 62.
12. Wragg Sykes, R. (2020), pp. 278-9.
13. Rameka, L. (2016), p. 387.
14. Zaslavsky, C. (1999), p. 23.
15. Locklyer, N.J. (2006), p. 110 참조. 천문학에 심취한 이집트인들은 지구를 비롯한 혹성들이 태양을 중심으로 공전한다는 태양중심설, 다시 말해 지동설을 개척

한 장본인들일 수도 있다. 그러나 알렉산드리아의 프톨레마이오스가 주장한 지동설이 몇 백 년 동안 훨씬 큰 영향력을 떨치면서 주류 이론으로 받아들여졌다.

16. Ibid., p. 343.
17. Walker, R. (2013), p. 16.
18. Ibid., pp. 18-19.
19. 이 설명은 893년에 작성된 알프레드 대왕의 왕실 전기 작가 애서 주교Bishop Asser 가 작성한 기록에 나와 있다.
20. Balmer, R.T. (1978), p. 616.
21. May, W.E. (1973), p. 110.

2장. 기발한 장치들

22. Masood, E. (2009), p. 163.
23. Ibid., p. 74.
24. Zaimeche, S. (2005), p. 10.
25. Masood, E. (2009), p. 74.
26. Foulkes, N. (2019), p. 64.
27. Morus, I.W. (2017), p. 108, as cited by Foulkes, N. (2019), p. 65.
28. Foulkes, N. (2019), p. 65 참조. 애석하게도 소송의 시계는 소실되고 말았다. 1127년 중국을 침공한 타타르족이 시계를 가져갔지만, 타타르족 학자들은 시계를 해체했다가 재조립해서 작동시키는 데 실패했다. 현재 이와 가장 유사하면서 제대로 작동하는 시계는 일본의 주요 시계제작 중심지 중 하나인 스와 지역에 위치한 기쇼도 스와코 시계 앞에 서 있는 실물 크기의 복제품이다. 이 박물관은 유명한 시계 제조업체인 세이코사에서 자동차로 그리 멀지 않은 곳에 있다.
29. Yazid, M.; Akmal, A.; Salleh, M.; Fahmi, M.; Ruskam, A. (2014).
30. Masood, E. (2009), p. 163.
31. Stern, T. (2015), p. 18 참조. 스턴은 Bedini, Doggett & Quinones (1986), p. 65 에 실린 리처드 스미스Richard Smith 편찬한 필사본 인용 문구를 재인용했다.
32. Glennie, P. & Thrift, N. (2009), p. 24.
33. Ibid.
34. Oestmann, G. (2020), p. 42.
35. 옥스포드 대학의 보들레이언 도서관은 볼벨을 소장하고 있다. 소장 번호 MS. Savile 39, fol. 7r. https://www.cabinet.ox.ac.uk/lunar-tool#/media=8135 (2021년 4월 19일 확인).
36. Baker, A. (2012), p. 16.
37. Álvarez, V.P. (2015), p. 64.
38. Johnson, S. (2014), p. 137.
39. Álvarez, V.P. (2015), p. 65.
40. Lester, K. & Oerke, B. V. (2004), p. 376 참조. 사실 "48시간이나 작동을 하며"

라는 주장은 의심스럽다. 이 시대에는 하루 넘게 작동하는 시계가 드물었다.

3장. 시간은 흐르는 물과 같다

41. 호라티우스 Horace의 'Pallida mors aquo pulsat pede pauperum tabernas Regumque turres' (창백한 죽음은 상대를 가리지 않는 공정함으로 가난한 자의 오두막과 왕의 궁전을 가리지 않게 두드린다.)

42. Thompson, A. (1842), pp. 53-54.

43. 재거는 매리 여왕의 것으로 추정되는 해골시계가 솔즈베리에 1822년까지 있었다는 증거를 찾았다. 그리고 그 시계를 보고 19세기에 두 개의 복제품이 제작되었을 것이라고 추측한다. 빅토리아 여왕의 스코틀랜드인 시계제작자가 1863년 쓴 편지에 "스코틀랜드의 여왕 메리 소유였던 죽음의 머리 시계"에 대한 묘사가 나온다. 편지에 따르면 "불운의 메리 여왕이 처형 전에" 이 시계를 메리 세튼에게 주었고, 그 후 캐서린 세튼을 거쳐 존 딕 로더 Sir John Dick Lauder경에게 전해져 그 가문에서 시계를 보관한 것으로 보인다. 그러나 1895년, 성 바울 교회학회 St Paul's Ecclesiological Society의 거래 장부에는 '달콤한 종소리가 나는 종교의례용 시계로, 시간마다 울리는 종이 들어 있고, 해골 모양의 케이스에는 문양이 빼곡히 새겨져 있다… 이 시계는 토마스 W. 딕-로더 경Sir Thomas W. Dick-Lauder 소유의 시계와 매우 유사하다. 그는 그 시계가 메리의 시중을 들던 귀족 여성들 중 가장 아꼈던 12명에게 선물한 것 중 하나라고 말한 바 있다'고 기록되어 있다.

44. 메리 여왕이 홀리루드 궁전에 머물던 1562년 작성된 소장품 목록에는 인상적이고 다양한 품목이 올라 있다. 그중에는 제트 블랙, 진홍색, 은 장식이 된 주황색뿐 아니라 그녀가 가장 좋아했던 흰색 가운 등 60여 벌의 의상이 포함되어 있었고, 그중 많은 수가 화려한 자수 장식이 되어 있었다. 거기에 더해 금, 은, 벨벳, 새틴, 실크 등의 옷감이 옷으로 만들어지기를 기다리고 있었다. 보라색 벨벳과 족제비 털로 만들어진 망토와 소매 없는 망토가 14벌, 코르셋 34벌도 있었다.

45. "내 끝이 나의 시작이다En ma Fin git mon Commencement"라는 문구는 메리 여왕이 감금되어 있는 동안 자수로 새겼다고 전해진다.

46. Fraser, A. (2018), p. 669.

47. 홀바인이 그린 초상화에는 확실히 시계로 보이는 물건을 착용한 부유한 후원자들이 많이 등장한다. 그중에는 프랑스 대사 샤를 드 솔리에Charles de Solier (1480-1552), 스위스 상인 요르그 기스제Jörg Gisze (1497-1562), 그리고 토마서 모어 경Sir Thomas More (1478-1535)과 그의 가족의 집단 초상화 등이 있다.

48. Cummings, G. (2010), p. 14.

49. 향을 피우는 관습은 섬세한 후각을 가진 16세기 유럽인들이 제대로 된 하수 시설이 갖춰지지 않은 도시에서 풍기는 악취에 대처하기 위한 중요한 수단이었을 뿐 아니라 역병 같은 질병의 감염을 막아준다고 믿어지기도 했다.

50. 이 보물을 누가, 언제, 왜 거기에 묻었는지 알아내지 못했다. 보물을 돌보는 책임을 맡은 헤이즐 포시스Hazel Forsyth는 이 문제에 관해 상당한 양의 연구 결과를 축

적했다. 그녀는 1642년에 시작된 내전(왕당파와 의회파 간의 갈등으로 벌어진 내전으로 1642년에서 1651년까지 이어졌다―옮긴이)에 참전하러 떠난 어느 금세공사가 이 보물을 묻었지만, 전쟁에서 돌아오지 못했을 것이라는 이론을 내놓았다. 어쩌면 안전을 찾아 외국으로 도주한 금세공사였을 가능성도 있다. 어느 경우가 됐든 그는 제임스 1세 시대에 그 자리에 살았던 금세공사일 확률이 높다. 하지만 그가 누구였든 간에 묻어둔 보물을 찾으러 올 때까지 목숨을 부지하지 못한 것은 확실하다.

51. 약 500년 전에 일어난 이 대규모 학살 사건에 대해 공식적인 조사가 이루어지거나 문서화를 하려는 시도가 거의 없었기 때문에 사망자와 실향민 수에 대한 추정치가 출처에 따라 크게 달라지는 것은 어쩔 수가 없는 듯하다. 여기에 인용한 숫자는 Murdoch, T.V. (1985), p. 32를 참조했다.

52. Ribero, A. (2003), p. 65.

53. Ibid., p. 73.

54. 시계는 이미 너무 유용한 도구가 되었기 때문에 엄격한 청교도마저도 시계를 포기하지는 못했다. 대영박물관 컬렉션에는 의문의 여지는 있지만 크롬웰 소유였다고 추정되는 시계가 있다. 이외에도 2019년 컴브리아 지방의 칼라일에서 열린 경매에서 이 청교도 혁명의 지도자가 사용했다고 주장한 시계가 등장했다.

55. 특히 위그노들은 부지런한 노동 습관으로 유명했다. 1708년 에드워드 워틀리 Edward Wortley는 하원에서 위그노들에게는 노동이 "하나님이 부여한 소명을 실천하는 것"이라고 설명했다. 시계제작자 다비드 부게는 스레드니들 스트리트에 있는 프랑스 교회에서 네 차례나 장로로 봉사를 한 독실한 신교도였다. 그는 신이 준 재능을 최대한 발휘하지 않는 일은 죄악이라 생각했을 가능성이 높다. 칼뱅주의 신앙을 가진 사람들에게 시간은 하나님의 계획이 자연에 드러난 것으로 시간을 지키는 것은 종교적으로 중요한 문제였다.

56. Rossum, G.D.v. (2020), p. 85.

57. Richardson, S. (1734) as cited by Rossum, G.D.v. (2020), p. 85.

58. Baxter, R. (1673).

59. Fraser, A. (1979) as cited by Rossum, G.D.v. (2020), p. 74.

60. Murdoch, T.V. (1985), p. 51.

61. Ibid.

62. Thompson, W.I. (2008), p. 40.

4장. 황금기

63. 새뮤얼 피프스의 일기장. 1665년 8월 22일 화요일. https://www.pepysdiary.com/diary/1665/08/22/

64. House of Commons (1818), p. 4. 만드는 데 인간의 노력이 상당히 들어간 물건은 만든 사람의 작품이 되어서, 창작자의 개성이 완성품에 미묘하게 반영이 될 뿐 아니라 서명이나 제작자 표시 등 더 노골적인 자취를 발견할 수 있다. 훈련된 눈으로 보면 이런 표시는 마치 텍스트처럼 읽을 수 있다.

65. Cummings, N. & Gráda, C.Ó. (2019), pp. 11-12.

66. Dickinson, H.W. (1937), p. 96; Tann, J. (2015) as cited by Cummings, N. & Gráda, C.Ó. (2019), p. 19.

67. Thompson, E.P. (1967), p. 65.

68. Stubberu, S.C.; Kramer, K.A.; Stubberud, A.R. (2017), p. 1478.

69. Abulafi a (2019), pp. 17, 812-13.

70. Sobel, D. (1995), p. 52.

71. Robert FitzRoy as cited in Barrie, D. (2014), p. 227.

72. Henry Raper as cited in Barrie, D. (2014), p. 89.

73. Baker, A. (2012), p. 15.

74. Baker, A. (2012), pp. 23-24.

75. National Maritime Museum, Flinders' Papers FLI/11 as cited in Barrie, D. (2014), p. 204.

76. Wilkinson, C. (2009), p. 37.

77. Rodger, N.A. (2005), pp. 382-3 as cited in Barrie, D. (2014), p. 115.

78. Good, R. (1965), p. 44.

5장. 시간을 위조하다

79. 머지가 1767년 레버 이스케이프먼트를 도입하긴 했지만, 당시의 평균적인 회중시계와 그의 시계의 차이는 요즘 나와 있는 가장 정확한 기계식 시계라 자부하는 제니스 디파이Zenith Defy와 간단한 타이멕스의 차이 정도에 비견할 수 있을 것이다. 당시에는 여전히 버지 이스케이프먼트가 표준이었다.

80. Chapuis & Jaquet (1970), pp. 80-82.

81. Heaton, H. (1920), pp. 306-11 as cited by Cummings, N. & Gráda, C.Ó. (2019), p. 6.

82. Ganev, R. (2009), pp. 110-11.

83. Cummings, N. & Gráda, C.Ó. (2019), p. 6.

84. Clarke, A. (1995) as cited by Ganev, R. (2009), p. 5.

85. Erickson, A.L., p. 2.

86. 자료는 자주 업데이트되고 있다. 가장 최근 통계를 보려면 https://www.ahsoc.org/resources/women-and-horology/ 참조.

87. Landes, D. (1983), p. 442.

88. Neal, J.A. (1999), p.109.

89. 피트는 이 기간 각종 세금을 도입했다. 그중에는 프랑스 혁명과 피할 수 없었던 나폴레옹 전쟁 등으로 인한 재정적 부담을 보충하고자 도입한 소득세도 있었다.

90. Rossum, G.D.v. (2020), p. 78.

91. Ibid., p. 73.

92. Ibid., p. 86.

93. Styles (2007) as cited by Verhoeven, G. (2020), p. 111.

94. Verhoeven, G. (2020), p. 105. 시계를 소유한 사람의 수가 늘어난 것 또한 시간에 대한 인식이 향상되는 데 일조했다. 1675년만 해도 시계를 소유한 가정이 11퍼센트에도 못 미치던 것이 30년 후에는 57%로 늘어났다. 1770년대에는 올드 베일리를 거쳐간 사건의 10% 이상이 시계 절도 사건과 관련이 있었다. 이런 현상이 벌어지는 동안 시계 평균 가격은 계속 하락해서 한 세기 사이에 75%가 떨어졌다. 그럼에도 불구하고 18세기에서 19세기 초에 벌어진 시계 절도 사건 피해자의 절반 이상이 전체 인구의 소수에 불과한 부유한 시계 소유주들이었다.

95. House of Commons (1812), p. 67.

6장. 혁명의 시간

96. Salomons, D.L. (1921) p.5.

97. 이 비유는 뛰어난 재능을 지닌 시계 복원가이자 로즈 엔진 터너인 세스 케네디 Seth Kennedy의 표현을 인용한 것이다.

98. 브레게의 개인적 삶을 연구하는 일은 쉽지 않았다. 그는 당대의 유명 인사였고, 그에 관한 글은 이후 계속 쓰였지만, 시계제작을 제외한 분야는 사실에 근거한 문헌이 거의 없다. 그의 삶에 관해 쓰면서 가족에 대한 언급은 거의 나오지 않는 책들도 있고, 심지어 작품을 완성한 날짜조차 서로 다르다. 나는 중간 정도의 위치를 유지하기 위해 최선을 다했다.

99. 아버지를 잃은 나이에 대한 기록도 서로 달라 10세~12세 등 설이 분분하다.

100. Breguet, C. (1962), p. 5.

101. Ibid., p. 6.

102. 이 기간은 '공포 시대'라고도 부른다. 프랑스어로는 La Terreur라고 한다.

103. 역설적이게도, 단두대는 처형에 반대하는 의사였던 조제프이냐스 기요탱Joseph-Ignace Guillotin이 더 인간적인 처형 방법의 일환으로 발명했다. 이 장치는 이탈리아와 스코틀랜드에서 사용하던 기존의 슬라이드식 도끼 디자인을 향상시켜 신속하고 깔끔한 처형을 보장했다.

104. 이 증언, 그리고 이와 유사한 수많은 증언은 Anon(1772)에서 찾아볼 수 있다.

105. Antiquorum (1991).

106. Daniels, G. (2021), p. 6.

107. 여기 언급된 시계는 2020년 7월 14일 소더비에서 경매를 통해 1,575,000파운드 [약 29억]에 팔렸다. 책에 나오는 이 시계에 대한 묘사는 경매 카탈로그의 도움을 받았다. 카탈로그에 실린 묘사는 https://www.sothebys.com/en/buy/auction/2020/the-collection-of-a-connoisseur/breguetretailed-by-recordon-london-a-highly에서 풀 버전을 볼 수 있다.

108. Mills, C. (2020), p. 301.

109. Shaw (2011).

110. 윤년도 계산에 넣기 위해 매 4년마다 '혁명 축제'로 쉬는 날을 하루 더 추가했다.

111. Daniels, G. (2021), p. 7.

112. Ibid., p. 9.

113. Salomons, D.L. (2019), pp. 11-12.

114. Breguet, C. (1962), p. 10.

7장. 시간에 맞춰 일하기

115. 영국의 사회 역사학자이자 정치 운동가인 E.P.톰슨의 기념비적 논문 '시간, 노동 규율, 산업자본주의'는 시간이 자연의 힘에서 조직의 통제의 힘으로 변모해간 과정을 이해하는 데 큰 도움이 되는 자료다. 흥미가 있다면, 톰슨의 원 논문과 거기서 영향을 받아 작성된 여러 논문들을 찾아 읽어보기를 강력히 권한다.

116. Thompson, E.P. (1967), p. 61. 근무 시간제와 근무 시간에 따른 임금 지급의 개념은 16세기로 거슬러 올라간다. Glennie and Thift (2009), p. 220 참조.

117. Edmund Burke, cited by Ganev, R. (2009), p. 125.

118. Myles, J. (1850), p. 12. Chapters in the Life of a Dundee Factory Boy, an autobiography, James Myles, 1850

119. Peek, S. (2016). 노커-어퍼들이 런던 생활에서 차지하는 의미가 너무도 중요해서 찰스 디킨스의 《위대한 유산》에도 노커-어퍼가 울음 씨를 깨우는 장면이 등장한다. 노커-어퍼는 금방 사라지기는커녕 꽤 최근까지도 존재했다. 영국의 마지막 노커-어퍼가 장난감총을 손에서 놓은 것은 1970년대에 들어선 이후다.

120. Alfred, S. K. (1857) quoted by Thompson, E.P. (1967), p. 86.

121. Rev. J. Clayton's Friendly Advice to the Poor (1755), quoted by Thompson, E.P. (1967), p. 83.

122. 템플(1739-1796)은 노섬블랜드 지역의 버릭-어폰-트위드 출신으로 에든버러 대학에서 교육을 받았다. 그는 종교, 권력, 도덕성에 대한 자신의 견해를 밝힌 다수의 논문을 출간했다.

123. Anon. (1772).

124. Newman, S. (2010), p. 124.

125. Mills, C. (2020), p. 300.

126. Mills, C. (2020), p. 308.

127. Thompson, E.P. (1967), pp. 91-92.

128. Hom, A. (2020), p. 210.

129. Thompson, E.P. (1967), pp. 56-97.

130. Collier, M. (1739), pp. 10-11. 'The Woman's Labour: an Epistle to Mr. Stephen Duck; in Answer to his late Poem, called The Thresher's Labour' (1739), pp. 10-11.

131. Ganev, R. (2009), p. 120.

132. Stadlen, N. (2004), p. 86. 출산한 지 얼마 되지 않은 어머니 중 하나는 인터뷰 중 이렇게 선언한다. "시계로 보는 시간은 더는 아무 의미도 없어요."

133. Sophie Freeman, 'Parents fi nd time passes more quickly, researchers reveal', The Times, 22 February 2021; Popova, M. (2013).

134. House of Commons (1817), p. 15.

135. House of Commons (1817), p. 5.

136. Hoult, J., 'Prescot Watch-making in the xviii Century', Transactions of the Historic Society of Lancashire and Cheshire, LXXVII (1926), p. 42, as cited by Cummings, N. & Gráda, C.Ó. (2019), p. 27.

137. Church, R.A. (1975), p. 625 as cited by Cummings, N. & Gráda, C.Ó. (2019), p. 24.

8장. 행동파를 위한 시계

138. Ramirez, A. (2020), p. 49.

139. Ibid., figs 18-19.

140. 'Corn Exchange Dual-Time Clock', Atlas Obscura, https://www.atlasobscura.com/places/corn-exchange-dualtime-clock.

141. Bartky, I. (1989), p. 26.

142. Slocum as cited in Barrie, D. (2014), p. 245.

143. 방사성 야광 페인트의 위험성은 '라듐 걸'들이 입은 비극적인 피해로 주류의 관심을 받게 되었다. 그들은 1910~1920년대에 가는 붓에 방사성 페인트를 묻혀 시계판을 그리는 작업을 했다. 이들의 이야기는 9장에서 더 자세히 살펴보자.

144. Scott, R.F. (1911), p. 235.

145. Scott, R.F. (1911), p. 235.

146. 'South African concentration camps', New Zealand History, https://nzhistory.govt.nz/media/photo/south-african-concentration-camps (accessed 23 November 2022).

147. 'The History of the Nato Watch Strap', A. F. 0210, https://af0210strap.com/the-history-of-the-nato-watch-strap-nato-straps-in-the-great-war-wwi-era/ (accessed 12 January 2023).

148. Ibid.

149. Ibid.

150. Geffen (2010)

151. 개버딘은 보통 모직이나 면을 원료로 해서 튼튼하고 내구성이 강하도록 촘촘하게 짜여진 직물이다. 제복, 코트, 야외 활동용 복장을 만드는 데 많이 사용됐다.

9장. 점점 빨라지는 시간

152. Gohl, A. (1977), p. 587 as cited in Glasmeier, A. (2000), p. 142.

153. Cartoonist M.C. Fisher cited in Cummings, G. (2010), p. 232.

154. Dowling, J.M. & Hess, J.P. (2013), p. 11.

155. Moore, K. (2016), p. 171.
156. Ibid., p. 25.
157. Ibid., p. 9.
158. Ibid., p. 11.
159. Ibid., p. 45.
160. Ibid., p. 8.
161. Ibid., pp. 7-8.
162. Ibid., p. 10.
163. Ibid., pp. 9-10.
164. Ibid., p. 16.
165. Ibid., pp. 18-19.
166. Ibid., p. 111.
167. Ibid., p. 224.

10장. 인간과 기계

168. Davidson, H. (2021).
169. 'Reinventing Time: The Original Accutron', Hodinkee, https://www.hodinkee.com/articles/reinventing-time-original-bulova-accutron (accessed 23 November 2022).
170. Glasmeier, A. (2000), p. 243.
171. Finlay Renwick, 'The Digital Watch Turns 50: A Definitive History', Esquire, 18 November 2020, https://www.esquire.com/uk/watches/a34711480/digital-watch-history/.
172. Yoshihara, N. (1985).
173. Unknown Author (2019).
174. South China Post (1993), p. 3; Hong Kong Trade and Development Council (1998) as cited in Glasmeier, A. (2000), p. 231.
175. Glasmeier, A. (2000), p. 233.
176. Unknown Author (2019).
177. 'Deep Space Atomic Clock', NASA, https://www.nasa.gov/mission_pages/tdm/clock/index.html (accessed 23 November 2022).

11장. 마지막 순간

178. Seneca, L.A. (c. 49 AD), p. 11.

참고문헌

Abulafi a, D. (2019). *The Boundless Sea: A Human History of the Oceans.* Allen Lane, London.

Albert, H. (2020). 'Zoned out on timezones.' *Maize*, 30 January. Available at: https://www.maize.io/magazine/timezones-extreme-jet-laggers (Accessed 12 May 2021).

Álvarez, V.P. (2015). 'The Role of the Mechanical Clock in Medieval Science'. *Endeavour*, 39 (1), pp. 63–8.

Anon (1772). *A View of Real Grievances, with Remedies Proposed for Redressing Them.* London.

Anon (1898). *The Reign of Terror, a Collection of Authentic Narratives of the Horrors Committed By the Revolutionary Government of France Under Marat and Robespierre.* J.B. Lippincott Company, Philadelphia.

Antiquorum (1991). *The Art of Breguet.* Habsburg Fine Art Auctioneers. Sale catalogue 14 April. Schudeldruck, Geneva.

Baker, A. (2012). ' "Precision", "Perfection", and the Reality of British Scientifi c Instruments on the Move during the 18th Century'. *Material Culture Review*, 74–5 (Spring), pp. 14–28.

Baker, S.M. and Kennedy, P.F. (1994). 'Death by Nostalgia: A Diagnosis of Context-Specifi c Cases'. *NA – Advances in Consumer Research*, vol. 21, eds. Chris T. Allen and Deborah Roedder John, Provo, UT: Association for Consumer Research, pp. 169–74.

Balmer, R.T. (1978). 'The Operation of Sand Clocks and Their Medieval Development'. *Technology and Culture*, 19 (4), pp. 615–32.

Barrell, J. (1980). *The Dark Side of the Landscape: The Rural Poor in English Painting.* Cambridge University Press, Cambridge.

Barrie, D. (2015). *Sextant: A Voyage Guided by the Stars and the Men Who Mapped the World's Oceans.* William Collins, London.

Barrie, D. (2019). *Incredible Journeys: Exploring the Wonders of Animal Navigation.* Hodder & Stoughton, London.

Bartky, I. (1989). 'The Adoption of Standard Time'. *Technology and Culture*, 30 (1), pp. 25–56.

Baxter, R. (1673). *A Christian directory, or, A summ of practical theologie and cases of conscience directing Christians how to use their knowledge and faith, how to improve all helps and means, and to perform all duties, how to overcome temptations, and to escape or mortifi e every sin: in four parts . . . /* by Richard Baxter. Printed by Robert White for Nevill Simmons, London.

Beck, J. (2013). 'When Nostalgia Was a Disease'. *The Atlanti,* 14 August. Available at: https://www.theatlantic.com/health/archive/2013/08/when-nostalgia-was-a-disease/278648 (Accessed 14 May 2021).

Betts, J. (2020). *Harrison.* National Maritime Museum, London.

Birth, K. (2014). 'Breguet's Decimal Clock'. The Frick Collection, *Members' Magazine,* Winter.

Breguet (2021). *'Grande Complication' pocket watch number.* Available at: https://www.breguet.com/en/house-breguet/manufacture/marie-antoinette-pocket-watch (Accessed 18 May 2021).

Breguet (2021). *1810, The First Wristwatch.* Available at: https:// www.breguet.com/en/history/inventions/first-wristwatch (Accessed 18 May 2021).

Breguet, C. (1962). *Horologer.* Translated by W.A.H. Brown. E.L. Lee, Middlesex.

Centre, J.I. (2021). 'Bacteria Can Tell the Time with Internal Biological Clocks'. *Science Daily,* 8 January. Available at: https://scitechdaily.com/bacteria-can-tell-the-time-with-internal-biological-clocks (Accessed 22 April 2021).

Chapuis, A. and Jaquet, E. (1956). *The History of the Self-Winding Watch 1770–1931.* B.T. Batsford Ltd, London.

Chapuis, A. and Jaquet, E. (1970). *Technique and History of the Swiss Watch.* Translated ed. Hamlyn Publishing Group Limited, Middlesex.

Chevalier, J. and Gheerbrant, A. (1996). *Dictionary of Symbols.* Translated 2nd ed. Penguin, London.

Church, R.A. (1975). 'Nineteenth-Century Clock Technology in Britain, the United States, and Switzerland'. *Economic History Review*, New Series, 28[4].

Clarke, A. (1995). *The Struggle of the Breeches: Gender and the Making of the British Working Class.* University of California Press, Berkley.

Clarke, A. (2020). 'Edinburgh's iconic Balmoral Hotel clock will not change time at New Year'. *Edinburgh Live,* 29 December. Available at: https:// www.edinburghlive.co.uk/news/edinburgh-news/edinburghs-iconic-balmoral-hotel-clock-19532113?utm_ source=facebook.com&utm_ medium=social&utm_campaign=s harebar&fbclid=IwAR0HxWdnV5H 4VrQT51OofOkUMWs_ kXaHMo_h4LvHCu2Fr1PFsLTgfl 6Q0no

(Accessed 5 May 2021).

Clayton (1755). *Friendly Advice to the Poor ; written and published at the request of the late and present Officers of the Town of Manchester.*

Corder, J. (2019). 'A look at the new $36,000 1969 Seiko Astron'. *Esquire*, 6 November. Available at: https://www.esquireme.com/content/40676-a-look-at-the-new-36000-1969-seiko-astron-draft (Accessed 14 May 2021).

Cummings, G. (2010). *How the Watch Was Worn: A Fashion for 500 Years.* The Antique Collectors' Club, Suff olk.

Cummings, N. and Gráda, C.Ó. (2019). 'Artisanal Skills, Watchmaking, and the Industrial Revolution: Prescot and Beyond'. Competitive Advantage in the Global Economy (CAGE) Online Working Paper Series 440. Available at: https://ideas.repec.org/p/cge/wacage/440.html (Accessed 8 April 2021).

Daniels, G. (1975). *The Art of Breguet.* Sotheby's Publications, London.

Darling, D. (2004). *The Universal Book of Mathematics: From Algebra to Zeno's Paradoxes.* John Wiley & Sons, New Jersey.

Davidson, H. (2021). 'Tiananmen Square watch withdrawn from sale by auction house'. *Guardian,* 1 April. Available at: https:// www.theguardian.com/ world/2021/apr/01/tiananmen-square-watch-given-chinese-troops-withdrawn-from-sale-fellows-auction-house (Accessed 14 May 2021).

Davie, L. (2020). 'Border Cave finds confirm cultural practices'. *The Heritage Portal.* Available at: http://www.theheritageportal.co.za/article/border-cave-finds-confirm-cultural-practices (Accessed 6 July 2020).

Davis, A.C. (2016). 'Swiss Watches, Tariffs and Smuggling with Dogs'. *Antiquarian Horology,* 37 (3), pp. 377–83.

D'Errico, F.; Backwell, L.; Villaa, P.; Deganog, I.; Lucejkog, J.J.; Bamford, M.K.; Highamh, T.F.G.; Colombinig, M.P. and Beaumonti, P.B. (2012). 'Early Evidence of San Material Culture Represented by Organic Artifacts from Border Cave, South Africa'. *Proceedings of the National Academy of Sciences of the United States of America,* 14 August, 109 (33), pp. 13, 214–13, 219.

D'Errico, F., Doyon, L., Colagé, I., Queff elec, A., Le Vraux, E., Giacobini, G., Vandermeersch, B., Maureille, B. (2017). 'From Number Sense to Number Symbols. An Archaeological Perspective'. *Philosophical Transactions of the Royal Society.* B 373: 20160518.

De Solla Price, D. (1974). 'Gears from the Greeks: The Antikythera Mechanism – A Calendar Computer from ca. 80 B.C.' *Transactions of the American Philosophical Society,* 64 Pt. 6. Philadelphia.

Dickinson, H.W. (1937). *Matthew Boulton*. Cambridge University Press, Cambridge.

Diop, C.A. (1974). *The African Origin of Civilization: Myth or Reality*. Chicago Review Press, Chicago.

Dohrn-van Rossum, G. (1996). *History of the Hour: Clocks and Modern Temporal Orders*. Translated ed. The University of Chicago Press, Chicago.

Dowling, J. and Hess, J.P. (2013). *The Best of Time: Rolex Wristwatches: An Unauthorised History*. 3rd ed. Schiff er Publishing Ltd, Pennsylvania.

Dyke, H. (2020). *Our Experience of Time in the Time of Coronavirus Lockdown*, Cambridge Blog. Available at: http://www.cambridge-blog.org/2020/05/our-experience-of-time-in-the-time-of-coronavirus-lockdown (Accessed 11 February 2021).

Erickson, A.L. (Unpublished). *Clockmakers, Milliners and Mistresses: Women Trading in the City of London Companies 1700–1750*. Available at: https://www.campop.geog.cam.ac.uk/research/occupations/outputs/preliminary/paper16.pdf

Evers, L. (2013). *It's About Time: From Calendars and Clocks to Moon Cycles and Light Years – A History*. Michael O'Mara Books Ltd, London.

Falk, D. (2008). *In Search of Time: The Science of a Curious Dimension*. St. Martin's Press, New York.

Forster, J. and Sigmond, A. (2020). *Accutron: From the Space Age to the Digital Age*. Assouline Collaboration.

Forsyth, H. (2013). *London's Lost Jewels: The Cheapside Hoard*. Philip Wilson Publishers Ltd, London

Forty, A. (1986). *Objects of Desire: Design and Society since 1750*. Cameron Books, Dumfriesshire.

Foulkes, N. (2019). 'The Independent Artisans Changing the Face of Watchmaking'. *Financial Times*, How to Spend It, 12 October.

Foulkes, N. (2019). *Time Tamed: The Remarkable Story of Humanity's Quest to Measure Time*. Simon & Schuster, London.

Fraser, A. (2018). *Mary, Queen of Scots*. Fiftieth-anniversary ed. Weidenfeld & Nicolson, London.

Freeman, S. (2021). 'Parents find time passes more quickly, research-ers reveal.' The Times, 22 February. Available at: https://www.thetimes.co.uk/article/parents-fi nd-time-passes-more-quickly-researchers-reveal-sqvv0d65v (Accessed 22 June 2022)

Fullwood, S. and Allnutt, G. (2017–present). The AHS Women and Horology

Project. Available at: https://www.ahsoc.org/resources/women-and-horology/ (Accessed 18 May 2021).

Ganev, R. (2009). *Songs of Protest, Songs of Love: Popular Ballads in Eighteenth Century Britain.* Manchester University Press, Manchester.

Geffen, Anthony (director) (2010). *The Wildest Dream* (film). United States, Altitude Films with Atlantic Productions.

Glasmeier, A.K. (2000). *Manufacturing Time: Global Competition in the Watch Industry, 1795–2000.* The Guilford Press, London.

Glennie, P. & Thrift, N. (2009). *Shaping the Day: A History of Timekeeping in England and Wales 1300–1800.* Oxford University Press, Oxford.

Good, R. (1965). 'The Mudge Marine Timekeeper'. *Pioneers of Precision Timekeeping: A Symposium.* Antiquarian Horological Society, London.

Gould, J.L. (2008). 'Animal Navigation: The Longitude Problem'. *Current Biology,* 18 (5), pp. 214–216.

Guye, S. and Michel, H. (1971). *Time & Space: Measuring Instruments from the 15th to the 19th Century.* Pall Mall Press, London.

Gwynne, R. (1998). *The Huguenots of London.* The Alpha Press, Brighton.

Hadanny, A.; Daniel-Kotovsky, M.; Suzin, G.; Boussi-Gross, R.; Catalogna, M.; Dagan, K.; Hachmo, Y.; Abu Hamed, R.; Sasson, E.; Fishlev, G.; Lang, E.; Polak, N.; Doenyas, K. et al. (2020). 'Cognitive Enhancement of Healthy Older Adults Using Hyperbaric Oxygen: A Randomized Controlled Trial'. *Aging* (Albany, NY), 12 (13), pp. 13740–13761.

Häfker, N. S.; Meyer, B.; Last, K.S.; Pond, D.W.; Hüppe, L.; Teschke, M. (2017). 'Circadian Clock Involvement in Zooplankton Diel Vertical Migration'. *Current Biology,* 27 (14), (24 July), pp. 2194–2201.

Heaton, H. (1920). *The Yorkshire Woollen and Worsted Industries, from the Earliest Times up to the Industrial Revolution.* Clarendon Press, Oxford.

Helfrich-Förster, C., Monecke, S., Spiousas, I., Hovestadt, T., Mitesser, O. and Wehr, T.A. (2021). 'Women Temporarily Synchronize Their Menstrual Cycles with the Luminance and Gravimetric Cycles of the Moon'. *Science Advances,* 7, eabe1358.

Hom, A. (2020). *International Relations and the Problem of Time.* Oxford University Press, Oxford.

House of Commons (1817). *Report from the Committee on the Petitions of Watchmakers of Coventry.* London, 11 July.

House of Commons (1818). *Report from the Select Committee Appointed to Consider the Laws Relating to Watchmakers.* London, 18 March.

James, G.M. (2017). *Stolen Legacy: The Egyptian Origins of Western Philosophy.* Reprint ed., Allegro Editions.

Jones, A.R. and Stallybrass, P. (2000). *Renaissance Clothing and the Materials of Memory.* Cambridge University Press, Cambridge.

Jones, M. (1990). *Fake? The Art of Deception.* British Museum Publications, London.

Jones, P.M. (2008). *Industrial Enlightenment: Science, Technology and Culture in Birmingham and the West Midlands 1760–1820.* Manchester University Press, Manchester.

Keats, A.V. (1993). 'Chess in Jewish History and Hebrew Literature'. University College, University of London, PhD thesis.

Klein, M. (2016). 'How to Set Your Apple Watch a Few Minutes Fast'. *How-To Geek.* Available at: https://www.howtogeek. com/237944/how-to-set-your-apple-watch-so-it-displays-the-time-ahead (Accessed 8 February 2021).

Landes, D. (1983). *Revolution in Time: Clocks and the Making of the Modern World.* Harvard University Press, Massachusetts.

Lardner, D. (1855). *The Museum of Science and Art,* Vol. 6, Walton & Maberly, London.

Lester, K. and Oerke, B.V. (2004). *Accessories of Dress: An Illustrated Encyclopaedia.* Dover Publications, New York.

Locklyer, J.N. (2006). *The Dawn of Astronomy: A Study of Temple Worship and Mythology of the Ancient Egyptians.* Dover Edition. Dover Publications, New York.

Lum, T. (2017). 'Building Time Through Temporal Illusions of Perception and Action: Sensory & Motor Lag Adaption and Temporal Order Reversals'. Vassar College, thesis, p. 6. Available at: https://s3.us-east-2.amazonaws. com/tomlum/Building+Time+Through+Temporal+Illusions+of+Percepti on+and+Action. pdf (Accessed 19 April 2021).

Marshack, A. (1971). *The Roots of Civilization.* McGraw-Hill, New York.

Masood, E. (2009). *Science & Islam: A History.* Icon Books Ltd, London.

Mathius, P. (1957). 'The Social Structure in the Eighteenth Century: A Calculation by Joseph Massie'. *Economic History Review* (Second Series), X (1) pp. 30–45.

Matthes, D. (2015). 'A Watch by Peter Henlein in London?' *Antiquarian Horology,* 36 [2] (June 2012), pp. 183–94.

Matthes, D. and Sánchez-Barrios, R. (2017). 'Mechanical Clocks and the Advent of Scientific Astronomy'. *Antiquarian Horology,* 38 (3), pp. 328–42.

May, W.E. (1973). *A History of Marine Navigation.* G.T. Foulis, London.

Mills, C. (2020). 'The Chronopolitics of Racial Time'. *Time & Society,* 29 (2), pp. 297–317.

Moore, K. (2016). *The Radium Girls.* Simon & Schuster, London.

Morus, I.W. (ed.) (2017). *The Oxford Illustrated History of Science.* Oxford University Press, Oxford.

Mudge, T. (1799). *A Description with Plates of the Time-keeper Invented by the Late Mr. Thomas Mudge.* London.

Murdoch, T.V. (1985). *The Quiet Conquest: The Huguenots, 1685 to 1985.* Museum of London, London.

Murdoch, T.V. (2022). *Europe Divided: Huguenot Refugee Art and Culture.* V&A, London.

Myles, J. (1850). *Chapters in the Life of a Dundee Factory Boy, an Autobiography.* Adam & Charles Black, Edinburgh.

Neal, J.A. (1999). *Joseph and Thomas Windmills: Clock and Watch Makers; 1671–1737.* St Edmundsbury Press, Suffolk.

Newberry, P.E. (1928). 'The Pig and the Cult-Animal of Set'. *The Journal of Egyptian Archaeology,* 14 (3/4), 211–225.

Newman, S. (2010). *The Christchurch Fusee Chain Gang.* Amberley Publishing, Stroud.

Oestmann, G. (2020). 'Designing a Model of the Cosmos'. In Material *Histories of Time: Objects and Practices, 14th–19th Centuries.* Bernasconi, G. and Thürigen, S. (eds.). Walter de Gruyter, Berlin, pp. 41–54.

Payne, E. (2021). 'Morbid Curiosity? Painting the Tribunale della Vicaria in Seicento Naples' (lecture, Courtauld Research Forum, 3 February 2021.)

Peek, S. (2016). 'Knocker Uppers: Waking up the Workers in Industrial Britain'. BBC, 27 March. Available at: https://www.bbc.co.uk/news/uk-england-35840393 (Accessed 10 January 2021).

Popova, M. (2014). 'Why Time Slows Down When We're Afraid, Speeds Up as We Age, and Gets Warped on Vacation'. *The Marginalian.* 15 July. Available at: https://www.themarginalian. org/2013/07/15/time-warped-claudia-hammond (Accessed 16 September 2022)

Quickenden, K. and Kover, A.J. (2007). 'Did Boulton Sell Silver Plate to the Middle Class? A Quantitative Study of Luxury Marketing in Late Eighteenth-Century Britain.' *Journal of Macromarketing,* 27 (1), pp. 51–64.

Rameka, L. (2016). 'Kia whakatō muri te haere whakamua: I walk Backwards into the Future with My Eyes Fixed on My Past.' *Contemporary Issues in Early Childhood,* 17 (4), pp. 387–98.

Ramirez, A. (2020). *The Alchemy of Us: How Humans and Matter Transformed One Another.* The MIT Press, Cambridge, Massachusetts.

Rees, A. (ed.) (1820). *The Cyclopaedia, or Universal Dictionary.* Vol. 2. Longman, Hurst, Rees, Orme, and Brown, London.

Ribero, A. (2003). *Dress and Morality.* B.T. Batsford, London.

Roe, J.W. (1916). *English and American Tool Builders: Henry Maudslay.* McGraw-Hill, New York.

Rolex (2011). *Perpetual Spirit: Special Issue – Exploration.* Rolex SA, Geneva.

Rooney, D. (2008). *Ruth Belville: The Greenwich Time Lady.* National Maritime Museum, London.

Rossum, G.D.v. (2020). 'Clocks, Clock Time and Time Consciousness in the Visual Arts.' *Material Histories of Time: Objects and Practices, 14th–19th Centuries.* Bernasconi, G. and Thürigen, S. (eds.). Walter Gruyter, Berlin, pp. 71–88.

Saliba, G. (2011). *Islamic Science and the Making of the European Renaissance.* MIT Press, Massachusetts.

Salomons, D.L. (2021). *Breguet* 1747–1823. Reprint by Alpha Editions.

Sandoz, C. (1904). *Les Horloges et les Maîtres Horologeurs à Besançon; du XVe Siècle a la Révolution Française.* J. Millot et Cie, Besançon.

Scarsbrick, D. (1994). *Jewellery in Britain 1066–1837: A Documentary, Social, Literary and Artistic Survey.* Michael Russell (Publishing) Ltd, Norwich.

Scott, R.F. (1911–12). *Scott's Last Expedition.* (1941 ed.) John Murray, London.

Seneca, L.A. (c. 49 AD). *On the Shortness of Life.* Penguin, London.

Shaw, M. (2011). *Time and the French Revolution.* The Boydell Press, Suffolk.

Snir, A., Nadel, D., Groman-Yaroslavski, I., Melamed, Y., Sternberg, M., Bar-Yosef, O. et al. (2015). 'The Origin of Cultivation and Proto-Weeds, Long Before Neolithic Farming'. PLoS ONE, 10 (7). Available at: https://www.sciencedaily. com/releases/2015/07/150722144709.htm (Accessed 10 August 2020).

Sobel, D. and Andrewes, W.J.H. (1995). *The Illustrated Longitude: The True Story of a Lone Genius Who Solved the Greatest Scientific Problem of His Time.* Fourth Estate, London.

Sobel, D. (2005). *Longitude: The True Story of a Lone Genius Who Solved the Greatest Scientific Problem of His Time.* Walker & Company, New York.

Stadlen, N. (2004). *What Mothers Do (Especially When It Looks Like Nothing).* Piatkus

Books, London.

Steiner, S. (2012). 'Top Five Regrets of the Dying'. Guardian, 1 February. Available at: https://www.theguardian.com/lifeand-style/2012/feb/01/top-fi ve-regrets-of-the-dying (Accessed 23 July 2020).

Stern, T. (2015). 'Time for Shakespeare: Hourglasses, Sundials, Clocks, and Early Modern Theatre'. *Journal of the British Academy,* vol. 3, 1–33 (19 March).

Stubberu, S.C.; Kramer, K A. and Stubberud, A.R. (2017). 'Image Navigation Using a Tracking-Based Approach'. *Advances in Science, Technology and Engineering Systems Journal,* 2 (3), pp. 1478–86.

Sullivan, W. (1972). 'The Einstein Papers. A Man of Many Parts'. *New York Times,* 29 March. Available at: https://www.nytimes. com/1972/03/29/archives/the-einstein-papers-a-man-of-many-parts-the-einstein-papers-man-of.html (Accessed 14 May 2021).

Tann, J. (2015). 'Borrowing Brilliance: Technology Transfer across Sectors in the Early Industrial Revolution'. *International Journal for the History of Engineering and Technology,* 85 (1), pp. 94–114.

Taylor, J. and Prince, S. (2020). 'Temporalities, Ritual, and Drinking in Mass Observation's Worktown'. *The Historical Journal.* Cambridge University Press, pp. 1–22.

Thompson, A. (1842). *Time and Timekeepers.* T. & W. Boone, London.

Thompson, E.P. (1967). 'Time, Work-Discipline, and Industrial Capitalism'. *Past & Present,* 38, (December), pp. 56–97.

Thompson, D. (2007). *Watches in the Ashmolean Museum.* Ashmolean Handbooks. Ashmolean Museum, Oxford.

Thompson, D. (2014). *Watches.* British Museum Press, London.

Thompson, W.I. (2008). *The Time Falling Bodies Take to Light: Mythology, Sexuality and the Origins of Culture.* Digital printed ed. St. Martin's Press, New York.

Unknown Author (2019). 'BBC documentary examines the deep scars left from Dundee Timex closure, 26 years on'. Evening Telegraph, 15 October. Available at: https://www.eveningtele-graph.co.uk/fp/bbc-documentary-examines-the-deep-scars-left-from-dundee-timex-closure-26-years-on (Accessed 14 May 2021).

Various (1967). *Pioneers of Precision Timekeeping.* A symposium published by the Antiquarian Horological Society as Monograph No. 3.

Verhoeven, G. (2020). 'Time Technologies'. *Material Histories of Time: Objects and Practices, 14th–19th Centuries. Bernasconi,* G. and Thürigen, S. (eds).

Walter de Gruyter, Berlin, pp. 103–115.

Wadley, L. (2020). *Early Humans in South Africa Used Grass to Create Bedding, 200,000 years ago.* YouTube Video. Available at: https://www.youtube. com/watch?v=AzUui4eZI2I (Accessed 8 November 2020).

Walker, R. (2013). *Blacks and Science Volume One: Ancient Egyptian Contributions to Science and Technology and the Mysterious Sciences of the Great Pyramid.* Reklaw Education Ltd, London.

Weiss, A. (2010). 'Why Mexicans celebrate the Day of the Dead.' *Guardian*, 2 Novemver. Available at: https://www.theguardian. com/commentisfree/ belief/2010/nov/02/mexican-celebrate-day-of-dead (Accessed 2 September 2020).

Weiss, L. (1982). *Watch-making in England, 1760–1820.* Robert Hale Ltd, London.

Wesolowski, Z.M. (1996). *A Concise Guide to Military Timepieces 1880–1990.* Reprint. The Crowood Press, Wiltshire.

Whitehouse, D. (2003). ' "Oldest sky chart" found'. BBC, 21 January. Available at: http://news.bbc.co.uk/1/hi/sci/tech/2679675.stm (Accessed 12 June 2020).

Wilkinson, C. (2009). *British Logbooks in UK Archives 17th–19th Centuries. A Survey of the Range, Selection and Suitability of British Logbooks and Related Documents for Climatic Research* [online].

Wragg Sykes, R. (2020). *Kindred: Neanderthal Life, Love, Death and Art.* Bloomsbury Sigma, London.

Yazid, M.; Akmal, A.; Salleh, M.; Fahmi, M.; Ruskam, A. (2014). 'The Mechanical Engineer: Abu'l –'Izz Badi'u'z – Zaman Ismail ibnu'r – Razzaz al Jazari' (seminar on Religion and Science: Muslim Contributions Semester 1 2014/2015, 9 December, Skudai, Johor, Malaysia.)

Yoshihara, N. (1985). ' "Cheap Chic" Timekeepers: Swatch Watches Offer Many Scents, Patterns'. *Los Angeles Times*, 21 June. Available at: https://www. latimes.com/archives/la-xpm-1985-06-21-fi - 11660-story.html (Accessed 14 May 2021).

Zaimeche, S. (2005). *Toledo.* Foundation for Science Technology and Civilisation. June 2005. Pub. ID 4092.

Zaslavsky, C. (1992). 'Women as the First Mathematicians'. *International Study Group on Ethnomathematics Newsletter*, 7 (1), January.

Zaslavsky, C. (1999). *Africa Counts: Number and Pattern in African Cultures.* 3rd ed. Lawrence Hill Books, Chicago.

찾아보기